高校信息化建设与管理
丛书编委会

主　任　　梁　茜

副主任　　于俊清　王士贤　吴　驰　李战春
　　　　　　柳　斌　康　玲

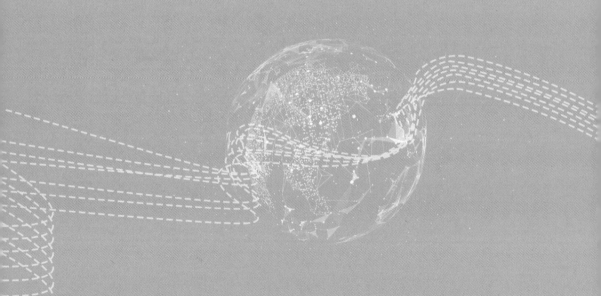

高校信息化建设与管理

技术篇

吴驰　于俊清　王士贤　／著

编著者　（以姓氏笔画为序）

于俊清　王士贤　毛文卉　龙　涛　朱鲁斌　刘晓兰
刘雅琴　严　帆　李　凯　李俊峰　杨　峻　吴　驰
张洁卉　罗　蔚　周丽娟　郑君临　柳　斌　章　勇
雷　洲　詹必胜　熊　鹰

华中科技大学出版社
http://www.hustp.com
中国·武汉

内 容 提 要

本书分为5章,介绍了高校信息化建设常见的校园网、信息系统、"一站式"平台建设、数据治理与大数据及网络安全5个方面的常用技术方案及华中科技大学的实践经验。

其中,校园网部分介绍了校园网出口管理、无线网及认证系统建设的主要技术,并结合建设实践进行了讨论;信息系统部分结合华中科技大学"十三五"信息化规划所提出的"十个一"工程,对学校所建设的公共服务信息系统进行了逐一介绍;"一站式"平台建设部分就目前高校信息化及公共服务建设的热点,结合华中科技大学的建设经验进行了较为系统的阐述;数据治理与大数据部分主要结合华中科技大学"一张表"的建设实践经验,提出了高校数据治理的一种可行的方案;最后一部分结合华中科技大学网络安全的技术体系建设经验,对网络安全的相关技术进行了介绍。

图书在版编目(CIP)数据

高校信息化建设与管理.技术篇/吴驰,于俊清,王士贤著.—武汉:华中科技大学出版社,2020.7(2022.2重印)
ISBN 978-7-5680-6372-2

Ⅰ.①高… Ⅱ.①吴… ②于… ③王… Ⅲ.①高等学校-信息化建设-研究-中国 Ⅳ.①G649.2

中国版本图书馆 CIP 数据核字(2020)第 124037 号

高校信息化建设与管理——技术篇   吴 驰   于俊清   王士贤   著
Gaoxiao Xinxihua Jianshe yu Guanli——Jishu Pian

策划编辑:徐晓琦
责任编辑:李 露 徐晓琦
封面设计:原色设计
责任校对:李 琴
责任监印:徐 露

出版发行:华中科技大学出版社(中国·武汉)   电话:(027)81321913
         武汉市东湖新技术开发区华工科技园   邮编:430223
录   排:武汉正风天下文化发展有限公司
印   刷:武汉科源印刷设计有限公司
开   本:710mm×1000mm 1/16
印   张:18.25 插页:2
字   数:338千字
版   次:2022年2月第1版第4次印刷
定   价:68.00元

本书若有印装质量问题,请向出版社营销中心调换
全国免费服务热线:400-6679-118   竭诚为您服务
版权所有   侵权必究

序

20世纪后50年,人类最重大的技术发明之一是互联网。特别是近30年来,互联网在全球连接了数以几十亿计的各种各样的计算机终端(大到超级计算机系统,小到手机和各种传感器),以及在此基础上开发的不计其数的大规模应用,更成为人类除陆、海、空、天之外越来越赖以生存的第五疆域——网络空间的最重要基础设施,推动着人类社会在各方面的发展和进步。2020年以来的全球新冠肺炎疫情防控,如果没有互联网的支撑,后果真是不可想象。

党的十八大以来,以习近平同志为核心的党中央,重视互联网、发展互联网、治理互联网,统筹协调涉及政治、经济、文化、社会、军事等领域的网络安全和信息化重大问题,提出了"没有网络安全就没有国家安全,没有信息化就没有现代化"和"网络强国"等重要论述。随着IPv6下一代互联网的发展,互联网必将对我们的工作、学习和生活产生更加深远的影响。近些年来,国家"互联网+"行动计划推动互联网技术在各行各业广泛应用和深度融合,使得互联网在我国国民经济和社会发展中发挥着越来越重要的作用。"互联网+教育"就是一个重要的应用典范。

中国高等教育的信息化起始于20世纪80年代。从1994年开始,中国教育和科研计算机网(CERNET)把互联网逐步接入中国高校,中国高等教育迎来了互联网时代。从电子校园到网络校园,从数字校园到智慧校园,以互联网为依托的现代信息技术为高校教学、科研、管理和服务注入了新的活力,带来了革命性变化。尤其是面对2020年突如其来的新冠肺炎疫情,信息化在保障高校正常教学科研和管理运行方面发挥了极其重要的作用。《中国教育现代化2035》要求建设一体化智能化教学、管理与服务平台,推进管理精准化和决策科学化,对教育信息化提出了更高的要求。但是,目前中国高校信息化工作发展很不平衡,许多高校信息化工作还在被体制不顺、队伍不强、重视不够、经费不多,以及网络安全"压力山大"等问题困扰,在日新月异的信息化新技术上也面临着难以选择的困境,高校信息化工作者急需通过交流与合作不断提升、共同进步。

近些年来,华中科技大学高度重视学校网络安全和信息化建设管理工作,经过不断开拓创新和努力工作,闯出了一条适合自己、特色明显的高校网络安全和信息化工作路子。他们将这些网络安全和信息化建设管理工作的实践经验总结提高,编写成这套丛书,分为管理篇、技术篇和制度篇,其思路清晰、内容翔实、分析到位、制度明确,对高校信息化工作者有很强的借鉴意义。我觉得这种交流和分享的形式很值得推广与借鉴,也希望更多的高校信息化工作者能够参与其中,提出更深层次的问题,开展更加充分的交流,推动更加广泛的合作,共同把高校的网络安全和信息化工作推向一个新的高度!

吴建平
清华大学
2021 年 2 月 18 日

前　　言

20世纪70年代，国内部分重点大学建设了中型计算机、小型计算机系统，为教学与科研提供科学计算服务，开启了我国高校信息化之路。1990年，美国克莱蒙特大学教授凯尼斯·格林(Kenneth Green)发起并主持了一项名为"信息化校园计划"的大型科研项目，使"数字校园"正式开始在美国高校中建设。不久，该项目也进入我国高校，从而正式拉开了我国高校信息化的序幕。在数字校园早期阶段，主要集中于以以太网为核心的校园有线计算机网络和以单机版或C/S版为核心的传统管理信息系统建设。清华大学蒋东兴等于2004年提出了"大学资源计划"(University Resources Planning，URP)的概念以及基于URP方案的数字校园体系结构模型，同时，校园网建设也进入密集的无线网建设时代，高校信息化建设进入快车道。有学者于2016年提出了以云计算、大数据为特征的高校"智慧校园"架构模型。近两年，又有学者提出以人工智能为特征的"智慧校园2.0"或"智能校园"的概念。

从数字校园、智慧校园到智能校园，高校信息化总是紧跟信息技术发展潮流，围绕学校根本任务，不断满足师生信息化需求。但信息化发展不平衡、不充分的矛盾仍然十分突出，很多高校信息化同仁还在为WiFi6和5G技术之间如何选择或融合，数据治理中的"一数多源"问题如何解决，大数据平台应该推出哪些应用，如何推动各单位网站入驻网站群平台，如何选择网上办事大厅平台，哪些应用可以放在公有云上等问题而纠结。

2016年，华中科技大学制定了以"十个一"工程为主要内容建设智慧校园的"十三五"信息化发展规划，经过近几年全校各部门的共同努力，基本完成了"打基础、补短板"的任务，信息化建设逐步有了起色，"十个一"工程初见成效。在这个过程中，一线技术人员是推进各项工作真正落地的核心力量，他们肩负着采用切实可行的技术方案和手段来落实学校信息化规划，他们将在自己工作中遇到的技术分析、技术选型、技术运用、推进策略等问题进行提炼和总结，最终形成本书。

本书包含校园网、信息系统、"一站式"平台建设、数据治理和大数据、网络安全五个部分，每部分包含若干专题。每个专题都是当前高校信息化热点、难点或痛点，各专题以问题为导向，从一线技术人员视角分析问题、提出解决问题的方法，并展示了最终取得的成效。

本书由吴驰、于俊清和王士贤负责策划和统稿。第 1 章由章勇、雷洲、张洁卉和柳斌撰写；第 2 章由郑竞力、李俊峰、郑君临、刘晓兰、李凯和詹必胜撰写；第 3 章由熊鹰、郑竞力、李俊峰、王士贤和朱鲁斌撰写；第 4 章由毛文卉、刘雅琴、严帆、王士贤、罗蔚、詹必胜和杨峻撰写；第 5 章由周丽娟、龙涛和熊鹰撰写。本书既可以作为高校信息化工作人员的参考用书，也可作为相关专业本科生、研究生的教材或辅导用书。

由于水平所限，书中错误和疏漏之处在所难免，恳请读者批评指正。

本书编委会
2021 年 2 月

目 录

1 校园网 ··· 1
   1.1 校园网出口:用户上网体验之关键 ··· 3
   1.2 无线建设:校园网新形态 ·· 16
   1.3 认证系统:校园网用户入口 ··· 26

2 信息系统 ··· 41
   2.1 信息一个站:信息门户建设新思路 ··· 43
   2.2 上网一个号:统一身份认证系统的新外延 ······································ 54
   2.3 消息一通道:统一通讯平台建设 ··· 64
   2.4 校园一张卡:移动互联网时代新玩法 ··· 75
   2.5 网站一个群:推动网站入群策略 ··· 98
   2.6 教务系统:高校最复杂的信息系统炼成记 ····································· 112

3 "一站式"平台建设 ·· 131
   3.1 PC 端"一站式":网上办事大厅 ··· 133
   3.2 移动端"一站式":移动校园门户 ·· 154
   3.3 线下"一站式":实体办事大厅 ··· 178

4 数据治理与大数据 ··· 207
   4.1 数据治理基础:数据共享实现方法 ··· 209
   4.2 数据治理终极目标:"一张表" ·· 223
   4.3 大数据:智慧校园建设新台阶 ··· 235

5 网络安全 ··· 255
   5.1 安全的基石:网络安全技术体系建设 ··· 257
   5.2 最后的防线:信息系统上线与安全 ··· 268

后记 ·· 284

1

校 园 网

1.1 校园网出口:用户上网体验之关键

一般来说,校园网由出口层、核心层、接入层和光缆线路四部分组成,其中,出口层决定着校园网内用户访问互联网的速度,好的出口策略能够提升师生使用校园网访问互联网的体验,反之,则会被师生诟病。因此,建设好出口层网络对校园网来说十分重要。

1.1.1 校园网出口的定义

按照规模来看,校园网可以认为是一个中型的局域网或一个大型的园区网,甚至有些大型的校园网无论从用户规模还是设备数量来看,已相当于一个小型的城域网。然而无论是局域网,还是城域网,只要其有接入互联网的需求,就必然与互联网之间存在一个接口界面,这个接口界面即称作校园网出口。

校园网出口的主要功能是为校园网提供互联网接入,使内部用户能访问互联网内容,同时使内部的网络应用服务能够被互联网用户访问。

校园网出口带宽一般由互联网服务提供商(Internet Service Provider,ISP)提供,典型的 ISP 包括中国电信(CTC)、中国联通(CUNC)、中国移动(CMCC)、中国教育和科研计算机网(CERNET)等。

当校园网作为内容提供方时,也可将校园网内部各机构称作互联网信息服务提供者(Internet Content Provider,ICP),其具体的内容提供途径是校园网对外公开的网站、信息系统等。

受租赁费用等因素制约,校园网出口带宽不可能随意扩大。校园网出口的带宽、质量和管理会直接影响校内全体用户的互联网访问体验,以及校内网站或信息系统对外服务的质量。

1.1.2 校园网建设模式

校园网出口网络管理与校园网建设模式关系密切。目前,国内高校校园网建设模式大致分为三种:自建模式、托管模式和合作模式。

1. 自建模式

自建模式即校园网基础设施、网络设备均由校方投资建设和部署,并通过集中采购的方式向各ISP租用网络出口带宽,校方人员负责校园网的运维管理工作。

校园网基础设施包括校内信息管网、光缆、电缆、交接箱和机房等,这些基础设施由校方投资建设。一般要根据需要分期建设,也可在学校进行校内道路等基础建设时一并建设,如在学校修筑道路时预埋相应的信息管网,建立室外交接箱和室内机房等。总之,校园网基础设施建设是一项不断渐进且耗资较大的重要建设项目,需要持续投资建设达到一定规模后才能显示出效果。如果规划得当,建设完成后会极大地降低校园网的运营维护成本。

图1.1.1 自建模式下校园网与ISP之间的关系

网络设备方面,由校方出资采购相关网络设备,如接入交换机、汇聚交换机、核心交换机、防火墙、流量控制器、缓存/CDN系统、认证系统、校园网出口设备等。

校园网出口带宽租用方面,可根据自身需要通过公开招标、竞争性谈判等方式向各ISP集中采购,利用市场竞争来获取所需互联网带宽资源。自建模式下,校园网与ISP之间的关系如图1.1.1所示。

自建模式比较适合于中大规模的学校,需要学校有较为充裕的资金进行建设和维护。此种模式下的校园网相当于一个独立运营的二级互联网服务商提供的网络。由于其运维规模相当于一个中大型园区网,甚至相当于一个小型城域网,因此需要大量的资金支持。虽然校园网可通过向用户收取一定费用来补充一部分资金,但由于校园网的公益属性,通常收取的费用并不能满足日常运维及带宽租用费用。不过其优势也是不言而喻的,由学校自建运营的校园网管理权属于学校,可以完全达到"可管可控"的目的,同时由于校园网基础设施产权也属于学校,因此对校外ISP进入校园也可做到"可管可控"。

2. 托管模式

托管模式与自建模式正好相反,是指由ISP直接向学校投资,对校内网络基础设施进行建设,包括各学生宿舍、办公楼栋的网络综合布线,机房设备购置及安装,以及提供一定量的网络出口带宽,并提供运维管理服务,由ISP直接向用户收取网络接入费用。总的来说,类似于普通住宅小区的网络接入模式。此模式的好处是,学校只需投入很少的经费,甚至无需投入经费来进行校园网的建设和维护,这对于信息化经费少、规模小的学校是一个很好的选择。但这种方式也存在较大的弊端,即学校丧失了校园信息化管理主导权。由于校园网基础设施、出口带宽资源、认证信息等资源均不掌握在学校手中,因此,从本质上看,校园网用户并不属于学校,而是属于ISP。受ISP的限制,学校内部的各个信息系统均会受到影响,学校无法控制学生上网时段,无法掌握学生网络动向,而实名认证信息获取、上网行为管理、舆情监控管理等都无法很好地开展。在这种模式下,进行信息化建设也会受到很多限制,如各种信息系统的运行和网络接入必须纳入ISP的框架内,会遇到各种问题和阻碍。托管模式一般会只选择与某一家ISP合作,合作ISP会将移动通信服务和校园网服务绑定,可能会出现垄断经营,剥夺学生网络及移动通信选择权的问题。托管模式下校园网与ISP之间的关系如图1.1.2所示。

对于资金雄厚的ISP来说,托管方式带来的益处是显而易见的,这可以为其带来大量网络用户,而以互联网用户量为基础,可更轻易地扩展其他业务的用户量,形成相辅相成之势,可显著提升其KPI,因此ISP有很大的动力托管校园网。

3. 合作模式

合作模式为将自建模式和托管模式相结合的方式,即由校方自行建设和维护校园网基础设施,包括从信息管网到网络设备的所有内容,产权及管理权均属于学校,校园网用户统一接入由学校建设的基础网络中。校园网采用租用或资源互换的形式接入ISP网络,各ISP均可以在校内发展用户,由学校网络出口设备对接ISP自有的认证系统,实现网络用户代拨,将需要接入ISP网络的用户直接导入ISP的链路,同时作为补偿,ISP向学校提供一定资金或提供一定量的免费带宽资源。合作模式下校园网与ISP之间的关系如图1.1.3所示。

图1.1.2 托管模式下校园网与ISP之间的关系

图1.1.3 合作模式下校园网与ISP之间的关系

合作模式兼顾了自建模式和托管模式各自的优点：对学校而言，网络基础设施和设备由学校管理和维护，各ISP发展的用户可以走ISP自身提供的带宽链路，减少一部分校园网出口带宽压力，同时还可以得到一部分ISP互换的带宽资源，减少出口带宽资金压力，无论是校园网用户，还是ISP用户，学校均能做到对所有用户网络使用的可管可控；同时ISP也可以发展校内用户，且不需要投入基础建设及维护资金，同样能快速发展大量的用户资源；对于校内用户而言，他们有了更多的选择，只需接入校园网，就可以自由选择校园网出口或各个ISP出口链路。

1.1.3 校园网建设模式的选择

自建模式和托管模式各有优缺点，自建模式自主性高，易于管理，但需要高额的经费支持，如果缺乏经费支持则难以为继；而托管模式则正好相反，经费问题解决了，但整个校园网也成了运营商的一个"小区"，没有自主权利，难以管理。对于经费不足，但又希望自主管理的学校，应将二者结合起来。

以华中科技大学为例，根据学校的发展情况，采取的是自建模式为主，兼顾合作模式的方式：校内基础设施，包括弱电管道、交接箱、光缆等资源，以及学校内部楼栋的有线/无线接入网络，均由学校自行建设并负责运维管理。学校统一向各大运营商采购校园网出口带宽，并采购校园网出口带宽管理设备进行独立管理与运营。

另一方面，运营商在校内开展业务可不用再新建相关基础设施，只用将其出口带宽接入到校园网出口即可，通过采取向学校付费或提供资源（包括接入带宽，引入IDC、CDN资源）等形式"租用"校内基础设施，这样既可回馈校园网建设，又可以较低的成本发展校内用户，达到"双赢"的效果。

1.1.4 校园网出口网络管理技术

按接入层次划分，校园网可分为三个部分：接入网络、核心网络和出口网络。其中，接入网络的主要功能是将用户接入校园网，其主要设备是各类直接连接用户的二层接入交换机、二层汇聚交换机、无线网AP和AC等设备，通常一个楼栋、一间办公室的网络都可以看成是一个接入网络；核心网络的主要作用是将各类接入网络汇聚起来，核心网络设备包括各类运行复杂路由协议的三层交换机；出口网络则为校园网（Intranet）与互联网（Internet）的分界面，用于转发校园网内部及外部之间的数据流量，出口网络的主要设备包括路由器、防火墙及应用交付等设备,通常执行路由转发、网络地址转换(NAT)、网络安全防护、链路负载均衡及服务器负载均衡等方面的功能。其中,传统的路由器的功能较单一,下一代防火墙和应用交付设备的功能大部分是重合的,只是侧重点有所不同,它们可以看作是一类设备。对于大型的校园网来说,普通路由器已不能完全满足出口网络的全部需求,需要将下一代防火墙或应用交付设备作为出口网络设备。

出口网络典型的技术包括出站流量负载均衡(Outbound 方向)和入站流量负载均衡(Inbound 方向)两大方面,下面分别从这两个方面介绍一下出口网络的管理技术。

1.1.5 出站流量负载均衡

出站方向即内网用户主动向外网发起连接的方向。对于校园网出口来说,就是校园网用户访问互联网的方向。由校园网的特点可知,普通用户占绝大多数,他们基本上都是互联网的访问者,因此出站方向的流量也占校园网出口流量的绝大多数。

出站流量本身又分为出站上行流量和出站下行流量,出站上行流量为内网用户向外发出请求的流量,一般占据总流量的10%~20%;出站下行流量是互联网上的资源服务器应用户请求而返回的内容,通常占总流量的80%~90%。

校园网出口往往会接入多条ISP链路,如何将校内用户的互联网请求合理分配到各条链路中去,使得各条链路带宽均得到充分利用,提高用户的上网体验,就是出站流量负载均衡所要解决的问题。

出站流量负载均衡所用到的技术主要有以下几项。[1]

1. 链路负载分担算法

链路负载分担算法是用来得出内网用户访问 Internet 时,在多链路间进行流量分配的方案的。链路负载分担算法和服务器负载分担算法有一致的地方,也存在一些差异,链路负载分担算法包括以下几项。

(1) 轮询(Round Robin):依次按照顺序把流量均匀地分配给每条链路。

(2) 比率(Ratio):根据每条链路的带宽,指定一个权值,按照这个比率给多条链路分配流量。

(3) 优先级(Priority):为每条链路指定一个优先级,默认情况下优先向高优先级的链路分配流量,当该链路失效时选择备份链路。

(4) 加权最小连接(Weight Least Connection):首先为每条链路指定带宽

的加权值,使连接数的分配符合权值的设定,对于新建的连接,选择权值内最小的链路分配流量。

（5）加权最小流量(Weight Least Traffic):首先为每条链路指定带宽的加权值,使流量的分配符合权值的设定,对于新的流量,选择权值内最小的链路分配流量。

（6）运营商路由(ISP Route):内置 IP 地址和运营商的对应表,根据内网用户访问的目的地址所属的运营商,选择相应的链路,避免跨运营商访问。

（7）最快模式(Fastest):通过比对服务器返回数据包的延迟、跳数等情况,选择一个当前响应最快的链路来分配流量。

（8）主备模式(Master-Slave):默认情况下流量都发送给主链路,当主链路失效时启用备份链路。

2. 链路状态健康检查

对出口链路状态进行实时监控和检查,根据检查结果判断链路是否存在故障,对存在故障的链路请求流量切断,按预先制定好的策略将后续的流量链路请求导入其他链路。开启链路状态健康检查功能后,当某条链路中断后,可平滑过渡用户上网流量,不至于出现一部分人能上网,一部分人完全不能上网的问题。

健康检查的技术包括检测端口 UP/DOWN 状态,通过 ICMP、TCP SYN、UDP、HTTP Get 等多种协议对远端地址进行监控,即使是 ISP 内部网络出现故障,也可以及时发现并把流量切换到其他可用链路。

3. 出站流量会话保持和 NAT

出站流量会话保持是指当为某个数据流分配一个出口链路以后,该种类型的后续相关流量都分配给同一条链路。可按基于源地址的会话保持和基于 hash 的会话保持算法来判断是否需要做会话保持操作。

网络地址转换(NAT)是网络出口设备必备的功能,网络出口设备不仅需要提供强大的网络地址转换能力,还必须提供丰富的转换策略,包括源 IP 地址转换、静态地址转换和基于策略的地址转换。

互联网上,一些网银、金融网站对安全的要求比较严格,如发现用户从不同的 IP 先后访问网站页面,就会断开连接,要求用户重新登录。会话保持和 NAT 策略的结合,可以很大程度地避免源主机和某目标服务器通信的过程中,报文横跨多个运营商的情况出现。防止用户使用多链路上网访问某些需要检查源 IP 地址的网站时,出现不同源 IP 地址而被拒绝的现象发生。

4. DNS 代理技术

目前互联网上大多数大型的网站和资源站点均使用了内容分发网络（Content Delivery Network，CDN）技术，同一个站点分布在互联网上不同的地区，通常分布在不同的 ISP 网内，根据就近访问原则将用户的请求分配给最近的服务器，以达到最佳的访问效果。那么，CDN 是如何判断出用户所处的位置的呢？其实它是通过 DNS 来识别的，网站的权威 DNS 会根据用户设置的 DNS 的请求源地址来区分用户的位置，以便将最近的全局负载均衡服务器 IP 地址返回给发出请求的 DNS，进而由该 DNS 将 IP 地址返回给用户。当校园网仅接入一条 ISP 链路时，DNS 设置为该运营商的内网 DNS，即用户 IP 和用户设置的 DNS 的 IP 属于同一网络，CDN 根据其 DNS 服务器请求返回的 IP 地址就和用户的 IP 地址是相匹配的，这样就可以达到就近访问的效果。但如果出现以下情况，CDN 的就近访问效果则会大打折扣。

（1）用户若不使用给定的 ISP 的 DNS 地址，而是自行设定 DNS 地址，如各种公共 DNS，最常见的如 8.8.8.8、114.114.114.114 等，则会出现问题。这时，可能会给中国电信的用户返回中国联通的地址，或者在省内有资源时，却返回外省的 IP 地址。

（2）校园网接入了多条 ISP 链路时，此问题会更加严重，因为用户设置的 DNS 只能属于某一个 ISP，如果给用户分配了某一个 ISP 的 DNS，则接入的其他的 ISP 链路资源可能无法被访问到，从而造成链路均衡失调，单条链路过于拥塞，则其他链路的利用率无法提升。解决此类问题的方式有三种：一是给不同的用户分配不同的 DNS 地址，这种方式最简单，但将校园网用户分裂给了不同的 ISP 带宽，不利于统一管理和运维，同时也不能控制用户自行设定 DNS 地址；二是利用出口设备的 DNS 代理功能，强行将用户的 DNS 请求转发到指定的 DNS 地址上；三是自建 DNS 服务器设备，通过 zone forward 的形式精确指定相应的域名转发，实现出口流量的灵活调度。

以开源 DNS 服务器软件 BIND 为例，通过如下配置文件代码，可实现将 *.edu.cn 的所有域名解析指向教育网 DNS，将 *.baidu.com 的所有域名指向电信 DNS，从而达到灵活调度的目的：

```
zone "edu.cn" {
    type forward;
    forwarders{
        101.7.8.9;      //教育网 DNS
    };
};
```

```
zone "baidu.com" {
    type forward;
    forwarders{
        202.103.24.68;      //中国电信 DNS(1)
        202.103.44.150;     //中国电信 DNS(2)
    };
};
```

5．拥塞控制技术

流量负载均衡的拥塞控制技术可根据用户设定的链路带宽来判定链路是否发生拥塞。如果发生拥塞，则将后续连接流量按预先设定好的策略导入其他链路。

链路负载均衡的拥塞控制算法以用户设定的链路带宽最高使用率为基础，当某条链路出站流量达到用户设定的上限时，则视为该链路发生拥塞，后续流量就不会再导入该条链路，而是按一定的策略导入其他的链路。

与TCP/IP拥塞控制不同，流量负载均衡的拥塞控制并不控制单个分组的发送速度，它是一种综合的链路流量调度机制，只有当接入了多条 ISP 链路，且总的流量需求不超过所有链路带宽之和时，才会有明显的效果。

6．应用路由

应用路由是出口网络设备特有的概念，相比路由器的3层路由来说，应用路由属于4~7层路由，网络出口设备通过深度包检测（Deep Packet Inspection，DPI）技术识别应用层流量，将相应的应用流量按策略分配到相应的链路中去。例如某学校购买了两条链路，其中ISP1链路质量较高，但价格较贵，ISP2链路质量较低，但价格便宜，则可以通过应用路由的形式将 P2P 等应用通过应用路由指向带宽更高、价格更便宜的 ISP2 链路，减少质量高但价格较贵的 ISP1 链路的带宽占用率，实现带宽资源的优化配置，节约资金成本。

1.1.6 入站流量负载均衡

入站方向与出站方向正好相反，即校外用户向校园网内部服务器主动发起访问的方向。从入站方向看，可以将校园网看成一个互联网内容服务商（ICP），由校园网内部的服务器对校外用户提供访问资源。站在校园网出口的视角上看，入站流量也可分为入站上行流量和入站下行流量，入站下行流量是指校外用户向校内服务器主动发起的查询流量，入站上行流量则主要是校内服务器向校外用户提供的内容服务流量,与出站流量正好相反,入站上行流量通常比入站下行流量大很多。

入站流量负载均衡主要解决的是如何让校外用户经过正确的链路快速访问到校内服务器,并使得校内服务器(集群)能够尽量分担这些请求,避免单台服务器负载过重而失效。

1. 智能 DNS 技术

当校园网租用多个运营商链路,以便内部的应用服务器向外部用户提供服务时,可以通过智能 DNS 技术,将单一域名绑定到多运营商的各自的公网 IP 上,并作为学校域名进行权威发布。

当某个客户端访问应用服务器时,首先会进行 DNS 解析,具备智能 DNS 技术的 DNS 服务器可以根据客户端所处的运营商网络返回跟它匹配的 IP 地址,以实现用户的"就近访问",通过最佳路径访问校内服务器。

智能 DNS 可以通过单独的权威 DNS 服务器进行配置,也可以集成在网络出口设备上,一般来说,一些功能强大的网络出口设备(尤其是 ADC 设备)通常都集成了智能 DNS 服务,可以提供较为完备的智能 DNS 解析策略。

在出口设备上集成智能 DNS 还有另一个好处,就是它可以与出口设备自身的动态探测技术相结合,利用不同出口源地址回探用户所在的 ISP 网段,在进行比较后返回延时最少的那一条链路作为返回 IP 地址。例如校园网只接入了教育网和中国联通链路,但访问用户的 IP 是来自中国电信的时,即可通过动态探测技术返回更合适的 IP 地址。

2. 服务器负载均衡技术

如果说智能 DNS 技术主要是解决"路"的问题,即用户通过哪条路能够更加快速地到达所需的服务器;那么服务器负载分担技术就是解决"站"的问题,如何使用户的到站请求得到迅速响应,则是服务器负载均衡技术所需要考虑的问题。

提高用户请求响应能力最简单的做法即是提高服务器的处理能力,但单台服务器的处理能力不能无限制提升,且单台设备一旦出现宕机,则整个服务不可用,因此重要的应用服务通常是由多台服务器组成的。当外网用户发起请求连接时,网络出口设备通过预先配置好的负载均衡算法,从服务器地址池中选择一台可用的服务器作为应用提供者。同时会实时对每个服务器节点进行健康检查,当某一台服务器出现故障无法正常提供服务时,把该服务器从地址池中的可用列表中移出,不再向其分发流量。

负载均衡算法包括静态算法与动态算法。

1）静态算法

（1）轮询（Round Robin）：依次按照顺序把流量分配给每个服务器。

（2）比率（Ratio）：根据服务器的性能为每个服务器指定一个权值，按照这个比率给服务器分配流量。

（3）优先级（Priority）：当使用多组服务器时，为每个服务器组指定一个优先级，默认情况下优先向高优先级的服务器组分配流量，当该组服务器失效时，选择备份服务器组。

2）动态算法

（1）最小连接（Least Connection）：优先把流量分配给当前连接数最少的服务器。

（2）最快模式（Fastest）：通过对比服务器返回数据包的延迟情况，选择一个当前响应最快的服务器来分配流量。

（3）SNMP 监控（SNMP Monitor）：在设备上通过 SNMP 客户端来读取服务器的实时运行状态，包括 CPU、内存和 I/O 信息，为每种实时信息配置门限值，当超过这个门限值时不再向这台服务器分配报文。

（4）观察模式（Observed）：结合最小连接和最快模式两种结果，选择最佳平衡为依据为新的请求选择服务器。

3. 健康检查策略

健康检查是指对服务器的运行状态定期进行实时检测，一旦发现服务器故障，将把该服务器移出流量分担的队列，主要包括如下集中策略。

（1）TCP SYN：向目标服务器发送 TCP SYN 报文，如果得到正确的回复则表示服务器工作正常。

（2）Ping：向目标服务器发送 ICMP 请求报文，如果得到正确的回复则表示服务器工作正常。

（3）HTTP/HTTPS Get：向目标系统发送 HTTP 或 HTTPS 协议的 Get 报文，请求一个指定的 URL，如果得到正确的回复则表示服务器工作正常。

1.1.7 管理经验探讨

校园网出口网络管理是一项很复杂的工作，特别是在接入了多条 ISP 链路的情况下，如何管理好各 ISP 链路，做到既不严重拥塞，又不浪费资源，是一个不断调整的动态过程。当然，如果与 ISP 合作得好，获得了足够的带宽资源,则另当别论。

网络出口管理的最终目标是在带宽资源不变的前提下,尽量提高用户的网络使用体验。用户网络使用体验既包括校内用户接入互联网进行"网上冲浪"时的体验,也包括校外网络用户访问校内应用资源时的体验。为了达到这个目标,总结起来需要满足以下三个条件:稳定、简单和灵活。

以华中科技大学为例,校园网出口的重要原则为"统一出口",即无论校园网内部如何复杂,校园网对外只有一个出口,一条路由指向单台 ADC 或者说防火墙设备,这样可以极大简化出口网络的复杂程度,达到高效、灵活的目的。为了解决"稳定"的问题,则将 ADC 设备进行冗余备份,配置成 HA(主备)模式,实现关键设备的主备自动切换,达到稳定可靠的目的,具体如图 1.1.4 所示。

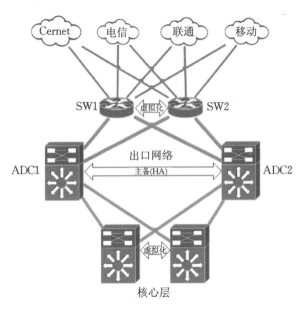

图 1.1.4　网络出口拓扑图

核心交换机通过虚拟化的形式虚拟成一台设备,通过端口绑定或 VRRP 等形式接入 2 台 ADC 设备,ADC 设备采取主备(HA)模式,1 台带负载,1 台空载,2 台设备配置同步,可随时进行切换;ISP 接入端也通过 2 台交换机进行虚拟化后接入,理想状态为每个 ISP 接入 2 条线路。这样可以保证在核心设备、ADC、接入交换机中的单台设备同时失效时,仍可以正常提供服务,从而大大提高整个出口网络的可靠性。

"简单"方面主要体现在,在这种模式下,整个校园网出口在逻辑上只有一条默认路由指向外网,无论是动态路由还是静态路由,都可以很简单地进行配置,这也可以轻易地区分内网和外网,在故障查错方面具备优势。将所有流量都汇集到网络出口设备进行统一路由选路,可以完全排除策略路由的控制(后者通常会使网络管理员感到头疼)。

"灵活"方面体现在,使用 ADC 或 NGFW 设备作为网络出口的唯一出口,可以实现"All in One"的效果,如 DPI 流量控制、单 IP 限速、DNS 代理和智能 DNS 等,加上设备必备的链路选路和流量负载均衡,几乎可以处理所有内网用户的网络出口需求。当然,达到以上功能的前提是 ADC 或 NGFW 设备具备足够的处理能力,如果处理能力不足,将会出现严重问题。资金允许的话,应购买并部署足够强大的设备,以保证不出问题。

1.1.8 运营商合作技术探讨

在校园网合作管理模式下,校园网出口链路除了学校购买的 ISP 链路之外,还有各 ISP 接入校园网出口用于发展自身用户的链路。有效处理校园网用户和运营商用户出口的模式主要包括两种:一次认证模式和二次认证模式。

1. 一次认证模式

一次认证模式是指校园网用户只需输入一次用户名和密码进行认证接入,即可根据认证系统中用户名所属的类别,在出口设备上进行策略路由选择,将该用户所获得的 IP 地址指向相应的链路。

一次认证模式的优点是用户体验好,操作方便;缺点是部署复杂,首先需要校园网认证系统与网络出口设备联动,其次需要校园网认证系统与 ISP 的认证计费(通常是业务运营支持系统 Business & Operation Support System, BOSS)进行对接。对于前者,其需要出口设备和认证设备具有良好的策略下发沟通机制,通常同一厂商的设备才能较好地配合;对于后者,由于 BOSS 本身是比较封闭的系统,因此只能通过校园网设备进行定制化开发,完成对接,通常的方法是通过校园网认证系统向 BOSS 进行认证代拨,代拨成功后即可通过 ISP 系统正常计费上网了。

在管理方面,一次认证模式中,是由 ISP 用户直接向 ISP 交费,所以校园网用户和 ISP 用户之间存在互斥的关系,可能会对校园网收费及管理带来一定负面影响。

2. 二次认证模式

二次认证模式就是指用户要进行两次认证,才能有效接入 ISP 网络。认证用户首先必须是校园网用户,通过校园网认证后,如果用户想接入 ISP 链路,则还需进行第二次认证,认证完毕后可通过出口设备经行策略路由指向相应的 ISP 链路。

二次认证的优点是认证系统、网络出口设备、BOSS 之间的耦合度不高,部署简单。二次认证的实现方式可以为在用户接入校园网的基础上,通过 ISP 直接部署在校园网内的 BRAS 设备进行再次认证,可直接接入 ISP 网络。二次认证的缺点很明显,就是用户体验不好,用户需要进行两次认证才能接入运营商网络。同时,ISP 的认证账户、IP 地址、用户上网情况等信息均不被学校掌握,这不利于管理。但此种模式下,校园网用户和 ISP 用户是叠加的,ISP 链路在一定意义上属于校园网增值服务,对于校园网收费没有影响,同时也可以减轻网络出口带宽压力。

1.1.9 结语

本章主要探讨了校园网出口网络的定义,以及与出口网络管理相关的一些主要技术,并分享了华中科技大学在校园网出口网络建设方面的一些经验,同时也列举了几种校园网建设模式,各学校可根据校园网的规模、基础设施、建设经费,以及需要达到的目标等诸多因素进行综合判断,选择最适合本校校园网的建设模式。

参考文献

[1] T-Force 应用交付平台技术白皮书_V3.1,TL-NETWORKS,www.tlnetworks.com.

1.2 无线建设：校园网新形态

2010年以来，随着Wi-Fi技术的不断成熟，校园无线局域网（Wireless Local Area Network，WLAN）建设成为校园网建设的新热点。无线网作为一种新的互联网接入形态，已经成为校园网的重要组成部分。

1.2.1 校园无线网发展历程

1. 建设历程

无线局域网是指利用无线通信技术在一定的局部范围内建立的网络，是计算机网络与无线通信技术相结合的产物。WLAN以无线多址信道为传输介质，提供传统有线局域网（Local Area Network，LAN）的功能，使用户摆脱线缆的桎梏，可随时随地接入Internet。与传统有线网络相比，WLAN网络具有灵活性强、安装简单、部署成本较低、扩展能力好等优点，已经在教育、金融、零售业、制造业等领域有了广泛的应用。

WLAN的两个典型标准分别是电气和电子工程师协会（Institute of Electrical and Electronics Engineers，IEEE）802标准化委员会下第11标准工作组制定的IEEE 802.11系列标准和欧洲电信标准化协会（European Telecommunications Standards Institute，ETSI）下的宽带无线电接入网络（Broadband Radio Access Networks，BRAN）小组制定的HiperLAN系列标准。IEEE 802.11系列标准由Wi-Fi（Wireless Fidelity）联盟负责推广，本书中所涉及内容仅针对IEEE 802.11系列标准，并且用Wi-Fi代指IEEE 802.11技术。

无线网建设属于网络基础设施建设，华中科技大学于2010年开始进行无线网一期建设，鉴于校园规模较大，能够用于无线网络建设的经费有限，学校在无线覆盖范围上进行了优先级排序，教学楼作为师生最常用的公共空间，被安排在无线网络建设的第一序列。在教学楼中，原来只有教室讲台上的计算机能够连接有线校园网络，而现在，无线网络不仅给老师提供了校园网络备选接入方式，还使得学生在教学场所能够接入校园网络，这为师生带来了极大的

1 校园网

便利。在教学楼建设了校园无线网络之后,学校开始在全校范围内逐年开展无线网络覆盖,分期分片的建设方式虽然解决了在每年资金有限的情况下校园无线网络的覆盖问题,但无线网技术和设备的快速迭代也造成了全校各楼栋无线设备各不相同的情况,给后期运行维护带来了负担和隐患。

2. AP 外观的发展

目前的无线网络大多都是通过瘦 AP(Access Point, AP)加无线控制器(Access Controller, AC)的架构来实现无线管理的。

在最早期,无线 AP 多为带有外置天线的放装 AP。有的外置天线是使用单独的馈线连接在 AP 上的(如图 1.2.1 所示),有的则没有使用单独的馈线,直接连接在 AP 上(如图 1.2.2 所示)。后来出现了内置天线 AP,外型简单,也易于安装(如图 1.2.3 所示)。之后根据场景需求发展出了面板式 AP(简称面板 AP),其可以直接安装在 86 型底盒上(如图 1.2.4 所示)。

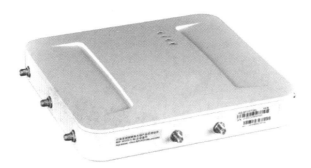

图 1.2.1　有馈线的外置天线放装 AP

图 1.2.2　无馈线的外置天线放装 AP

图 1.2.3　内置天线的放装 AP

图 1.2.4　面板式 AP

外观上的发展带来了安装方式的不同。对于有馈线的外置天线放装 AP 来说，其优点是在 AP 位置固定的情况下，可以根据实际场景对天线位置进行调整，以达到更好的覆盖效果。例如将 AP 安装在走廊中，AP 的维护简单，使用时通过馈线连接天线，将天线安装在房间内可实现对房间的无线覆盖。但是其缺点也比较明显，馈线的安装工艺要求较高，通常采用成品馈线，不能按实际需要进行裁剪，出厂时固定长度的馈线在安装美观上难以达到要求，常常给人一种杂乱的感觉（如图 1.2.5 所示），而且需要投入更多的人工来进行安装、维护。这种方式使得网络中潜在的故障点增多，给运维带来不便。

没有单独馈线的外置天线放装 AP，在外观上像是螃蟹，壁挂或者吸顶都占据极大的空间，而且需要人工调整天线的位置，安装复杂度高。长时间使用的 AP 会堆积大量灰尘，复杂的结构容易堆积更多的灰尘，影响美观。

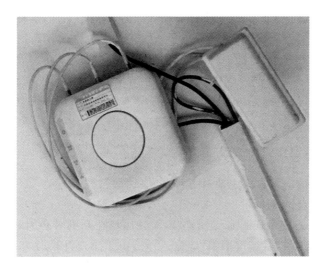

图 1.2.5 带馈线 AP 安装后实物图

3. AP 安装的美观与易用性

由于绝大多数 AP 都安装在可视范围内,因此不得不考虑美观性。AP 的美观体现在两个方面:一个是 AP 设备本身的美观,外置天线的 AP 无论有无馈线都是没有美观性的;另一个是安装时与周围物件的对齐,比如说,若有的设备底座采用了圆形底板设计,则非常不利于 AP 的对齐。

在安装易用性上也分为两个方面:一个是不同型号设备之间采用通用的底座,甚至是具有行业标准的底座(如面板 AP 采用的 86 型底盒);另一个是安装的快速对齐,有些厂商将产品设计成正方形,这既利于施工时的对齐,又利于从四个方向中的任意一个方向进行安装,但有的厂商的产品则频繁变更底板设计,这不但带来了易用性差的问题,而且部分设计还会造成拆卸和安装困难。

4. AP 类型与布设方式的发展

放装 AP 适用于教室、办公室等场景,覆盖范围为 $80\sim100$ m²,能同时连接 $60\sim80$ 人。

对于使用天线的放装 AP,其布设场景适用于终端数较少的宿舍楼栋。一般情况下,AP 会有四到六个外置天线,每个天线覆盖一个房间,但由于 AP 接入的终端数有限,实际情况下,接入终端数不能大于 30 个。

面板 AP 适用于宿舍场景,布设方式为每房间布设一个。目前市面上的面板 AP 大多都有下联有线网口,这有利于网络的扩展。

在无线网络的布设中,POE 交换机的噪音是一个不能被忽视的问题。一一般 24 口及以上的 POE 交换机会伴有较大噪音,随着时间的推移,散热风扇中逐渐堆积的灰尘会造成更大的噪音。在对噪音控制要求较高的环境下,需要使用无声方案来解决噪音问题。普通的 POE 交换机由于功率较大,所以必须使用风扇散热。要想避免 POE 交换机产生噪音就必须降低交换机输出功率,目前有两种方式:一种是在单端口供电功率不变的情况下,减少端口数量;另一种是采用定制化设计,降低 AP 所需功率,从而降低 POE 交换机整体功率。

5. 各种认证接入方式及其优缺点

校园网认证接入方式主要有三种,各有优缺点。

1) 基于 Web 的认证

Web 认证方式实现起来比较复杂,而且用户在开机时必须触发 DHCP 请求,这样用户一开机就需占用 IP 地址;另外,由于用户开机时与 AP 建立的无线链路可能还不稳定,该次 DHCP 过程失败的可能性较大。这样用户必须手动刷新其网卡,否则不能正常认证。在使用 Web 方式时不需要用户安装客户端软件。

优点:适用于各种操作系统;认证过程独立,不依赖 AC。

缺点:安全性较差;掉线后需要再次认证,使用体验差。

2) 基于 Web 的无感认证

Web 无感认证在 Web 认证的基础上进行了优化,认证过程中会记录用户的 MAC 地址,避免用户多次认证。

优点:适用于各种操作系统;认证过程独立,不依赖 AC;一次认证,之后无需认证,使用体验好。

缺点:安全性较差;解绑时需要用户进行另外操作,不能自动完成。

3) 基于 IEEE 802.1x 的认证

随着 Wi-Fi 建设规模的迅速扩大,网络上原有的认证系统已经不能很好地适应用户数量急剧增加的需求。IEEE 802.1x 协议对认证方式和认证体系结构进行了优化,解决了 Web/Portal 认证方式带来的问题,其更适合在 Wi-Fi 网络中使用。

优点:安全性好;一次认证,之后无需认证,使用体验好。

缺点:在苹果或其他系统更新后会有 Bug 出现;Windows7 系统设置复杂;认证的机制复杂,在复杂环境下可能出现认证过程未完成导致的无法认证通过的问题。

6. AC 的类型与发展

当前无线控制器主要分为两种,一种是盒式控制器,另一种是插卡式(无线)控制器。插卡式(无线)控制器与交换机合作运行,从而实现对无线接入点瘦 AP 的管理与控制。

盒式 AC 由于性能有限且价格低廉,适用于 AP 数量较少的场景,而插卡式 AC 适用于 AP 数量较多的场景,且其必须依托于相应的框式交换机设备(价格昂贵)来运行。

由于无线覆盖的普及以及覆盖密度的增大,AC 需要能够管理更多的无线设备,并且要进行有效的灾备(采用热备或冷备)。当前,有的 AC 能管理 AP 的数量可以达到 8192 个,这已经基本上可以满足一个中等规模校园的需求。

1.2.2 无线网运维中经常遇到的问题

1. 布设上的问题

(1) 密度问题。早期由于经费有限,在办公楼栋布设 AP 时,均采用走廊布设放装 AP 的方式,考虑到 AP 之间的干扰,需要将同一走廊相邻 AP 间隔一定距离。在初期,移动上网的需求较小,而且办公室多采用木质门,有利于信号传播,因此能基本满足用户无线上网需求。随着时间的推移,用户对于无线上网的依赖和需求越来越高,且由于一些办公室将木门换成了金属门,有的甚至将原来门上的窗户封闭了,早期的布设方式已无法满足每位用户的上网需求。

(2) 馈线的问题。早期智分 AP 采用的是馈线加天线的方式进行信号覆盖,但由于馈线长度固定且不能在安装现场进行裁剪,导致长度过长的馈线需要放置在线槽内,这时还面临馈线不能曲率过大的问题。总之,布设不具有易用性。而且由于增加了馈线、天线,进而产生了更多的故障点,给运维带来了极大的压力。

(3) 线路利旧。在经费有限的情况下,有时会利用楼栋原有线路进行无线覆盖,但这些质量较差的老旧线路带来了更多的隐患。

无线布设时,AP 上联网线有两个基本要求:一个是保证 AP 有足够的上联带宽;另一个是网线中四对芯均正常。综合这两个要求,目前线路普遍采用六类网络线路标准。然而在实际情况中,利旧线路不能满足要求,导致 AP 时而断电,时而恢复,这增加了设备产生故障的概率。

(4) 在同一栋楼布设了不同 AC 下注册的 AP。当发生这种情况时,用户会经常出现掉线的问题,可以通过查找用户的上网日志观察到这种现象并进行问题排解。

2. 认证上的问题

对于无线网来说，认证有多种方式。通常会用到的方式有 Portal 认证和 802.1x 认证。使用 Portal 认证时，NAS 设备不是 AC；使用 802.1x 认证时，NAS 设备是 AC。如果在使用 802.1x 认证时，NAS 设备与 AC 来自不同厂家，则需要进行对接，这就会增加出现问题的概率。

1）突破认证限制数

大多数学校在管理用户时，都会限制同一用户同时接入的终端数量。由于 802.1x 认证具有自动连接的属性，使得用户的多个终端可以同时尝试认证，在一定情况下会出现超过限制数量的终端上线的问题。例如，原本一个账号只允许使用两个终端，却出现该账号有两个以上终端同时在线的情况。

2）影子终端

在突破认证限制数时，有一种特殊情况：认证服务器上只能查到用户正在上网的部分终端，其他未查到的终端对于认证服务器来说就是影子终端。

3）802.1x 认证频繁掉线

采用 802.1x 认证方式时，无线终端在使用过程中出现偶发性断网现象：终端保持网络连接，但 Ping 网关地址不通，终端断开连接再重新关联，即可以恢复正常。

3. 干扰问题

无线通信系统的性能在存在干扰的环境中会受到影响，影响的大小与干扰的形式、频率和强度等诸多因素有关。对于 Wi-Fi 系统，特别是工作在 2.4 GHz ISM 频段的 IEEE 802.11b/g/n 系统，由于它对应的频段是在世界范围内通用和开放的频段，因此该频段存在许多来自各种不同系统的干扰信号，例如射频识别（Radio Frequency Identification，RFID）、WLAN 和 WPAN（包括 Bluetooth、ZigBee、WiMedia 和 HomeRF 等），其物理层的性能将会下降。

4. 环路问题

这里提到的环路问题，针对的是有下联端口的面板 AP。在使用面板 AP 的场景中，AP 下联用户的多个端口位置相近，用户使用网线连接两个端口会有概率造成环路。由于 AP 下联端口配置了防环路，通常情况下不会有环路产生。问题会在特殊情况下出现：用户用网线将两个 AP 下联端口连接起来，设备进行重启，而 AP 设备的防环路配置还没来得及生效，物理环路就已经形成。该问题产生时，会有一个明显的现象：用户每隔相同时间（如 10 秒钟）会出现丢包。

1.2.3 校园无线网的发展趋势

(1) 磨刀不误砍柴工:更实用的认证方式让用户轻松接入网络。

校园无线网常被拿来和家庭中的 Wi-Fi 进行对比:在无线覆盖范围内,勾选"记住密码"后无需再次输入密码即可自动完成网络连接。在校园网中,基于 Web/Portal 的无感认证和基于 IEEE 802.1x 的认证基本与家庭中的使用方式一致。

(2) 覆盖方式:无线真的可以"翻山越岭"吗?

答案是不可以的。校园无线网的覆盖目前正逐步变为按房间进行布设。无线设备在使用时,有承载连接数限制,有信号覆盖范围限制,原来的走廊布设放装 AP 已经无法满足用户上网需求。对于在走廊布设放装 AP,往往一个 AP 覆盖多达 5~6 个房间,墙体、玻璃和柜子等都会造成信号阻挡,影响信号强度。在条件允许的情况下,在每个房间布设 AP 可以解决这些问题,另外可根据房间大小来决定是使用放装 AP 还是面板 AP(覆盖范围为 20~25 m^2,接入终端数为 20 个左右)。

(3) 高密环境的覆盖真的是 AP 数越多越好?

目前有许多高密度无线覆盖场景,如体育场馆、商场和报告厅等。实践发现,一个 300 人的报告厅,布设两个高密型双射频 AP 比布设五台三射频 AP 效果更好。在这些场景中,盲目地堆砌 AP 数量会带来射频数量过多的问题。在空旷场景下,由于缺少墙体的阻隔,多个射频信号会相互影响,信道干扰将大幅提高。更加行之有效的方法是,布设拥有连接数更高的射频 AP,最终达到每个射频芯片信道互不干扰的状态。

1.2.4 Wi-Fi 与 5G

在无线信号传输过程中,各个私人路由器之间没有交流且共享相同频谱导致了 Wi-Fi 的数据传输是竞争性的,而 5G 的数据传输拥有中心化资源调度,是非竞争性的,这种区别类似于汽车与火车。

通常情况下,Wi-Fi 连接的是私人有线宽带,而 5G 的基站连接的是运营商的骨干网,因此,Wi-Fi 普遍有私密性要求,不能未经许可随意接入。因为 Wi-Fi 连接的是私人有线宽带,而私人宽带接入点固定,因此使用人员在使用期间的移动范围有限。这意味着 Wi-Fi 对移动性需求很低,覆盖范围小,一般只用考虑步行速度对信号传输的影响,不考虑小区切换(基站覆盖范围称为小区)。而 5G 的基站存在很高的移动性和小区切换需求,需要考虑比如汽车、火车等高速移动物体。这样的竞争与非竞争关系,私密性和移动性要求等会带来一系列从功能、技术,到覆盖、接入、频谱、速度等的不同。

1. 频谱/接入

频谱或许是竞争性最直接的区别。Wi-Fi 使用的频谱(2.4 GHz/5 GHz)是非授权频谱,就是说这段频谱并未分配/拍卖给个人或公司,任何个人/企业都可以用自己的 Wi-Fi 设备随意接入。5G 使用的频谱是授权频谱,除了获得该频谱的运营商,其他人都无权使用此频谱。所以,现在大家一打开手机 Wi-Fi,就会立即看到很长的 Wi-Fi 热点 SSID 列表,这意味着频段非常拥堵,可能存在非常多的类噪声干扰。也就是说,使用相同频段的手机,Wi-Fi 信噪比会比较低,这会导致 Wi-Fi 信号覆盖范围缩小,传输速率较慢。因此,目前 Wi-Fi 协议都在扩展 5GHz、5.8GHz 等干扰较低的频段。同一个区域内有那么多的 Wi-Fi 热点(SSID 列表),而 Wi-Fi 的频段是有限的,则一定会产生信道资源竞争。所以,Wi-Fi 最核心的空口协议是 CSMA/CA(Carrier Sense Multiple Access/Collision Avoidance,带有冲突避免的载波侦听多路访问),它的具体做法是发送前对信道做检测,如果信道忙碌,那么等一个随机时间再发送,但检测不是实时的,所以依然有可能存在两个路由一起检测到空闲频谱并同时发送数据的情况,这时候就产生了碰撞问题,会采取重传的方式再次传输。

而在 5G 中,因为接入信道是由基站分配的,而且在分配算法中会考虑干扰因素,所以相比较之下,技术相同的基站的覆盖范围会更大。同时,5G 在信号传输之前,已经被基站分配了专属"线路",所以不需要在发送前进行信道检测,对碰撞重传的要求也很低。另外一个有关接入的显著不同是,因为运营商需要全地点接入,所以 5G 是不存在密码的,它们采用 SIM 卡中的身份识别,通过收费网关收费,而私人 Wi-Fi 通常是需要密码的。[1]

2. Wi-Fi 和 5G 将会共存是趋势

5G 的速度快到可以让用户眨眼之间下载完一部超高清的电影,而在电信蜂窝网络技术升级的同时,Wi-Fi 技术也在不断升级。

根据思科 VNI 报告预测,全球 IP 流量年均值将从 2016 年的 1.2 ZB 上升到 2021 年的 3.3 ZB(1 ZB＝1024^4 GB)。如果单从 Wi-Fi 和移动网络的流量来看,全球 53% 的互联网接入流经 Wi-Fi 网络,仅有 20% 的互联网流量通过电信蜂窝网络生成。目前 Wi-Fi 技术标准已经发展到 802.11ax,也被称为 Wi-Fi 6。Wi-Fi 6 主要使用了正交频分多址(Orthogonal Frequency Division

Multiple Access,OFDMA)、多用户-多输入多输出(Multi-User Multiple-Input Multiple-Output,MU-MIMO)等技术,MU-MIMO 技术允许路由器同时与多个设备通信,而不是依次进行通信。MU-MIMO 允许路由器一次与 4 个设备通信,Wi-Fi 6 将允许与多达 8 个设备通信。Wi-Fi 6 还利用了其他技术,如 OFDMA 和发射波束成形,两者的作用分别为提高效率和提升网络容量,其最高速率可达 9.6 Gbps。由于 Wi-Fi 6 更多使用的是高频无线电信号,因此其需要像 5G 一样增加无线接入点位的覆盖密度,Wi-Fi 热点的数量将因此而出现指数级增长——预计将从 2016 年的 8500 万个激增至 2021 年的 5.262 亿个。

5G 本身也存在成本问题和使用资费问题,中国的三大运营商要将 5G 投入商用,进行 5G 基站的建设,就要投入巨大的人力、物力和财力,费用高昂,并且后期维护成本也高。运营商既要考虑收回成本,又要考虑提升业绩,因此 5G 的流量资费肯定不会低,并且 5G 的流量消耗速度会远远高于 4G。

总体来说,未来的 5G 和 Wi-Fi 是长期共存的。[2]

3. 校园无线网与 5G

对于校园网来说,可利用 5G 的移动边缘计算技术(Mobile Edge Computing,MEC),通过将校园网核心和下沉到校园的 MEC 设备互联,实现校园 5G 用户对校园网资源的直接访问,5G 基站将可以作为校园 Wi-Fi 的补充,进一步增强校园网的无线覆盖效果,尤其是室外覆盖效果。

1.2.5 结语

作为校园网的重要组成部分,校园无线网在校园网络与信息化建设进程中发挥了十分重要的作用,而且,随着校园移动应用发展和师生对无线网络使用需求的增长,校园无线网也必将越来越重要。另一方面,随着无线网络技术的迅速发展,校园物联网等需求的增加,Wi-Fi、5G、ZigBee 等技术都可能成为校园无线网络技术的组成部分,校园无线网也将会变得越来越复杂,建设和运行也将面临新的挑战。

参考文献

[1] 网管爱好者. 5G 和 wifi 区别,不要搞混了,5G 贵,WiFi 免费的多[EB/OL]. https://baijiahao.baidu.com/s?id=16229702493012 88483&wfr=spider&for=pc,2019-01-18.

[2] 与非网. 如果 5G 真的来了,WiFi 还有存在的必要吗?[EB/OL]. https://www.eefocus.com/communication/389231,2017-08-03.

1.3 认证系统:校园网用户入口

校园网认证系统是校园网络安全体系的重要组成部分,是落实《中华人民共和国网络安全法》等法律法规关于上网"实名制"要求的重要技术手段,同时,它又是师生使用校园网的入口。因此,建设一个稳定、可靠、易用的认证系统非常重要。下面以华中科技大学校园网为例谈谈认证系统建设。

1.3.1 认证方式

当前,主流校园网认证方式有四种:802.1x 认证、Web 认证、802.1x 无感认证和快速 MAC 认证,四种方式各有其适合的场景和优缺点。

1. 802.1x 认证

802.1x 认证既可用于有线认证,也可用于无线认证。有线 802.1x 认证的过程如图 1.3.1 所示,认证角色包括 Client(用户认证设备)、NAS 设备(交换机)和 Radius Server(认证服务器)。其中,Client 和 NAS 设备之间使用 EAPOL 格式封装 EAP 协议传送认证信息,常用的协议包括 PAP、EAP-MD5、PEAP-MSCHAPV2、PEAP-GTC、EAP-TLS 等。NAS 设备和认证服务器间通过 Radius 协议传送认证信息。用户的信息在通信过程中是加密传输的,因此 802.1x 认证是一种相对比较安全的认证方式。报文传输过程如图 1.3.2 所示。

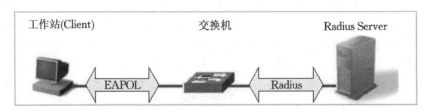

图 1.3.1 有线 802.1x 认证过程

有线 802.1x 认证区域使用客户端认证,可实现较严格的接入控制,包括防代理、防破解等功能。客户端包括支持 Windows、MAC OS 及 Linux 的版本,其中,使用 MAC 笔记本的用户近年来快速增长,同时 MAC OS 升级频繁,客户端的更新需十分及时。从目前的使用情况来看,客户端对各版本操作系统的支持较好。客户端界面如图 1.3.3 所示。

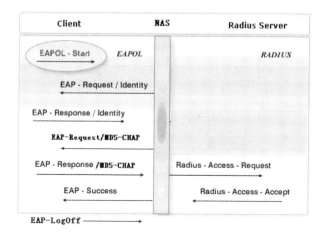

图 1.3.2 报文传输过程

图 1.3.3 客户端界面

2．Web 认证

Web 认证是一种灵活的访问控制方式，它能够让同一个用户在多个设备提供商的网络布局中进行无差别的认证，用户只要打开网页进行认证即可，无需额外安装客户端软件。

Web 认证角色包括 Client（用户认证设备）、NAS（AC）、Portal 服务器和 Radius 服务器。Client 访问互联网资源时，发出 HTTP 请求，NAS 拦截 HTTP 请求，并重定向到 Portal 服务器，用户在 Portal 服务器的认证页面输入用户名、密码，之后提交给 Portal 服务器。Portal 服务器提取其中的账号信息，将此信息发送到 NAS，NAS 与认证服务器间通过 Radius 协议传送认证信息，最后由 Portal 服务器反馈认证结果给用户。其中，用户在 Portal 认证页面提交个人信息时,如果使用 HTTP 请求,则个人信息的明文传输可能会对安全性产生一定的影响。Web 认证的报文交换流程如图 1.3.4 所示。

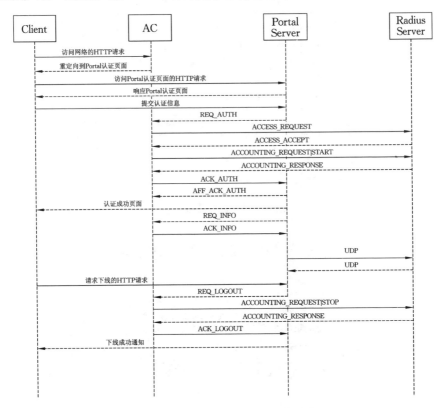

图 1.3.4　Web 认证的报文交换流程

Web 认证方式的优点是其基于浏览器,兼容性良好。相比于客户端方式,Web 方式不用面对设备操作系统升级带来的版本频繁更新问题。

华中科技大学 Web 认证需关联的 SSID 为"HUST_WIRELESS",为提高用户的操作便利性,对 Web 认证页面的外观进行了定制,并增加了"记住密码"功能,认证页面如图 1.3.5 所示。

3. 802.1x 无感认证

随着移动智能终端的普及,无线网络的需求愈加旺盛。各类型移动终端如何安全便捷地接入网络,已成为无线网络急于解决的首要问题。各类型智能终端都有 802.1x 认证功能,802.1x 技术为校园无线网提供了安全和便捷的解决方案。图 1.3.6 所示的是 802.1x 无感认证报文交换流程,用户信息在传输的过程中进行了加密,因此 802.1x 无感认证是一种安全的认证方式。

1 校园网

图 1.3.5 定制化的 Web 认证页面

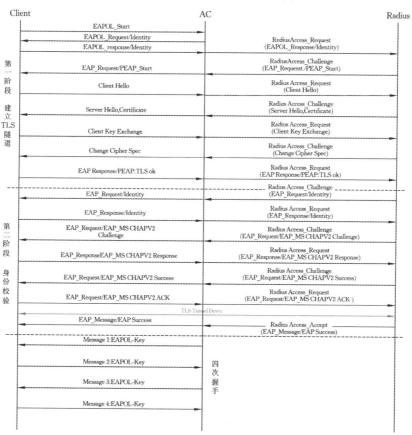

图 1.3.6 802.1x 无感认证报文交换流程

华中科技大学已在全校大部分区域覆盖802.1x无感认证,认证时可关联SSID:HUST_WIRELESS_AUTO,用户在第一次成功输入账号和密码后,以后即可便捷无感地接入网络,不需每次都输入账号和密码。图1.3.7所示的为用户使用无感认证时的初次设置流程。

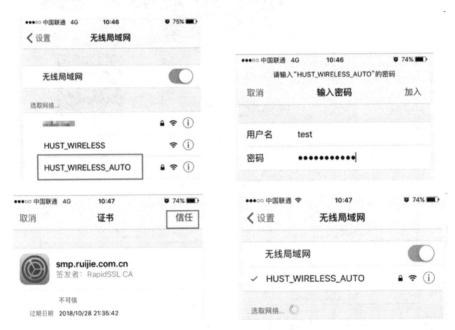

图1.3.7 无感认证设置流程

4. 快速MAC认证

在Web认证方式的使用过程中,普遍存在移动终端下因屏幕尺寸问题导致的网页认证体验不够好的情况。用户在使用手机上网时,每次都需要重新连接SSID,需要打开浏览器,输入用户名和密码,操作步骤多,同时掉线后不能自动登录。

华中科技大学为解决这个问题,提供了快速MAC认证方式。当用户首次进行Web认证时,认证计费系统会记录下客户端设备的MAC地址,待后续认证时,可直接使用客户端的MAC地址进行用户身份校验,无需手动操作即可完成认证,认证流程如图1.3.8所示。

图1.3.9为华中科技大学用户首次使用网页认证的成功界面,选择开启"无感认证设置"选项(在没有释放无线802.1x无感信号的区域,可以使用这种网页无感认证),下次登录时即可使用快速MAC认证方式上网。

1 校园网

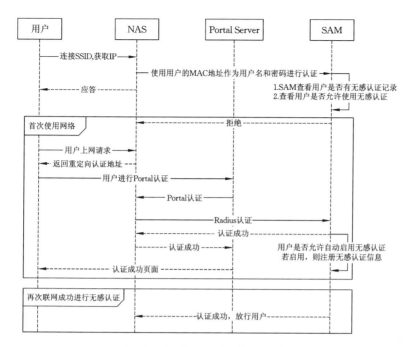

图 1.3.8　快速 MAC 认证流程

图 1.3.9　用户开启快速 MAC 认证页面

1.3.2 套餐模板与收费

通过在认证系统中建立套餐模板,可实现对校园网认证的精细化管理,收费功能也是认证系统的重要功能之一。

1. 套餐模板设置

认证系统一般通过设置不同的模板来实现不同用户的上网规则,设置模板的数量没有限制,但是设置的模板数过多,会导致管理复杂度增加;相反,若设置的规则太粗,模板太少,则难以满足各类型用户的精细化需求。

华中科技大学认真分析了用户类型和需求,结合多年来的运维管理经验,充分考虑校区等因素,在系统中共设置了 5 种套餐模板,覆盖了全校所有用户,分别为:本科新生、本科生、研究生(含硕士生和博士生)、主校区教工和同济校区教工。每个模板内,对用户可使用的网络区域及类型(有线或无线)、上网时段、套餐类型都做了细致的规划。对于套餐部分,为契合学生用户的各种上网需求,制定了 5 种不同的时长包。套餐及使用范围如图 1.3.10 所示。

账号类型	套餐						时段		接入区域					
	包天	包周	包月	包三月	包半年	包一年	不限	限制	学生有线	学生无线	主校区教工有线	主校区教工无线	同济校区教工有线	同济校区教工无线
本科新生	√	√	√	√				√	√	√	√			√
本科生		√	√		√			√	√	√	√			√
研究生		√						√	√	√				√
主校区教工													√(限制)	√(限制)
同济校区教工			√		√	√			√	√	√	√	√	

图 1.3.10 套餐及使用范围

2. 收费及缴费方式

对于采取自主建设校园网模式的高校来说,需要通过向用户收取少量费用来补贴校园网的建设和运行。国内高校常见收费方式有如下几种:①包月包流量收费,如 10 元/月 20 GB,超出部分另外收费;②根据带宽收费,如 20 元/月 4 Mbps、30 元/月 8 Mbps 等;③根据上网终端数进行收费,如 10 元/月有线终端、20 元/月有线+无线终端等。其中,第一种流量阶梯计费的方式最为常见,另外还有一些学校使用了多种标准融合的计费方式。

华中科技大学校园网主要以公益网络方式进行运维,计费标准为20元/月,不限制流量,提供4 MB带宽,账号可使用有线及无线网络,并可在两校区间漫游。

收费方式最初为售卖价值20元的纸质卡,但存在缴费方式单一、充值金额不可选的问题。2013年,学校推出了电子卡业务,用户在网上即可充值。随着校园卡系统的完善和网银技术的发展,2015年起,学校开始提供校园卡充值及网银充值方式。2018—2019年,利用校园卡系统的电子账户和无卡支付功能,用户可轻松使用手机用校园卡账户为校园网账户充值,用户体验明显提升。最新统计显示,校园卡充值额占充值总额的83%,网银充值额占16%,其他占1%,使用校园卡实体卡或校园卡电子账户无卡化支付已成为主流。

1.3.3 认证系统定制化

由于各高校校园网情况不尽相同,认证系统厂商的认证系统软件产品可能无法完全满足学校的需求,需要进行定制化开发。

1. 定制化需求

2015年,随着用户需求的增加,认证系统的基本功能需要进行优化升级,因此在同年开启了功能定制化项目的实施。定制化的内容主要包括以下几个部分。

(1) 实现校园网认证系统校际认证统一方案,两校区使用同一套认证系统,两校区学生及教工实现统一管理;在同济校区配备完整容灾方案。

(2) 实现校园网认证系统数据库定制自动导入/导出功能,备份上网明细、认证日志、自助日志等数据,传输至日志服务器,备份周期可设置,系统可自动还原数据与删除过期数据。

(3) 实现校园网认证系统自动开户功能,与学校基础数据库联动,通过同步获取新进员工和新生的工号、学号,实现基于用户类型的自动化开户操作。

(4) 将自助密码找回功能与学校统一通讯平台对接,使用户可通过账号绑定的手机号找回密码等。

(5) 提供自助系统微信企业号功能,提供包括充值卡充值、校园卡充值、网银充值、套餐变更、密码修改、在线设备管理、接收网络中心信息推送等功能。

(6) 实现SAM系统与各信息系统的对接,与学校统一信息门户、呼叫中心、运维系统、OA 系统、基础数据库等信息系统进行数据及身份认证等多层次的对接开发。

2. 定制化开发

定制化开发是一个漫长的过程,常见的困难有如下两点:一是定制化的功能不是普遍的通用功能,与学校具体情况及使用需求密切相关,可借鉴的信息有限。在定制化项目开始之前,对所需功能要进行详细的分析和规划,对上线周期也要有充分的认识;二是在进行定制化开发的过程中可能会出现各种意料之外的情况,开发人员要对可能在开发过程中遇到的突发困难有所准备,需要随时调整开发进度和周期,以确保上线后功能的正常运行。

3. 上线运行

(1) 合并两校区认证系统,统一认证,不必区分校区账号。

华中科技大学同济校区与主校区相隔约 20 km,通过过江光缆连接,此前一直使用两套独立的认证系统,存在大批"迁移用户"。如医学院本科生前两年在主校区学习,两年后会回到同济校区继续学习,还有部分教师在两校区都有授课,对于这部分会偶尔或经常性批量迁移的用户,在两校区的认证系统中都需要进行开户,上网操作也更加繁琐,不利于用户上网体验的提升,对认证系统 License 资源也存在耗损。使用统一认证后,对于学生用户搬迁校区可实现平滑过渡,教师在两校区内也可无缝漫游上网。

(2) 微信企业号功能上线,用户体验显著提升。

早期的校园网自助功能由自助网站完成,但对于移动端用户,网站通过手机浏览器使用,受屏幕尺寸影响,页面操作不便。为解决这个问题,学校曾经上线了专门的校园网手机 App,但需要用户下载 App 程序,部分用户不愿安装额外的 App 程序,推广并不顺利。后来,学校微信企业号"华中大微校园"上线,于是相关人员开发了校园网服务的 H5 程序,将它集成到了学校微信企业号,覆盖了绝大部分校园网用户,操作界面简单、快捷、流畅,大幅提升了用户的上网体验。图 1.3.11 所示的为华中大微校园中的校园网自助主要功能界面。

(3) 日志分析系统的开发。

定制化项目实施之前,校园网认证系统对认证日志的利用尚不完善,只提供日志分类、时间索引、关键字搜索等查询功能,但在故障预警、安全分析等功能上较为欠缺,此时需要结合学校具体的上网方式、接入控制策略以及认证管理规则,研究如何通过日志分析获得访问者的异常行为,以改善网络结构。

1 校园网

图 1.3.11 校园网自助主要功能界面

定制化的其中一项重要内容就是针对校园网实际使用环境,开发通过日志分析来监测校园网安全运行状态的系统。该认证系统可增强管理人员对网络认证运行状况的监测能力,通过日志分析结果可及时发现并解决相关网络问题。图 1.3.12 所示的为日志分析系统界面。

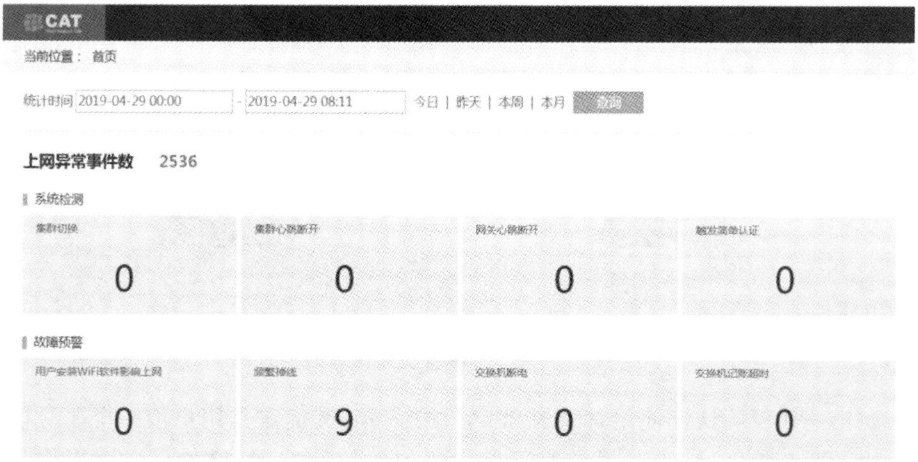

图 1.3.12 日志分析系统

定制化的日志分析系统可帮助网络管理人员详细掌握网络的实时运行状况,增强对用户异常行为的监测能力,提高对预警和故障事件的响应速度;同时可公布每日监测信息,提示用户注意网络使用安全,从而为提高校园网络服务质量提供保障。

1.3.4 校际认证的解决方案

很多大学有多个校区,多校区的校园网管理也会更加复杂,实现多个校区的统一认证是很多高校校园网建设的需求。

1. 第一代校际认证方案

华中科技大学校园面积较大,主校区与同济校区间跨长江相隔。2016年之前,两校区使用两套认证系统,相互独立,对于需要在两个校区之间漫游的用户来说,就需要申请两次账号,很不方便。

根据用户需求,第一代校际认证方案应运而生,采用无线网认证互通的方式解决两校区漫游的问题,用户在认证界面上勾选所属校区后,即可在漫游校区上网。校际漫游登录页面如图1.3.13所示。

图1.3.13 校际漫游登录页面

第一代校际认证使用时间为2014—2016年,其优点是用户用一个账号即可漫游两个校区,缺点是漫游时仍然需要勾选校区选项,增加了一个操作步骤,同时漫游的区域只限于主校区和同济校区,无法实现与其他高校校园网的漫游。

第一代校际认证的业务流程如图 1.3.14 所示。

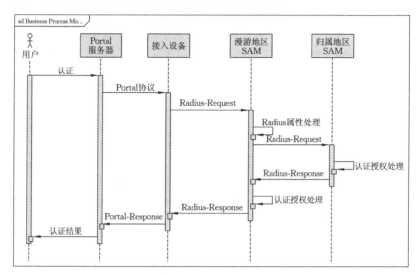

图 1.3.14　第一代校际认证的业务流程

同济校区用户使用无线 Portal 认证方式在主校区上网。主校区 SAM 即漫游地区 SAM 在接收到设备发送的 Radius 请求后,根据用户名特征判断出该用户是同济校区用户。在接收到设备认证报文的基础之上进行 Radius 属性的转换,如用户名、NAS 信息等。完成 Radius 报文转换后将 Radius 报文转发给同济校区 SAM,即归属地区 SAM。归属地区 SAM 业务处理完成后,将返回认证结果给漫游地区 SAM。漫游地区 SAM 对于认证失败用户,直接回复 Reject,认证成功用户再做本地的业务校验,然后下发认证结果,校际用户正常上线。

第一代校际认证方案对于存在多个校区且短时间内认证系统难以统一的高校,可作为一个具有参考意义的方案。

2. 第二代校际认证方案

2016 年,华中科技大学实施了认证系统功能升级项目,主校区和同济校区的认证系统合并为一套系统,用户可以在两个校区间无缝漫游,第一代校际认证方案已淘汰。

随着国内外高校之间交流的增多,很多人希望上网账号可在高校之间漫游,而各高校认证系统之间进行一一对接很不现实,目前比较通行的做法是加入 eduroam 联盟全球教育科研网漫游。eduroam 是 education roaming 的缩写,是一种安全的全球漫游服务,为各个国家的教育科研网广泛采用。eduroam 最早起源于欧洲,目前覆盖了 89 个国家和地区。只要加入 eduroam 组织,本校用户即可在组织成员单位使用本校账号上网。

华中科技大学已于 2016 年 3 月 4 日加入 eduroam 联盟,eduroam 解决了跨单位、跨国家的上网需求,可让校园网用户走出校园,其是一个较好的与世界接轨的平台。

1.3.5 双终端或多终端

对使用流量计费的学校来说,流量包是固定的(如 20 GB/月),无论用户使用几个终端,流量超出限额后都将被收取其他费用,因此多终端上网对这种计费方式产生的影响较小。华中科技大学采用不限流量的包时段上网方式,在没有多终端上网需求的时候,这种套餐对学生用户是最具性价比的。但随着需求的不断变化,为适应新的形势,学校需要开展多终端上网测试。校园网总开户数达到 9 万多个,用户规模庞大,任何政策的改变或新技术的应用,都必须进行提前测试。测试的目的在于,了解在不改变现有收费标准的前提下,开通多终端上网系统后,系统性能是否能支持增加的设备及增加的设备对出口带宽的影响,然后根据测试结果制定合适的管理方法。

1. 双终端使用情况

2018 年 2 月 26 日,学校开始进行学生用户全时段双终端测试。双终端开启后平均会增加 6660 个在线设备,增幅达到 22%。双终端使用趋势与总在线人数曲线存在差异,峰值位于 20:00—24:00 之间。

2. 用户使用情况

从双终端的使用者角度分析,研究生用户明显较多,达到 57%。研究生高峰在线时间为 12:00—19:00,主要为工作时间,本科生高峰在线时间为 19:00 之后,主要为下课后的时间。研究生和本科生的认证趋势类似,但是谷值明显滞后 2 小时。另外研究生无上网时段限制,因此 01:00—06:00 间仍有双终端设备在线。曲线图如图 1.3.15 所示。

3. 认证方式

双终端功能开启后,增长最多、涨幅最大的认证方式是无线 802.1x 无感认证方式(HUST_WIRELESS_AUTO),说明无线 802.1x 无感认证方式最受欢迎(增长情况如表 1.3.1 所示)。

1 校园网

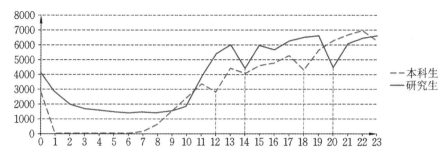

图 1.3.15 双终端在线曲线

表 1.3.1 开启双终端后用户增长情况表

—	有线 1x	无线 802.1x	无线 Portal	有线 Portal
增数/个	1399	3237	820	1134
增幅	17.5%	27.5%	20.9%	18.6%

4. 双终端用户上网体验

双终端测试开始后,学校获取了大量用户的反馈。用户普遍支持这项策略,但在使用的过程中存在一些问题,最显著的是晚间用网高峰期的在线设备过多,明显影响上网速度。鉴于此情况,学校开始进行分时双终端测试。分时策略为 8:00—17:00 为双终端时段,其余为单终端时段。

统计发现,分时双终端在 8:00—17:00 的曲线与全日双终端的基本重合,没有出现在线人数的明显增长;在晚间时段与单终端曲线趋于重合,没有出现大幅波动,如图 1.3.16 所示。

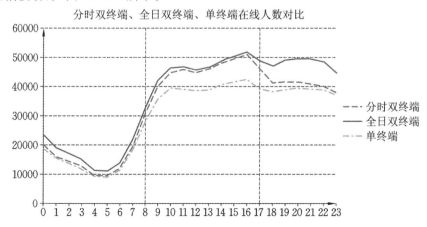

图 1.3.16 不同策略的在线人数对比

同时流量统计曲线显示,分时双终端实行后,晚间出口流量明显下降,如图 1.3.17 所示。

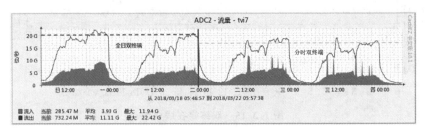

图 1.3.17　流量对比图

分时双终端策略实施后,明显缓解了晚间流量过大的问题,同时对出借账号的情况也有所遏制,它是最符合当前校园网实际情况的策略。

1.3.6　结语

校园网认证系统作为用户接入校园网的第一个环节,在校园网的管理与维护中起着重要的作用。随着形势和技术的发展,校园网认证系统也在不断升级和更新,为师生提供稳定、可靠、快速的上网认证服务是认证系统的主要任务,也是认证系统管理人员一直奋斗的目标。

2

信息系统

2.1 信息一个站:信息门户建设新思路

自数字校园、智慧校园建设以来,信息门户都是高校建设的热点之一,虽然移动互联网的兴起,降低了传统信息门户的热度,但它仍然是高校需要重点建设的公共信息系统之一,也能从一定程度上反映出一所高校的信息化水平。

2.1.1 信息门户

1. 信息门户的定义

高校信息门户的概念最早来自于企业信息门户(Enterprise Information Portal,EIP),Collins认为,企业门户是一个在线资源的定制化界面,信息发布者和需求者可不受自身地理位置约束,以及信息格式和信息保存地点的限制,在门户里访问和分享信息、做出决策和执行操作。[1]高校信息门户分为两类,一类是面向社会、学生家长、考生、合作者的信息门户,主要用于宣传,一般为高校的主页;另一类为面向校内师生提供综合性"一站式"信息服务的网站,本章讨论的是后一种信息门户。高校信息门户简单地说就是一个功能强大的网站,它通过单一的访问入口,为用户提供访问各种应用和信息的渠道。[2]它是智慧校园的基础性支撑平台,是集教育教学、学术研究、管理决策、校园服务于一体的综合服务系统。信息门户集中发布学校各类重要通知、公文、校园活动、重要讲座或电子资源下载途径等公共信息,以及消息、待办、课表、日程等师生个性化信息;通过建设网上办事大厅模块或与网上办事大厅系统集成,为师生提供统一的办事入口;它可以通过统一身份认证系统的单点登录(Single Sign On,SSO)功能,在信息门户中实现师生在校内相关业务信息系统之间的无缝漫游。

2. 信息门户发展历程

由于国外高校信息化起步较早,水平较高,因此其信息门户建立也较早,技术水平也处于领先地位,顶层的架构设计优秀,页面美观且内容丰富,后台对数据中心的运维管理科学精细,同时在逻辑层中加入了数据挖掘、联机分析处理(Online Analytical Processing,OLAP)、数据仓库,使信息门户具备了一定的商务智能(Business Intelligence,BI)特性。[3]

国内高校信息门户的建立起步较晚,2000年后,互联网技术发展十分迅速,社会上互联网站呈爆发态势,高校内部也开始将各类管理信息系统从C/S模式改造成B/S模式,但是管理人员和师生为了完成某方面的业务,必须登录多个Web信息系统,使用各系统的账号和密码,信息也分散在各系统中,需要把相关的系统登录并浏览一遍后,才能获得与自己相关的信息。因此,师生对整合信息系统,获得"一站式"信息服务的呼声越来越高,这种"一站式"信息服务就是信息门户。早期因技术所限,很多信息门户主要用来集中发布公共的通知及公告,随着Portlet、Bootstrap、网页自适应等技术的不断出现,信息门户的内容和形式也越来越丰富;统一身份认证系统和单点登录技术不断成熟,加快了分散的异构信息系统的整合,一套账号与密码登入多个信息系统也逐步实现。

2016年的一项调查显示,87.18%的国内高校已经建立了信息门户,[4]但整体来说,国内高校的信息门户建设水平不高,主要通过信息集成实现学校重要信息的汇集功能,可实现通知公告等公共信息的集中管理发布,与各业务信息系统相关的师生个人信息的集成情况则与各高校的业务信息系统建设情况和信息中心的集成能力有关,即使是信息化公司提供的同一版本的信息门户平台,各高校集成的内容也有较大差异,对于数据挖掘、数据分析、智能推荐、智能搜索等功能则普遍较少。

3. 信息门户的关键技术

(1) 总体框架。信息门户一般总体采用面向服务的架构(Service-Oriented Architecture,SOA),以方便地对第三方系统进行集成。信息门户通过调用各业务信息系统提供的Web Services,显示各业务信息系统提供的各类信息,例如未读邮件数、未还借书数等,并可点击这些信息通过单点登录直接进入各业务信息系统的相关页面上,从而实现"一站式"业务办理。信息门户大多使用模型-视图-控制器(Model View Controller,MVC)框架,符合JSR168、JSR286规范,支持Web 2.0,融合Ajax技术。信息门户内置通用API,使用Portal管理功能,方便进行资源、角色、用户的统一管理,Portlet可方便地调用Json与Ajax。使用内容管理系统(Content Management System,CMS)管理新闻、公告等信息内容。使用基于角色的访问控制(Role-Based Access Control,RBAC)权限模型,实现对用户信息、操作等各类资源的控制与管理。[5]

(2) 前台技术。前台一般采用Bootstrap,Bootstrap是基于HTML5和

CSS3 开发的,它在 jQuery 的基础上进行了更为个性化和人性化的完善。Bootstrap 自带丰富的 Web 组件,如:下拉菜单、按钮组、按钮下拉菜单、导航、导航条、路径导航、分页、排版、缩略图、警告对话框、进度条、媒体对象等。[6] Bootstrap 响应式布局能够根据用户的终端设备进行自适应调整,符合当前移动互联网发展趋势,可提高用户的浏览体验度。[7]

(3)用户认证。用户认证是统一信息门户所必需的功能,基本身份认证的功能一般通过统一身份认证系统实现,信息门户再根据用户的身份和权限确定对信息、资源的访问。严格来说,统一身份认证系统和信息门户是两个独立的系统,但由于二者同属于传统的"三大平台",有些公司将这两个系统合二为一。用户的单点登录也是通过统一身份证系统和信息门户实现的。[8]

2.1.2 信息门户建设实践

1. 发展历程

华中科技大学统一信息门户(one.hust.edu.cn)即将上线第三版,第一版建设于 2011 年(my.hust.edu.cn),替代了 2003 年开始建设的内部网(e.hust.edu.cn,也称综合信息网)的功能,原内部网仅用于发布学校通知与公告、公文等公共信息,实现了少量业务信息系统的单点登录,算是学校信息门户的雏形,2011 年版采用了更加专业的架构,集成了更加丰富的公共信息以及多项个性化信息,接入了更多的单点登录的业务信息系统,基本实现了"一站式"服务;第二版开始将域名从 my.hust.edu.cn 升级为 one.hust.edu.cn,逐步接入了 80 多个重要业务信息系统的单点登录,与学校微信企业号的通知、公文等实现了同步管理和消息同步发送,未读邮件、OA 待办、网上办事大厅待办、个人课表、日历等个性化功能更加丰富,但内容缺少整合;即将升级的版本将对内容进一步整合,以"数据共享、业务整合、一站式服务"为指导思想,加强分类管理,增强数据展示功能。华中科技大学信息门户的域名由 e.hust.edu.cn(很多高校也使用 portal.*.edu.cn)改为 my.hust.edu.cn,再改为 one.hust.edu.cn,也表明了信息门户在不同时代所承载的功能的演变。

2. 采用的主要技术

新版信息门户采用了 Spring Web Flow(SWF)架构,它是 Spring Framework 的一个脱离模块。其目标是成为管理 Web 应用页面流程的最佳方案,其不仅关注如何构建 Web 界面,更关注页面流转。前端采用响应式设计技术,可自适应各种类型的终端。

用户认证使用最新的 CAS 协议，支持 OAuth2.0、OpenID、SAML1.0 等标准协议，并支持 Rest 方式进行认证的调用。其客户端包含当前主流的多种开发语言，如 Java、PHP、.NET、Python 等。服务端可以采用分布式部署，使其实现高可用，保证系统为用户提供更稳定的服务。认证源可以采用数据库、LDAP、AD 等，适配多种数据源。

3. 建设的主要内容

1) 首页

首页是用户登录后看到的第一个页面，是各类公共信息和个人信息的集成界面，由内容中心、应用中心、服务中心、数据中心、待办中心、消息中心、资源中心、活动中心、搜索中心等不同组件组成。根据用户身份的不同，页面会初始化成不同的个人空间布局，该页面也可由个人进行个性化定制，如图 2.1.1 所示。

2) 内容中心

内容中心集成了各类常用信息，主要包括学校通知、部门通知、院系通知、公文、校历等，如图 2.1.2 所示。

3) 应用中心

校内所有接入统一身份认证系统可实现单点登录信息系统的列表，用户可方便地进行应用查找以及使用自定义功能，如图 2.1.3 所示。

4) 服务中心

服务中心将学校网上办事大厅信息平台的最新服务、最热服务以及本人正在办理中的服务显示在门户首页，同时，其也是进入网上办事大厅信息平台的入口。

5) 数据中心

数据中心是学校"一张表"工程项目的统一入口，教职工可以通过门户进入数据中心，维护同个人相关的"个人数字档案"中的相关内容，并提交审核。数据中心还可以显示同个人数据相关的统计信息，以便师生更加准确地掌握自身的考核信息、统计信息等。

6) 待办中心

待办中心为独立第三方应用，与信息门户进行集成，待办中心通过与网上办事大厅等公共信息系统和 OA 系统、教务系统、设备管理系统等各业务信息系统对接，将各信息系统中的待办实时归集到待办中心并更新动态，在待办中心，每一条待办可直达各信息系统的具体待办事项页面。

2 信息系统

图 2.1.1 信息门户首页

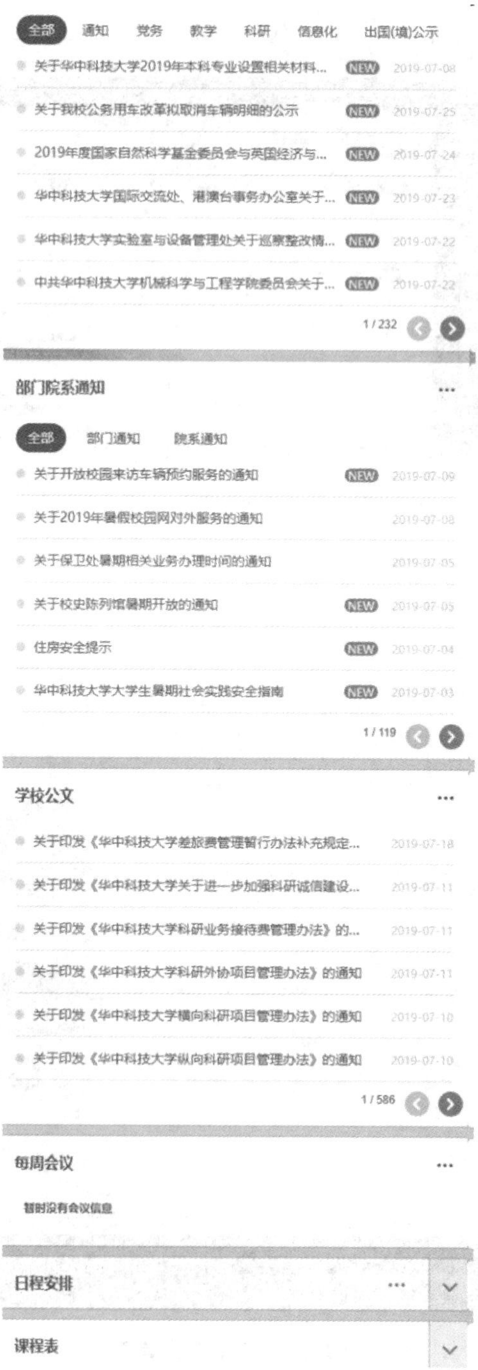
全部 通知 党务 教学 科研 信息化 出国(境)公示
关于华中科技大学2019年本科专业设置相关材料... NEW 2019-07-08
关于我校公务用车改革拟取消车辆明细的公示 NEW 2019-07-25
2019年度国家自然科学基金委员会与英国经济与... NEW 2019-07-24
华中科技大学国际交流处、港澳台事务办公室关于... NEW 2019-07-23
华中科技大学实验室与设备管理处关于巡察整改情... NEW 2019-07-22
中共华中科技大学机械科学与工程学院委员会关于... NEW 2019-07-22
1 / 232
部门院系通知
全部 部门通知 院系通知
关于开放校园来访车辆预约服务的通知 NEW 2019-07-09
关于2019年暑假校园网对外服务的通知 2019-07-08
关于保卫处暑期相关业务办理时间的通知 2019-07-05
关于校史陈列馆暑期开放的通知 NEW 2019-07-05
住房安全提示 NEW 2019-07-04
华中科技大学大学生暑期社会实践安全指南 NEW 2019-07-03
1 / 119
学校公文
关于印发《华中科技大学差旅费管理暂行办法补充规定... 2019-07-18
关于印发《华中科技大学关于进一步加强科研诚信建设... 2019-07-11
关于印发《华中科技大学科研业务接待费管理办法》的... 2019-07-11
关于印发《华中科技大学科研外协项目管理办法》的通知 2019-07-11
关于印发《华中科技大学横向科研项目管理办法》的通知 2019-07-10
关于印发《华中科技大学纵向科研项目管理办法》的通知 2019-07-10
1 / 586
每周会议
暂时没有会议信息
日程安排
课程表

图 2.1.2　内容中心

2 信息系统

图 2.1.3 应用中心

7) 消息中心

消息中心是学校统一通讯平台与信息门户进行集成的页面,可在消息中心查看消息、发送消息、订阅/取消订阅消息等,如图 2.1.4 所示。

图 2.1.4 消息中心

8) 资源中心

学校各类常用资源的链接主要包括图书馆资源、课程资源、正版软件、常用下载等,如图 2.1.5 所示。

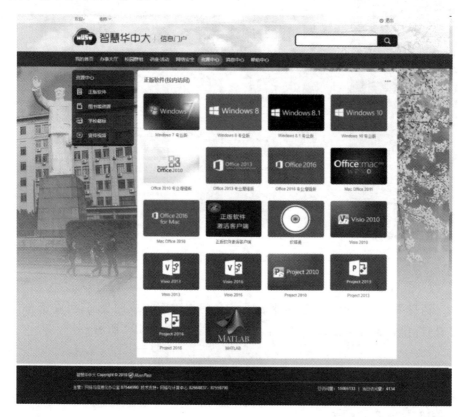

图 2.1.5 资源中心

9) 活动中心

活动中心主要帮助用户实现对校园内各种报告、讲座等信息的发布、查看、订阅等,也用于实现投票、问卷调查、测评等常见校园活动,如图 2.1.6 所示。

10) 搜索中心

在搜索中心可实现对全校以及本站范围内的全文搜索,如图 2.1.7 所示。

2.1.3 未来信息门户发展方向

信息门户建设是一项系统的、长期的、复杂的工程,当前的信息门户仍然主

2 信息系统

图 2.1.6　活动中心

图 2.1.7　搜索中心

要以信息的汇集为主,随着智慧校园与智能校园的建设与发展,以及新的信息技术的快速发展,信息门户也必将迎来进一步的发展,真正做到统筹各分散的业务信息系统,确保校园信息化的整体性。

1. 与大数据平台对接

大数据当前也是高校信息化建设的热点之一,但是一般来说,高校建设的大数据分析平台是独立的应用,与信息门户关系不大。信息门户作为统一的入口以及信息的汇集中心,应与大数据分析平台对接和融合,并发挥自身汇集信息的特点,将信息进行抽取、清洗,以提高信息的质量,供大数据平台分析,并将大数据平台上的各类应用成果及时通过信息门户展现,将分析的结论通过门户的消息进行推送等。

2. 融入人工智能技术

人工智能技术在未来 2~3 年将是被高等教育采用的重要技术之一。[9]可利用人工智能技术在门户中通过对用户的身份、访问内容、访问习惯等进行学习,向用户智能推荐信息,改变现有的相对固定的信息内容及展示形式;对待办、应用进行智能排序,取代现有的由信息门户初始化或师生个人手工定制的方式;对用户的问题进行智能回答,代替现有的简单的全文搜索功能。

3. 融入 5G+智能技术

5G 网络具有速率高、延时低、支持万物互联的优点,可利用 5G 网络创建一个全新的立体化数字信息门户,将近年来涌现出的但由于网络限制无法良好施展的虚拟现实(VR)、增强现实(AR)和混合现实(MR)等技术运用到信息门户的建设中来,由 3D 设备、全息设备和增强现实技术共同支持实现,极大增强用户交互体验。

2.1.4 结语

无论是传统 PC 端形式,还是移动应用形式,甚至在未来表现出的更加先进的形式,信息门户在高校信息化中的地位始终不可替代,高校应该继续加强信息门户建设,推动线上线下结合,不断丰富内容,充分发挥信息门户的价值。

参考文献

[1] H. Collins. Enterprise Knowledge Portals. New York:Amacon,2003.
[2] 王猛.关于高校信息门户建设的技术与方案探析[J].上海金融学院学

报,2005,6:64-67.

[3] 瞿丹.高校校园网统一信息门户的设计与实现[D].上海:上海交通大学,2014.

[4] 傅宇凡,冀婧岩,高凯涛,等.117所高校综合管理信息化对比分析[J].中国教育网络,2017(2):23.

[5] 户占良,郭玉滨.数字校园统一信息门户的设计与实现[J].智能计算机与应用,2018,8(6):219.

[6] 邓小飞.基于Bootstrap的跨终端前端开发研究[J].电脑迷,2016(7):168.

[7] 李静.基于Bootstrap的响应式校园电子商务网站设计[J].电脑知识与技术,2017,13(14):225.

[8] 王平.统一信息门户建设方案探讨[J].科技视界,2015(35):172.

[9] 李艳,姚佳佳.高等教育技术应用的热点与趋势——《地平线报告》(2018高教版)及十年回顾[J].开放教育研究,2018,24(6):18.

2.2 上网一个号：统一身份认证系统的新外延

统一身份认证系统是数字校园传统三大平台之一，在构建数字校园和智慧校园过程中发挥着十分重要的作用。在当前移动互联网时代，新技术不断出现，统一身份认证系统也发展出新的外延。

2.2.1 背景分析

校园信息化早期，由于缺少统一的规划，信息系统建设各自为政，每个业务信息系统均建有自己的用户管理模块，各自管理用户的账号和密码。用户必须记住每个系统的账号和密码，初始化密码也不尽相同，容易搞混、搞错，令师生不胜其烦。同时，由于账号和密码分散在各业务信息系统中，有的系统甚至对密码进行明文存储和传输，对密码强度也没有强制性要求，因此用户的账号和密码存在极大的泄露风险，甚至对校园整体信息安全造成威胁。因此，建立统一身份认证系统，对校内所有师生的账号密码进行统一管理，让师生只需要记住一套账号与密码即可登录所有系统，可减轻师生记忆账号与密码的负担，同时，通过加强对账号与密码的统一管理，统一用户的账号，强制提高密码强度，规范密码初始化和密码找回的程序，从而确保师生账号与密码安全，可提高校园信息化的整体安全水平。

2.2.2 统一身份认证相关技术

1. 身份认证

身份认证是指对用户身份信息进行验证的活动，身份认证系统通过对比分析用户身份信息是否准确有效，从而确定用户应具备的权限等。身份认证的方式主要有四种。一是个人身份号码（PIN 号码）、口令字等，即为常见的系统通过用户输入的账号和密码验证用户的身份的方式，也是当前主流的认证方式。二是数字证书认证，认证服务器向用户发放保存有用户数字证书（内含用户私钥）的物理卡片、U 盘等设备，用户登录时，需将物理卡片插入终端，通过公钥和私钥的计算验证身份。有的数字证书也以在线方式发放和保存。由于数字证书涉及证书颁发机构(Certificate Authority,CA)体系的建立,因此,该种认证方式主要应用在校园卡等平台上,在统一身份认证系统中的应用较少。三是生物特征识别技术认证,通过指纹、人脸、虹膜、掌脉等生物特征识别技术完成用户的认证,多用在门禁、自助设备等场景。四是第三方认证,利用QQ、微信、微博等提供的开放授权(Open Authorization,OAuth)接口[1],用户将本人的校园网身份认证账号与某个第三方应用的账号绑定,用户使用手机上的第三方软件扫描系统提供的二维码进行验证,或者在系统登录时转向第三方应用的登录界面进行验证,只要第三方系统验证通过,学校的系统即显示认证成功。该方式可作为登录方式的一种有益补充,随着移动互联网的发展,这种认证方式越来越普遍。

2. LDAP

在身份认证过程中,用户身份信息是基础,用户身份信息的存储方式决定着身份认证系统服务的效率。轻量目录访问协议(Lightweight Directory Access Protocol,LDAP)是一个轻量级的目录访问协议,它是基于 X.500 标准,并在 X.500 标准上做了简化和发展的协议。[2]LDAP 常用作存储用户身份信息的数据库(其实它将数据存放在文件中,而非数据库中),与传统的关系数据库相比,LDAP 优化了查找、读取、浏览等操作,适合于数据读取量特别大,但更新操作较少的场景,比较适合于统一身份认证系统这类用户登录时高并发的应用。LDAP 服务主要用于用户登录时的信息读取与访问,用户信息仍然必须存放在传统的关系数据库中,数据库中存储着用户基本信息以及登录日志等数据,当用户信息有更新时,通过 LDAP 接口修改 LDAP 中的用户信息。常见的 LDAP 有 IBM Tivoli LDAP、Microsoft ActiveDirectory、OpenLDAP 等。

3. RBAC

身份认证与权限控制紧密关联,谈到身份认证就无法绕开权限控制。当前,主流的权限控制模型仍然是 RBAC 模型,RBAC 模型是美国 George Mason 大学的 R. Sandhu 等人于 1996 年提出的,后人根据技术和形势发展对其进行了扩展和改进,但 RBAC 模型的核心一直未变,该模型通过构造 Who、What、How 三元组,确定"Who 对 What 进行 How 操作"。当前,校园内各信息系统的权限控制模块也大多参照该模型实现,但也遇到一些问题。

一是权限控制部分应该放在哪里。是把用户、角色、权限、资源的信息放在统一身份认证系统端来统一管理维护,还是让统一身份认证系统只解决身份的问题,由各系统自己来维护角色权限信息呢?大学中的人员,尤其是管理人员的身份与角色复杂,既有公共或通用角色,例如辅导员、教务员、二级单位党组织主要负责人等,也有各系统内部的个性化角色。如果由各个业务信息系统自行负责角色权限信息,则会存在公共类角色信息更新维护困难的问题。如果统一在统一身份认证系统端进行角色和权限维护,则将各系统的复杂权限(尤其是有些系统的权限颗粒度很小)集中起来进行维护的规模会十分庞大,维护会存在困难,维护不及时则会容易影响各系统的正常运行。因此,目前来看,比较理想的方式是:需要对角色权限进行适当分割或分布式处理,公共角色由单独第三方系统进行统一维护,并与各业务信息系统进行高频同步,统一身份认证系统仍专注于解决身份问题,资源与权限仍由各业务信息系统自行维护。

二是模型扩展问题。RBAC 模型通过加入角色,不将权限直接赋给用户,避免了一旦用户发生改变则需要大量修改权限设置的问题,从而实现了更加灵活的授权。但随着高校 OA 系统、网上办事大厅、统一通讯平台等的建设以及应用系统的互联网化,对权限管理提出了更高的要求,仅有"角色"无法完全满足需求,必须加入岗位、标签等元素,有时甚至需要把角色、岗位、标签和用户进行组合授权(RBAC 模型也有 group 概念,但 group 内仅能包含 group 和用户),例如某系统中的某项信息仅能开放给"思政人员"查看,"思政人员"的含义比较宽泛,仅靠角色无法定义,比较可行的解决办法是对院系副书记、辅导员等角色,党委部门各管理岗位和担任思政课的教师等添加"思政人员"的标签,凡是具有此标签的角色中的用户和具有此标签的岗位上的人均具有此权限。

4. 单点登录

统一身份认证系统的核心是单点登录。单点登录是指只需要登录一次,就可以访问联盟系统中的多个应用系统,即常说的"一次登录,多处访问"。单点登录实现的模型有基于经纪人的模型、基于代理的模型、基于网关的模型等。[3]目前,国内外的主要单点登录产品有 SUN 公司的 Java System Access Manager,IBM 公司的 WebSphere Portal,微软公司的.NET Passport,耶鲁大学的中央授权服务(Central Authentication Service,CAS)和清华得实的 NetSEAT 等。SUN 公司和 IBM 公司都是较早提出单点登录技术方案的公司,在校园信息化发展早期,有高校使用其技术进行了尝试,但由于其商业价格、重量级以及复杂性等方面的原因,在国内高校信息化中并未得到较大规模的应用。微软公司的.NET Passport 作为一套完整的 Internet 身份认证管理系统,可以让 Internet 用户只需要使用一组登录账号和密码,即可登录所有加盟.NET Passport 的网站,[4]但由于其体系相对专有,因此其在国内高校信息化中的应用案例较少。清华得实的 NetSEAT 是一款基于代理模型的单点登录产品,在全国本科招生系统中有所应用。耶鲁大学的 CAS 因其开源性以及良好的开放性,深受国内高校信息化厂商的喜爱。

5. CAS

由耶鲁大学发起的开源项目 CAS 认证方式,[5]为应用程序的单点登录问题提供解决方案,为多平台的客户端组件提供支持,基本不需要对目标应用程序的代码进行修改就可以为该应用提供单点登录服务。CAS 是一款针对 Web 应用的单点登录框架,包括客户端和服务器两部分,原理是通过拦截设定的 URL,跳转到指定的 CAS Server 登录页。待登录成功后,返回用户打开的 URL。此时用户持有认证令牌,可查看权限范围内的业务信息系统。服务器独立运行,集中处理用户的认证请求;客户端负责检查访问受保护资源的所有请求,若请求没有携带已通过认证的信息则被重定向到 CAS 服务器。协议过程如图 2.2.1 所示。

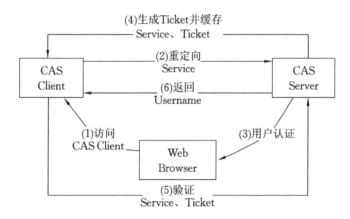

图 2.2.1　CAS 基本协议过程

具体流程如下。

(1) 用户通过浏览器访问 CAS 客户端;

(2) 客户端通过重定向将请求发送给 CAS 服务器;

(3) CAS 服务器将登录页面发送到浏览器,呈现给用户,用户输入个人用户名和密码,进行身份验证;

(4) CAS 服务器生成 Ticket 并缓存,附带刚才产生的 Ticket 将请求重定向到客户端;

(5) 服务器验证 Ticket 的合法性,验证通过后,允许客户端访问服务;

（6）服务器验证 Ticket 通过后，传输用户认证结果信息给客户端。

在该协议中，所有与 CAS 的交互均采用安全套接层（Secure Sockets Layer，SSL）协议，确保 Ticket 的安全性。协议工作过程中会出现 2 次重定向过程，其中，CAS Client 与 CAS Server 之间进行 Ticket 验证的过程对于用户是透明的。

2.2.3 统一身份认证系统建设方法

1. 建立规则

统一身份认证系统作为学校基础的公共信息系统，涉及的部门多，对身份基础数据的准确性要求高。要建设并推广好系统，必须首先提出并完善相关规章制度，明确各部门分工、工作规则和工作流程。

华中科技大学先后出台了多个与统一身份认证系统相关的文件，《统一身份认证系统建设管理办法》明确了统一身份认证建设的目的、意义和要求，该办法明确规定原则上各业务信息系统不可再建立独立的用户管理功能，必须接入学校的统一身份认证系统；《基础数据库建设与使用管理办法》明确了教职工、学生等数据的权威产生部门，确保了数据来源的可靠性和明确了每一条数据的责任主体；《管理信息系统使用人员编号编码管理办法》明确了各类人员的编码规则及编码负责部门，人员编号是师生在统一身份证系统中的"账号"，是身份信息的核心数据，必须保证"一人一号"。

2. 定义数据

统一身份认证系统中的人员身份数据称为电子身份，指师生等用户在校内各管理信息系统中的电子账号信息，电子身份人员类别主要包括在校教职工（含离退休人员）、学生、博士后、聘用人员、来校交流人员及其他可能使用学校信息资源的人员等。

电子身份账号为《管理信息系统使用人员编号编码管理办法》规定的人员编号。初始密码由统一身份认证系统通过安全方式生成和发放，用户可自行修改。

3. 明确分工

应明确统一身份认证系统的管理部门、建设部门，明确各业务信息系统负责部门的职责。

例如华中科技大学明确了网络与信息化办公室负责系统总体规划,各参与建设部门负责组织协调。网络与计算中心负责系统建设及运维管理,具体包括:统一身份认证系统平台的建设,身份数据的同步与管理,统一身份认证技术标准及接口的制定与实现,系统安全防护,为接入的业务信息系统提供技术支持等。人事处、教务处、研究生院等基础权威数据源产生部门负责配合网络与计算中心做好人员及组织机构等的基础数据的产生、维护及同步工作。各业务信息系统负责部门负责梳理业务信息系统原用户账号、组织机构代码等数据的基本情况,实现相关数据的标准化,对不符合标准的数据进行标准化;负责按照网络与计算中心提供的相关技术文档制定对接技术方案并实施。

2.2.4 统一身份认证系统建设要点

1. 技术路线选择

随着统一身份认证系统技术的不断发展和在高校的不断应用,技术路线其实已经较为清晰,CAS或其演变版本成为众多高校的选择。具有技术实力的高校,可以利用开源CAS自行搭建。为提高效率,也可选择经校园信息化厂商封装后的产品,这些产品往往与信息门户、网上办事大厅,甚至大数据平台等一并销售。

2. 与信息门户的关系

信息门户可以说与统一身份认证系统相伴相生,具有天然联系。统一身份认证系统登录成功后默认的页面一般就是信息门户首页,实现单点登录的各种业务信息系统的链接往往集中放在信息门户首页。但二者过于紧密的耦合(使用同一个应用或者使用同一个数据库实例)也存在较大问题,毕竟二者承担的职责不尽相同,二者同为公共信息系统,应该互相独立,以便于各自的扩展以及与其他系统的集成。

3. 与微信对接

利用微信企业号建立移动校园门户的高校越来越多,作为移动校园门户,必须考虑与统一身份认证系统的对接问题。主要包括关注企业号和使用企业号应用两部分。关注企业号时必须转向统一身份认证系统进行用户的身份验证,通过后,将用户的统一身份认证账号和其微信号进行后台绑定,使二者之间建立对应关系,当用户访问企业号应用或企业号集成的第三方 H5 应用时,通过此对应关系确定用户身份和权限,实现用户对微信企业号应用及其第三方 H5 应用的无感知访问。具体技术方法见第 3.2 节。

4. 数据初始化

对于统一身份认证系统来说,师生用户身份信息的初始化十分重要,身份信息包括两部分。一是人员编号(教工号/学号)、姓名、单位等基本信息,这些信息在教职工入职或新生录取且编制好学号后,通过学校基础数据库同步到统一身份认证系统数据库,实现起来相对容易。二是用户的密码,安全、高效的密码初始化工作是确保统一身份认证系统安全的最为核心的工作之一,将密码简单地初始化为身份证号后六位、出生日期等方式存在重大安全隐患,必须摒弃。新生首次登录数字迎新系统时,首先通过验证姓名、考生编号、通知书编号等获取本人学号,然后填写个人手机号码,个人手机号码同时同步到统一身份认证系统中,在统一身份认证系统中利用密码初始化功能,通过手机验证码等方式自主设置新密码,从而完成密码初始化工作。

2.2.5 统一身份认证系统建设实践

1. 基本情况

华中科技大学统一身份认证系统是基于学校基础数据库构建的全校用户电子身份管理、用户信息管理和用户授权管理中心,为数字化校园的所有用户提供统一的身份确认与权限交付功能。用户通过统一信息门户的单点登录,整体上避免重复记忆账号和密码带来的不便。同时,面对用户具有多重账号的现状,建立唯一的数字身份,统一的授权机制,方便、安全的口令认证方法,可让用户只要一套用户名和密码就可以使用校园内具有权限的所有业务信息系统。借助统一的安全审计管理,可提高系统安全性,实现用户统一管理和认证,以保障学校信息资源的有序应用,保障学校信息资源和信息化服务的安全。系统提供了账号密码、二维码扫码、QQ 绑定、微信绑定等多种认证方式。统一身份认证系统的网址为 pass.hust.edu.cn,如图 2.2.2 所示。

2. 主要成效

华中科技大学统一身份认证系统自开通以来,已接入信息门户、微校园、数字迎新、财务、OA 等 86 个业务信息系统(如图 2.2.3 所示),2018 年总访问

2 信息系统

图 2.2.2 统一身份认证系统

925万次,日均为在校师生提供2.5万次身份认证服务。统一身份认证系统为每一个接入系统发放了接入证书,用户可在登录各系统之前点击查看,防止有人伪造系统对师生的账号与密码进行钓鱼。学校为统一身份认证系统设计了专门的标识,每个接入的系统均统一使用该标识,提高了师生访问体验度。

图 2.2.3 统一身份认证系统对接

2.2.6 统一身份认证系统的新外延

随着需求的多样化及技术的不断发展,人脸识别、虹膜识别等新的认证技术开始在校园内应用。

1. 人脸识别认证

人脸识别是基于人的脸部特征进行身份认证的一种生物特征识别技术,该技术用摄像机采集含有人脸的图像或视频流,并自动在图像中检测和跟踪人脸,进而对检测到的人脸进行识别。华中科技大学在校园卡照片的基础上建立了学校人脸数据库,并将其应用在学校大门人行通道门禁、师生服务中心门禁、图书馆门禁以及部分院系大楼门禁等场景中。

2. 虹膜识别认证

虹膜是位于人眼表面黑色瞳孔和白色巩膜之间的圆环状薄膜,在红外光下呈现出丰富的视觉特征,如斑点、条纹、细丝、冠状、隐窝等。虹膜稳定且唯一,相较于其他认证方式更为安全可靠。华中科技大学建立了虹膜数据库和识别认证系统,它们应用在师生服务中心自助取件柜、研究生自助终端等场景中。

3. 统一认证新外延

除传统的统一身份认证系统提供的认证方式,以及上述的人脸识别、虹膜识别认证外,校园卡也是最为常用的认证方式之一。丰富的认证方式方便了师生,但由于人脸、虹膜和校园卡三种认证方式是独立于传统的统一身份认证系统之外的体系,因此相关认证系统缺乏统一的管理,因此,必须扩展传统统一身份认证系统的外延,对其进行改造和扩展,将人脸、虹膜和校园卡三种认证方式及认证过程都纳入统一身份认证系统当中(新的统一身份认证系统架构如图2.2.4所示),确保校园内所有的用户身份认证都经过集中的控制和记录,认证的日志可与其他数据一起进入学校大数据平台,为网络安全等相关大数据应用提供重要的数据基础。

2.2.7 结语

随着校园信息化规模的不断扩大和新需求的不断产生,统一身份认证系统将发挥越来越重要的作用,要通过不断夯实基础,扩大外延,拓展功能,增强稳定性,来确保其在智慧校园中的重要基础作用。

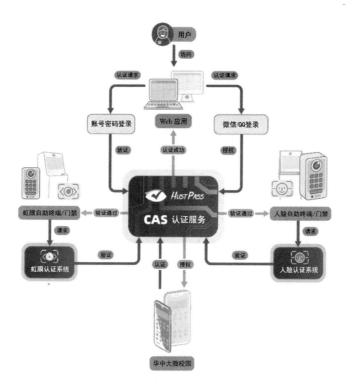

图 2.2.4 新的统一身份认证系统架构示意图

参考文献

[1] The OAuth 2.0 Authorization Framework[EB/OL]. https://tools.ietf.org/html/rfc6749.

[2] LDAP[EB/OL]. https://baike.baidu.com/item/LDAP/2875565.

[3] 梁志罡,基于 Web service 的混合架构单点登录的设计[J].计算机应用,2010,30(12),3363-3370.

[4] https://docs.microsoft.com/zh-cn/archive/msdn-magazine/authors/michael_kogotkov-lisin.

[5] CAS[EB/OL]. https://www.apereo.org/projects/cas.

2.3 消息一通道：统一通讯平台建设

随着高校信息化的快速发展，信息系统如雨后春笋般相继上线，消息发送需求与日俱增，对消息实行集中管理势在必行。华中科技大学"十三五"信息化发展规划中的"十个一"工程中的"消息一通道"，就是为了解决这个问题而提出的。

2.3.1 背景与意义

一方面，随着高校信息化的发展，高校面向师生提供服务的信息系统越来越多，这些信息系统都有发送消息的需求。早期，系统建设者购置短信猫或者短信MAS机发送短信，后来各自购买云短信服务，利用云服务发送短信。微信流行起来后，每个信息系统又建设自己的公众号，让师生来关注，然后给师生发送微信消息。这些方法虽然能够实现消息发送，但也存在很多问题：一是这种模式会因重复购置短信设备或软件造成浪费；二是为了给师生发送短信，需要收集师生的手机号码，维护更新这些号码十分繁琐，师生的联系方式属于个人隐私信息，散落在各系统中也存在信息安全隐患；三是需要通知师生关注微信公众号，他们才能收到微信消息，程序复杂，而若微信公众号关注率不高则会影响消息的覆盖面。

另一方面，师生收到的消息来自的渠道多种多样，消息种类繁多，内容各异，有时难以区分垃圾短信与正常短信。对于微信消息，师生必须先关注相应的公众号才可能及时收到通知，体验不佳。

因此，建立一个集中的消息发送平台势在必行，平台应可提供短信、微信和邮件等多种消息通道，平台为工作人员提供交互界面，同时为系统提供发送接口，保存并实时更新师生的手机号码、微信号、邮箱等联系方式。各信息系统调用接口时只需告知平台发送对象（教工号或学号）、消息内容和发送通道（微信、短信或电子邮件）即可，发送消息等操作由平台后台完成。有了这样的平台，各信息系统就不需要再考虑消息发送的通道问题了，可专注于系统本身的业务，我们称这个平台为"统一通讯平台"。

2.3.2 需求分析

刚才探讨了建设统一通讯平台的背景和意义,若想开发一款真正实用、好用的平台,还需要进行需求分析,使用平台的用户主要有三类:调用平台发送消息的信息系统(为便于区分,此类信息系统以下统称为第三方系统)、登录平台发送消息的管理人员和接收消息的普通师生。

1. 第三方系统的需求

第三方系统对于统一通讯平台的需求主要集中在以下几点。

一是丰富的发送接口。平台需要提供丰富多样的消息接口给第三方系统使用,降低第三方系统的调用成本,例如发送微信的接口应该具有"有摘要、有正文、无外链"、"有摘要、无正文、无外链"、"无摘要、有正文、无外链"、"无摘要、无正文、有外链"等多种,以方便第三方系统根据需求选择使用哪种类型的接口;短信接口应该有是否需要回复、接收回复的长号码、是否拆分成70字短信、使用哪个运营商的通道等;消息应可设置发送时间和失效时间,发送时间可为立即发送也可为预定时间,由于特殊原因,未能及时发送且已经超过失效时间的信息应不再发送等。

二是完整准确的师生联系方式。将信息准确无误地发送给指定用户是第三方系统对统一通讯平台的最基本的要求,由于第三方系统往往没有准确的师生联系方式,把师生联系方式的准确性寄托在统一通讯平台上,因此,统一通讯平台必须同信息门户、微信企业号、人事系统、学工系统、邮件系统等保持较好的数据同步,确保师生联系方式的准确性(每位师生的某种联系方式应该只有一个权威来源,具体应根据学校信息系统及基础数据库建设情况而定)。

三是稳定可靠的消息队列管理。消息发送的核心在于消息队列管理,当待发送的消息较多时,必须能够将消息快速发送出去,尤其是对于一些发送验证码等之类的需求,其对消息的时效性要求较高,因此统一通讯平台必须有一个科学的消息队列管理技术来保障。

2. 发送信息的管理人员的需求

发送信息的管理人员的需求主要包括两个方面。

一是灵活的通讯录功能。发送人员登录平台后既可以快速发送消息给常用的公共群体,例如发送给所有学院的副书记、所有的辅导员、所有的教务员、所有的负责就业的辅导员、所有的思政人员、所有的科研方向为"大数据"的教职工或研究生等,同时又能够方便发送消息给自己常用的或自己建立的群体,如本单位工会委会、本单位党政联席会议成员等,这些都需要借助一个非常灵活的通讯录管理功能来实现。除了这些通用的群体外,管理人员可能还希望可以自己定制一些个人的通讯录。

二是友好便捷的发送界面。应满足如下功能:发送时能够很方便地选择发送的通道;同样的内容可同时使用两种或三种通道发送;可查看和统计回复的内容。

3. 普通师生用户的需求

对于普通师生来说,需求主要有以下几个方面。

一是历史消息查询。普通师生登录这个平台后应该能方便地查到所接收消息的详细信息,包括发送人、发送单位、发送内容、发送时间、是否发送成功等。

二是订阅功能。统一通讯平台上发送的消息将会越来越多,对于有些消息,普通用户可能并不希望收到,他们甚至可能会认为这些消息是垃圾信息,他们希望可以通过订阅/取消订阅功能来实现筛选和过滤。当然,订阅功能也可以放在第三方系统中实现,但是能在统一通讯平台上提供一个集中的订阅/取消订阅的功能会更好。

三是消息控制功能。控制消息发送的时间段等,例如为了确保普通师生接收消息时能有良好的体验,避免师生被消息过度打扰,除紧急消息外,禁止平台在夜间向师生发送消息,这些在设计消息接口和消息管理功能时都应该考虑。

2.3.3 平台主要功能

根据需求分析,综合市场上相关软件功能,结合学校实际,统一通讯平台开发了通讯录管理、消息发送、接口管理等几个功能。

1. 通讯录管理

平台向用户提供三种通讯录:公共通讯录、单位通讯录和我的通讯录。

公共通讯录主要用于管理常见的、公用的群组名单,如各学院院长、各学院分管学生工作的副书记、各学院教务员、各学院辅导员、各单位信息化联络员等,这些群体是管理人员和第三方系统经常用到的。为了保证这部分人员名单的准确性,避免重复建设,学校建设了统一角色岗位管理系统,统一角色岗位管理系统是在 RBAC 模型中关于人员与角色关系的基础上,加入了机构、岗位、标签等元素后实现的,可对机构、人员、角色、岗位、标签等各种关系进行组合管理的系统,该系统属于学校基础性公共平台,为其他信息系统提供角色岗位等信息(该平台不涉及资源与权限,权限与资源信息由各系统自行管理)。统一通讯平台的公共通讯录中的人员、岗位、角色等信息也从该系统共享获得。为了保持数据的准确性,统一角色岗位管理系统按照"各负其责"原则要求相应部门来负责维护,例如网络与信息化办公室负责维护各单位信息化联络员名单,学生部门负责维护辅导员名单,教务部门负责维护教务员名单,校办负责维护各单位办公室主任名单等,各部门管理人员登录统一角色岗位管理系统后台进行维护,或在本部门的业务信息系统中进行维护,同时通过基础数据库将数据共享给统一角色岗位系统,从而保证这些数据的权威性和准确性。

单位通讯录包含本单位职工名单或者学院学生名单。教职工分为在职教职工和离退休教职工,还可以建立学院党政联席会成员、学院工会委员、各系教职工、各研究所教职工等名单。学生可根据层次、年级等进一步分类。单位通讯录如图 2.3.1 所示。

图 2.3.1 单位通讯录

我的通讯录由用户个人维护,类似于手机上的通讯录,可以添加同事、学生或者校外联系人。

通讯录中师生的手机号码信息与学校统一信息门户通过学校基础数据库

（统一数据交换与共享平台）保持实时交换，当用户在信息门户修改个人手机号码后，通讯录中的联系方式将立刻变更（为保护师生个人隐私，对管理人员登录后看到的手机号码全部进行了隐私化处理，例如136＊＊＊＊6868）；师生电子邮箱地址信息与学校电子邮件系统保持同步；微信消息通过调用微信企业号"华中微校园"接口发送，师生绑定"华中微校园"后，即可收到微信消息通知，平台不需要存储用户微信号，调用接口时只传入收件人姓名和人员编号。

2. 消息发送

平台提供短信、微信、邮件三种消息的发送和管理功能，短信可发送纯文字内容，微信、邮件可发送文字或多媒体消息。发送的界面简洁，平台使用方法简单。为了确保消息内容安全，平台还提供了消息内容审核功能，发送人员提交拟发送的消息后，由单位分管负责人审核，审核通过后消息才能发出。个别院系或部门的行政人员较少，则消息撰写和审批由同一个人负责。微信消息发送界面如图2.3.2所示。

图 2.3.2　微信消息发送界面（消息附带原文链接）

第三方系统调用统一通讯平台的接口进行消息发送时,第三方系统首先要在自己的系统中确定发送时间、接收对象和内容,调用接口后,统一通讯平台将拟发送消息加入到待发送消息队列。常见的消息类型包括公告、个性化通知、待办事宜、上课提醒、校园卡消费提醒、短信验证码、设备告警信息等。

3. 短信发送号码

一个功能强大的通讯平台,应该具有灵活的短信发送配置功能,这涉及发送短信的号码,在此重点讨论一下这个号码。为了提高短信的可靠性,学校为统一通讯平台申请了一个第三方通道,该通道支持向三家运营商手机用户发送短信,同时支持接收三家运营商手机用户发来的回复短信(有些运营商可以提供 MAS 机或云 MAS 服务,一般某家运营商的 MAS 机只能确保可以将短信发送到其他运营商的手机上,但无法收到其他运营商手机的回复)。短信通道商为统一通讯平台提供了一个 14 位的基础号码 10690067808754,为了区分使用统一通讯平台发送短信的校内单位,平台为每个单位分配了一个扩展码,例如为后勤集团分配的扩展码为 0640,则后勤负责的水电报修平台发出的短信所使用的号码为 10690067808754 0640。如果消息需要回执,例如需要用户回复意见,则必须保证发出这条短信所用的号码是唯一的,因此该单位号码后再继续附加两位,这两位一般为 00~99 之间的流水号码(例如 10690067808754064001),即每个单位每天最多发出 100 条需要回复的短信(每条短信可发送给若干师生)。

4. 消息正文管理

消息实现集中发送给统一通讯平台带来了很大的信息安全压力,此时必须加强消息正文管理,规范消息正文格式,分清发送方和平台方的责任。消息正文可通过消息模板和消息落款进行控制。

(1) 消息模板。根据消息通道商和运营商的要求,为保证短信的合法合规,通过平台发出的短信一般应使用模板,模板首先要经过通道商备案,否则消息可能无法正常发出。

例如科研系统需要向院系科研秘书发送审核通知的短信,模板如下:

{××××××××××}老师的"{××××××××××××××××××××××××}"项目已提交,请在科研管理系统中审核。[科学技术发展院]

{}内为定制内容,×的个数为括号内文字最长长度,老师姓名和项目名称等变量信息由科研系统在发送消息时替换。手机实际收到的短信内容示例为:

【华中科技大学】王亮老师的"基于大数据和物联网技术的智慧校园体系架构研究"项目已提交,请在科研管理系统中审核。[科学技术发展院]

如果不使用模板,则短信只能发送给在通道商备案过的白名单手机号码。一般来说,接口调用方式发送的短信内容比较规整,适合使用模板,在系统调用统一通讯平台发送短信前,先将模板发给通道商审核并备案。对于人工发送的短信,由于发送内容无法一一穷举,因此不适合使用模板。对于这种情况,必须提前将师生手机号码在通道商处进行备案,如果有的师生手机号码发生了变化而未及时备案,则会出现这些人无法收到消息的情况,因此,必须与通道商建立畅通和自动的手机号码备案程序。

为了确保微信格式的一致性,一般的微信消息也使用了模板。微信平台为服务号的微信消息提供了很多模板,但是企业号消息无法使用这些模板。为了保持消息的统一性和规整性,统一通讯平台参照服务号的图片消息(image)模板定制了自己的消息模板。例如校园卡消费通知的消息(如图2.3.3所示)就使用了image消息格式,但不显示图片元素,仅显示消息标题和摘要,消息正文在摘要区显示,包括消费地点、时间、金额等,用户在手机上点击此消息,可进入校园卡系统移动版的流水查询页面。其他消息的格式也与该消息的形式类似。

图2.3.3 通过微信发送校园卡消费通知

(2) 消息落款。短信开头固定为【华中科技大学】(通道商的要求和通常做法),正文结尾为发送信息的部门,例如微信预约到师生服务中心办理业务,结尾落款为"师生服务中心",以方便用户辨认和追溯责任。格式示例如下:

【华中科技大学】您预约的号码0105正在办理,请立即前往5号窗口办理。〔师生服务中心〕

通过统一通讯平台发送的邮件,在文末也有标准格式的落款,包括单位名称、来源的系统名称以及相关人员的联系方式,落款信息由平台在系统调用接口或用户编辑邮件后自动添加。邮件落款示例如下:

本邮件由教务处李亮通过华中科技大学统一通讯平台(ucs.hust.edu.cn)发送,请勿直接回复此邮件。

需要退订此邮件,请联系李亮,电话138****7888,邮箱 liliang@hust.edu.cn。

对统一通讯平台如有意见或建议,请联系平台管理员,电话027-****1234,邮箱 ucs-support@hust.edu.cn。

5. 消息队列管理

消息队列管理是统一通讯平台的核心之一,先进的消息队列管理技术能够确保消息快速高效地发送出去,否则会出现消息拥塞、丢失等情况。统一通讯平台的消息发送采用了消息队列技术,消息队列可实现消息收发、消息事务处理等。消息队列实现技术主要有 ActiveMQ、RabbitMQ、RocketMQ、KafKa、ZeroMQ 等。[1]其中,KafKa 消息队列处理的吞吐量最大,但可靠性较弱,实际更适合处理日志类的信息;RabbitMQ 相比 ActiveMQ 是更先进的技术,性能更高,可靠性稍逊;RocketMQ 是商用产品;ZeroMQ 速度快,不具备持久化功能。[2]对于实现消息队列功能,ActiveMQ、RabbitMQ、RocketMQ、ZeroMQ 技术都可以考虑,可根据实际应用场景选择。综合技术成熟度、稳定性、可靠性等因素,统一通讯平台的消息队列程序基于 ActiveMQ 技术开发,该技术比较成熟,支持主备模式,方便多节点部署。

6. 接口管理

平台为第三方系统提供消息发送功能,通过 Web Services 接口实现。每个第三方系统根据系统名称与双方约定的秘钥调用。平台可为每个第三方系统设置三种发送消息通道的开关。因短信涉及费用问题,每个第三方系统在接入前,必须先完成短信发送限额的审批流程,超出限额后平台将不再为其发送短信。为了便于排查接口调用过程中可能存在的问题,系统具有完善的日志功能,每一条发送出去的消息都能够快速定位、溯源,对于发出的消息不合规或存在其他安全问题的第三方系统,可及时停止其调用。

7. 权限管理

发送消息的权限相当敏感,一旦不慎,极有可能造成信息安全事件,因此平台应具备强大的权限管理功能。例如,学校职能部门的工作人员可以根据授权使用部分公共通讯录,发消息给全校某些群体;院系的管理人员原则上只能发送消息给本院系的教职工或学生;老师只能发送消息给本人教学课堂的学生、本人或本团队的研究生等。

8. 平台维护

平台应具备管理和运维功能,主要包括用户权限管理、通讯功能管理、接入系统管理、监控运维管理等。权限管理基于 RBAC 模型,平台将各项功能作为资源,用户角色需要使用该功能,则赋予使用该资源的权限。消息管理涉及平台全局的消息通道功能。管理员通过在平台进行配置,能自由开启或停止通道功能,如短信、微信、邮件等。管理员能配置各单位短信数量,如图 2.3.4 所示。各第三方系统的通道功能也能在后台轻松配置,例如停止某报名系统短信通知功能。运维功能还应包括各类统计功能,接口调用统计示例如图 2.3.5 所示。

图 2.3.4 短信配置页面

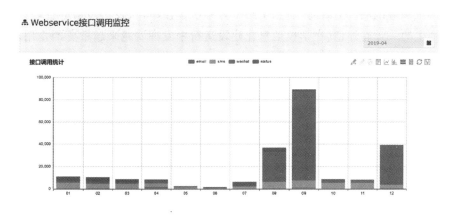

图 2.3.5 接口调用统计

平台运维应注重两方面,一是服务器功能的保障,二是通道功能的保障。服务器功能同其他信息系统或网站类似,就是保障服务的有效性和可靠性。通道功能主要保障消息通道持续可用,包括消息通道网络和软件正常运行,及时检查账号的有效性。

在服务器端,一定要配置多节点。当负载较大时,多节点可以成功应付任务;当某台主机发生故障时,其他节点正常工作,不影响平台运行;当平台更新程序时,可以逐台停止——更新——启动,不需要整体停止服务。

当平台消息通道出现异常后,管理端会出现相应通知或告警,提示管理员及时处理问题。对于短信发送通道,既要通过监听接口在技术上及时了解通道是否畅通,也要留意通道商的通知,接到相关通知时及时进行处理。

微信通道通过对接学校微信企业号"华中大微校园"实现,微校园中的每个应用有独立的 ID 和秘钥,在平台配置相关信息。目前微信消息在企业号的消息中心、校园资讯、OA 系统等几个栏目中发送。

邮件发送是通过电子邮件协议 SMTP 实现的,配置发件邮箱和登录密码,用平台程序发送邮件。要注意的是,与普通邮箱发送邮件的规律不同,该平台会持续性、大批量发送邮件,要在学校电子邮件系统中为该邮箱做特殊的配置,放宽邮件发送数量和频率限制。

2.3.4 结语

统一通讯平台上线运行已逾一年,平均每日消息发送量超过两万条,年发送短信两百余万条,节日时期、岁末年底或开学初期,每日消息发送量显著提升。统一通讯平台上线后,受到了第三方系统建设单位、发送短信的管理人员和师生的一致好评,其在学校信息化建设运行中发挥着越来越重要的作用,系统离"消息一通道"的目标又近了一步。

参考文献

[1] 大型网站架构系列:分布式消息队列(一)[EB/OL]. http://www.cnblogs.com/itfly8/p/5155983.html,2016-01-24.

[2] 消息队列技术介绍[EB/OL]. https://www.jianshu.com/p/689ce4205021,2017-04-17.

2.4 校园一张卡：移动互联网时代新玩法

校园卡系统是高校最重要的信息系统或平台之一，在身份认证、金融消费甚至信息管理方面发挥着重要的作用。随着移动互联网技术的发展，校园卡以新的形态出现。

2.4.1 校园卡发展

当前的校园卡或校园"一卡通"雏形应是20世纪90年代高校建设的食堂就餐卡，就餐卡主要用于校园内食堂、超市的消费结算，身份认证功能较弱。21世纪初期，校园信息化发展迅猛，各种系统如雨后春笋般生长出来，如食堂消费系统、图书管理系统、门禁管理系统、医院管理系统等，各个系统都发行了自己的专用卡片，如就餐卡、借书卡、门禁卡、医疗卡、热水卡、开水卡等，师生为了正常学习、生活，必须随身携带一把卡。为了解决多卡合一的问题，实现校园"一卡通"成为校园信息化的必然趋势。如今，校园卡已基本覆盖校园生活消费和身份识别的方方面面。从校园卡技术和形态上来说，校园卡经历了光电卡、磁卡、M1卡、CPU卡和虚拟卡，当前CPU卡和虚拟卡已成为主流。

华中科技大学于1995年开始在食堂使用金龙卡，真正的校园卡（"一卡通"）系统于2015年上线运行，2016年学校"十三五"信息化发展规划中提出了"校园一张卡"工程。下面就以华中科技大学校园卡系统建设为例，介绍一下校园卡系统的主要组成部分、关键技术，以及移动互联网时代校园卡的一些新应用。

2.4.2 铺设专网，实行物理隔离

在校园卡系统建设过程中，首先要做的就是校园卡系统的网络铺设。学校一般都铺设有校园网，如果将校园卡系统直接连入校园网中，则可以利用已有资源，省去单独搭建网络的成本。并且，如校园网内的其他信息系统与校园卡系统对接，则网络互通方面也将不存在障碍，可减少网络连通配置工作。

然而，由于校园卡系统承载着学校师生的身份数据和重要的财务数据，如果直接使用校园网，则存在一定的安全隐患。以华中科技大学为例，校园网每

年遭到的网络攻击数以千万计,平均每天遭到的网络攻击数以十万计。各高校校园网内网站和信息系统被攻击导致数据泄露的事例也屡见不鲜。因此,为保证校园卡系统的网络安全,建设校园卡专网,并与校园网进行隔离,是较为安全的选择。

网络隔离分为物理隔离与逻辑隔离两种方式。物理隔离是指网络之间不共用网络线路,需要与校园网进行连通时,采用专用交换机进行数据交换;逻辑隔离是指通过端口隔离、协议转换等方式进行数据隔离。相对来说,物理隔离比逻辑隔离更安全。华中科技大学在两个校区分别铺设了校园卡专网,在两个校区之间租用一条10 M的电信通信专网,通过跨江光缆将两个校区的校园卡专网连接起来,如图2.4.1所示。

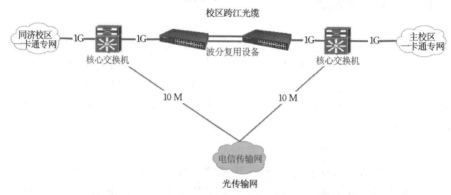

图 2.4.1　校园卡专网网络跨校区连接示意图

华中科技大学主校区和同济校区分布在长江的南北两侧,网络架设需要跨江,比一般的校内网络铺设难度大,但这也为设备容灾提供了一定条件。目前,校园卡服务器和主存储设备位于主校区机房,同时在同济校区部署了异地容灾设备,一旦主校区的设备出现故障,可利用同济校区的容灾设备恢复数据和系统服务。

2.4.3　建设骨干平台,运行多个子系统

校园卡系统的两大核心功能是身份认证和金融交易,因此在系统的最底层,需要建立以金融数据库和身份数据库为支撑的金融交易中心和身份管理中心作为数据中心平台,在此基础上可建立校园卡基础平台。校园卡基础平台是校园卡系统的核心平台,它包含校园卡中心主机系统的管理和维护、数据交换交易及同步、用户及设备的管理、系统参数的设置和环境的设定、系统各模块的工作状态监控和工作模式的设定、密钥管理等功能。

2 信息系统

数据中心平台和基础平台共同构成"校园卡系统"的骨干平台,在骨干平台的基础上,建立商务管理、银行转账、身份识别管理等各子系统,定义统一的接口标准和接入规范,随着业务规模的扩大、卡片功能需求的增加,可随时增加子系统,为以后的发展提供良好的数据接口,保证系统的开放性和扩展性。系统平台架构如图2.4.2所示。

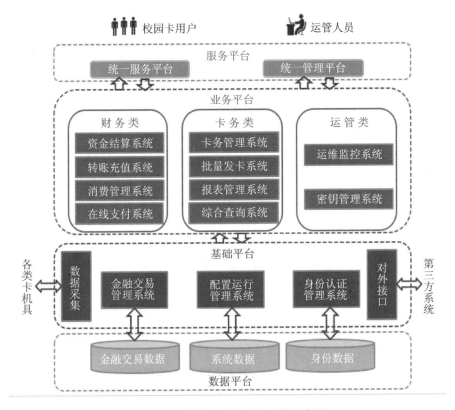

图 2.4.2 校园卡系统平台架构示意图

2.4.4 运用虚拟化技术,优化资源配置

虚拟化可实现信息化基础资源的灵活配置和统一管理,节省资源,可提高管理自动化水平。虚拟机还可以快速从一台物理机迁移到另一台物理机,保证硬件维护期间无需安排停机时间或中断业务服务,提高平台的可维护性。使用虚拟化技术和直接使用物理服务器相比更具优势。

校园卡系统在由数据中心和基础平台构成的骨干平台的基础上,需要建设商务网关、银行转账、身份管理等多个子系统,且为业务和功能扩展充分预留接口,便于校园卡增加子系统。校园卡系统往往包含十几个子系统,且该数量还在根据需求不断增加。如果将骨干平台和子系统全部部署在一台服务器上,一旦服务器出现故障,如硬件损坏、网络故障、系统瘫痪等,可能会造成校园卡系统所有功能无法使用,系统恢复成本太高;如将骨干平台和各子系统分别部署在不同的物理服务器上,则需要十几台物理服务器,且该数量还需不断增加,显然成本过高且不利于管理。因此,为保证校园卡系统的平稳、不间断运行,其运行环境采用虚拟化技术是最为合适的选择。

2.4.5 重视安全建设管理,确保系统安全

1. 部署安全设备

校园卡系统除了骨干平台和多个应用子系统(如转账充值系统、消费管理系统、卡务管理系统、综合查询系统等)外,还在各食堂、超市、收费部门等部署了数百台消费终端和商务网关。为方便用户进行自助服务,在校园各地部署了用于圈存转账、流水查询、挂失/解挂、补卡等业务的自助服务设备。由于校园卡可提供校内身份认证和消费结算功能,因此其还为学校其他应用服务器提供对接服务。这些设备和服务器需要与校园卡数据中心和应用服务器集群进行交互才能实现其功能需求。由于这些设备和服务器零散分布于学校各地,其对数据中心和服务器的访问安全性无法保证,因此,为保障数据库服务器和Web服务器的安全,除了将校园卡主干网络与校园网进行隔离外,还应该在数据中心和应用服务器集群外树立一层安全防护屏障。华中科技大学在校园卡数据中心和Web服务器外专门部署了统一威胁管理(Unified Threat Management,UTM)设备和网站应用级入侵防御系统(Web Application Firewall,WAF,常称为Web应用防火墙),用于设定服务器的安全访问策略、拦截网络攻击等。

为保证系统运行维护管理人员对服务器的访问安全,可采用堡垒机作为外网访问服务器的中转站。堡垒机作为访问代理,可以起到"事中控制"和"事后审计"的作用,其对运维人员的操作进行全程记录,对未授权的用户和访问行为进行拦截,为系统的安全防护提供可靠保障。

除了部署安全设备,安全管理也非常重要。根据教育部办公厅印发的《教育行业信息系统安全等级保护定级工作指南(试行)》,校园卡系统被定级为等级保护第三级信息系统。等级保护第三级信息系统需要请专业等级保护测评公司每年对系统进行测评、整改和复测,确保系统安全。

2. 严格对接管理

校园卡具有消费和身份识别双重功能,除了基本的应用外,其还可以满足学校各个部门对于身份识别和缴费的需求,如学生注册、打印成绩单、体育考勤、校医院挂号与缴费、图书馆缴费等,都可通过刷校园卡实现身份验证和缴费,实现的方式就是与校园卡系统对接。

校园卡对接方式一般有通过动态库对接和通过 Web Services 接口对接两种方式,通过动态库和 Web Services 接口都可以实现获取校园卡身份信息认证,以及扣款缴费的功能。当然,为了保证数据安全和交易安全,在对接时,要严格确认授权范围,如查询账户、读卡、写卡、电子交易、退费等权限,根据对接系统具体的业务需求,开放相应权限,避免数据泄露和越权操作行为发生。同时,在对接日志里保存所有对接系统的请求记录,以便进行安全审查。

对于其他信息系统与校园卡进行的收费对接,涉及财务系统、校园卡系统和对接应用系统三个部分。在进行系统对接前,对接系统所在管理部门应向财务处申请部门收费户,与校园卡系统对接后,产生的交易账户记在该部门收费户下,再由财务处与收费部门进行结算。

2.4.6 定制一体化自助设备,让服务更简单

校园卡系统的建设和运维离不开校园卡服务,用户在校园卡使用过程中会遇到卡片丢失、修改密码、卡片充值等多种问题和需求,如果都由人工窗口来为用户提供这些服务,除了会新增大量人工工作,对用户来说也并不便利。因此,华中科技大学在建设校园卡系统时,就将校园卡自助设备纳入了建设范围。目前,华中科技大学校园卡自助设备共有三种:自助圈存机、自助补卡机和自助一体机。

1. 自助圈存机

自助圈存机包括六大类服务:①转账业务,包含圈存转账、账户间转账、充值方式设置、自动充值金额设置、自动充值阈值设置、银行卡签约、银行卡解约等;②查询业务,包含信息查询、余额查询、流水查询、商户查询等;③缴费业务,包含校园网充值、图书自助缴赔等;④综合业务,包含挂失、解挂、修改密码、修改消费限额、学期注册、校园卡有效期校正等;⑤补助领取;⑥失卡招领。自助圈存机界面如图 2.4.3 所示。

图 2.4.3 自助圈存机界面

自助圈存机分布在校园各处,覆盖学生宿舍、食堂、教学楼、办公楼等公共区域,用户通过自助圈存机,可轻松办理卡片充值、信息查询、小额缴费、挂失解挂等常用业务,很大程度上减轻了人工服务窗口的工作量。

2. 自助补卡机

自助圈存机内没有证卡打印设备,无法完成卡片打印工作,为此,华中科技大学还引入了校园卡自助补卡机,作为校园卡自助服务设备的补充。因为不同卡片的卡样设计不同,故自助补卡机根据不同的卡样分为教师自助补卡机和学生自助补卡机。当用户卡片丢失或者后台身份信息有变更时,可在自助补卡机上通过身份证验证身份后直接重新制卡。如果用户在自助补卡前进行了卡片挂失,自助补卡后台服务在补卡的同时会直接帮助用户完成解挂操作。自助补卡机界面如图 2.4.4 所示。

3. 自助一体机

为扩展校园卡自助设备应用,统一设备功能和风格,2019 年华中科技大学联合校园卡自助设备供应商,定制研发了集校园卡自助圈存机、教师自助补卡机、学生自助补卡机、学期注册标签终端打印机等多种自助设备功能于一体的自助一体机,经测试试运行后于 2020 年 6 月正式投入使用。自助一体机的出现,使校园卡的各类自助及补卡服务可以在一台机器上完成,用户服务便利性得到了进一步提升。自助一体机界面如图 2.4.5 所示。

2 信息系统

图 2.4.4 自助补卡机界面

图 2.4.5 自助一体机界面

2.4.7 建设移动应用，实现无卡支付

1. 支付无卡化，在线支付新尝试

校园卡系统现有的卡模式交易的充值、消费等交易均需要对卡片进行读写操作，对卡片依赖性强，当出现网络故障，终端消费流水上传结账延迟时，脱机交易会导致流水丢失而影响账务结算和产生账务风险，或造成卡库不平导致卡账户被冻结，影响用户正常使用。随着互联网和移动支付技术的不断发展，在线支付的便捷性越来越凸显，师生对校园卡在线支付的需求也日益增

强;随着校园信息化水平的不断提高和"互联网+"热潮的来临,校园信息化应用也不得不进行"互联网+"升级和改造。实现校园卡系统的在线支付是打破现有系统格局局限性的钥匙,也是我们在新形势下的挑战。

　　为响应师生对校园卡在线支付的需求,顺应时代发展潮流,华中科技大学也对已有的传统校园卡系统进行了升级改造。在原有的卡账户基础上,为用户开通了"电子账户",作为在线交易的支付账户。卡账户和电子账户相对独立,都可以通过绑定的银行卡进行圈存转账,且两个账户之间也可以互相转账。卡账户支持终端机具刷卡交易,账户余额依赖读写卡片更新,是基于脱机交易的设计办法;电子账户支持网上无卡交易,账户余额实时与系统数据交换。基于电子账户,我们实现了移动充值、缴费等功能,用户可以在手机端进行账户充值、校园网缴费、图书馆罚款缴纳等,使用户在办理这些业务时不再受到地点和时间的约束。校园卡在线充值界面图及扫码付二维码截图分别如图2.4.6和图2.4.7所示。

图 2.4.6　集成在学校微信企业号中的校园卡移动应用

　　然而,卡账户和电子账户的并行使用也存在一定的问题,如在电子账户推广初期,用户易混淆两个账户的区别,有些用户想通过给电子账户充值来完成在线缴费、扫码支付等,却误将钱充进了卡账户;用户在使用电子账户支付时,支付界面却提示电子账户余额不足,会让用户感到非常困惑。尽管我们在自助终端、移动端页面的充值页面对两个账户的区别设置了明显的提示,但账户

图 2.4.7 校园卡系统支付二维码

混淆的现象依然存在。此外,两个账户需要单独充值,而不能合二为一,对用户来说也增加了操作步骤。

卡账户和电子账户共存是一种中间过渡阶段,卡账户代表着对脱机功能的支持,电子账户代表着在线模式或无卡模式,要求系统必须实时在线。随着校园网可靠性不断增强,在线与脱机两种模式共存的情况将逐步向完全在线交易转变,卡模式终将逐步被无卡模式取代。校园卡系统后台将实现卡账户与电子账户的合并,如继续保留卡片,则卡片仅用作身份认证的媒介,金融交易都不再需要写卡操作。随着各类应用场景对移动身份认证技术的提高,卡片作为身份媒介的功能也可能被虚拟校园卡完全取代。未来,校园卡将进入彻底的"无卡化"时代。

2. 多样化无卡支付,扫码支付多选择

除了自建无卡化支付平台,市场上也有多种其他的无卡化支付解决方案,如微信校园卡、支付宝校园卡、聚合支付等。这些无卡化支付解决方案各有特点,各高校可根据学校自身校园卡系统状况、资金状况、技术能力等选择适合本校的方式,对比如表 2.4.1 所示。

表 2.4.1 校园卡无卡化支付对比

项　目	传统校园卡＋校园卡二维码	微信校园卡/支付宝校园卡	聚合支付
发卡(码)方	学校	腾讯/阿里	第三方、合作银行
数据存储位置	学校	腾讯/阿里	学校
校内应用对接对象	学校校园卡系统	微信/支付宝	合作银行
学校财务结算对象	合作银行	腾讯/阿里	合作银行
排他性	合作银行和聚合支付	只能选择其中一家	符合银联相关标准的银行
便捷度	路径短,所有交易在校内完成,需建设、维护自有支付系统	路径长,认证和支付交易都需要校内和校外系统交互。对于系统管理,学校没有自主性	路径长,认证和支付交易都需要校内和银行系统交互,银行需要跟第三方系统交互,学校可以自主管理
建设成本	费用较高,建设费用一般由合作银行承担,如果无合作银行,则学校自己承担。后期无交易手续费	前期建设免费(微信是找银行出资,支付宝是阿里投资),后期有交易手续费	费用较高,建设费用一般由合作银行承担,后期手续费由银行承担

微信校园卡和支付宝校园卡根据微信和支付宝的身份进行实名认证,对接学校的身份管理系统,即可以将师生身份信息与虚拟卡或二维码对应起来,以微信或支付宝的账户作为身份识别和支付账户,账户资金走微信或支付宝,学校无需建设支付系统,运行维护成本低,只需在微信或支付宝开设收费账户,与腾讯/阿里进行财务结算即可。但存在学校不能自行管理交易数据,交易纠纷处理和交易结算等都要依赖校外公司的缺点。

聚合支付是指将多种支付服务整合起来,例如将银联支付、微信支付、支付宝支付等与校园卡结合。扫码设备可识别多种 App(需与提供聚合支付通道的银行对接)的二维码,为用户提供快捷、灵活、标准的支付服务。整个聚合支付的结算路径比较长,对于通过第三方 App 二维码实现的交易,金额从第三方经提供通道的银行转到学校账户。不过对于学校来说,只需与银行对账,不需要参与银行与第三方之间的资金结算,资金结算的便利程度和原来的物理卡片结算系统是一样的。

2.4.8 推进数据互通,减少数据误差

校园卡系统刚上线时,学校基础数据库尚未建立,基础数据不够完善,因此校园卡的基础数据由学校各部门分别提供,如机构信息和教职工信息由人事处提供,院系及专业信息由教务处提供,学生信息由注册中心提供,各单位聘用人员和附属医院职工信息由聘用单位提供,有些信息(例如聘用人员信息)采取手工方式提供,需要由系统管理员手工修改或导入信息,容易造成数据更新不及时的情况,且需要耗费大量的人力进行校园卡数据的校验工作。每年新进教职工及新生入校需要办理校园卡时,都存在大量数据整理、数据导入/导出、人工审核等工作。由于数据量大,极易出现数据错误,因此出现了制卡信息错误、制卡返工等问题,这为校园卡业务的办理带来了极大的不方便。

随着学校信息化的不断发展,基础数据库的不断完善,基础数据库对各类数据采用唯一权威源的入库方式,保证各类数据从数据权威源获取。如教职工的身份信息来自人事管理信息系统,学生的基本数据和注册数据来自学校注册与学生基本信息管理系统等。基础数据库包含了校园师生的基本信息,涵盖了校园卡制卡、数据维护所需要的全部数据,为方便校园卡系统的数据获取与维护,保证校园卡系统基础数据与学校权威数据源保持一致,校园卡系统数据库与学校基础数据库之间采取数据同步方式获取和更新数据,教职工等关键信息使用OGG(Oracle Golden Gate)技术实时更新。自动同步方式避免了多方数据录入导致数据错误情况的发生,也防止有人伪造数据,大大提升了工作效率和数据质量。从基础数据库同步的数据内容主要包括:机构信息、教职工基本信息、教职工类别、教职工状态、学生基本信息、学生类别、学生学籍状态、学生注册状态等。

实现数据自动同步后,很多业务也可以联动起来,例如学校注册管理办法规定,学生在规定时间内无正当事由未完成注册的,学校将取消其图书馆资源使用、食堂伙食优惠、体育场馆使用费用优惠等资格。注册期限到期后,注册系统将学生的注册状态同步到校园卡系统,校园卡系统将未注册学生的校园卡的属性修改为非学生卡,持有非学生卡的学生将无法利用校园卡以优惠价格享受到上述资源,从而落实学校关于注册的管理规定。

2.4.9 开展大数据分析,发挥数据价值

1. 分析消费数据,协助精准资助

贫困生一直是高校重点关注的群体之一,贫困生资助也是高校学生工作的一项重点内容。目前,贫困生的鉴别和贫困等级判定主要依靠学生申报、信息调研和公示等传统手段,如一般由学生生源地提供家庭经济情况证明材料,学校据此判断学生的贫困程度及资助等级等。这种方式总体可行,但信息获取方式较为传统,且由于学生来源地差异较大,各类证明材料的真实性难以一一验证,可能会存在有些学生能够提供家庭贫困证明,但实际家庭经济情况良好,有些学生由于各种原因,并未申请贫困生资助,但实际却承受着物质贫困的生活压力的情况。

校园卡的消费数据能够客观反映学生在学校食堂、超市等地的消费情况,相关研究表明,一日三餐基本在食堂解决或超市消费较少且餐均消费很低的学生,基本可判定为贫困生。[1][2] 而在食堂餐均消费很高,或基本不在食堂消费的在校生,基本可判定为非贫困生。学校可根据学生校园卡的消费记录判断学生的基本生活水平,从而鉴定学生的贫困真实性与贫困等级,与贫困生资助工作结合起来,达到有针对性地帮扶贫困生的目的。例如,2017年中国科学技术大学利用学生的校园卡消费数据,结合勤工助学记录、获奖学金情况、行为轨迹等多个维度的数据深度挖掘学生的困难指数,主动发放困难补助到贫困生校园卡账户中,无需学生申请。这样既达到了帮助困难学生的目的,又充分保护了学生的隐私和自尊。

需要说明的是,校园卡消费数据作为甄别贫困生的辅助手段,还需结合其他数据信息,经综合建模分析后得出结果。但结果也仅能为辅导员或学工部门提供参考和辅助,现实中还需要辅导员通过平时的观察、同学们的反馈等信息进行综合判定。

2. 轨迹追踪,为校园安全保驾护航

因校园卡消费终端分布在校园各处,且其应用场景涵盖了学生生活的方方面面,如食堂就餐、超市消费、乘坐校车、校医院就诊、图书借阅、门禁进出等,当有学生疑似失联时,可根据校园卡刷卡记录获知学生最近在校内出现的时间、地点,为学生的安全追踪提供线索。当学生有新的刷卡记录时,可立即定位到学生刷卡的位置,从而为学生的校内安全追踪提供支持。学生失联预警是校园大数据分析的热点之一,仅靠校园卡数据是无法做到相对准确的失联预警的,还需要

依靠校园 Wi-Fi 日志、学校信息系统访问日志、教室上课签到日志、学校大门处的人脸识别日志等数据,来做到相对准确的预测和预警。

3. 校园卡账单,年度温暖情书

校园卡消费数据记录了学校师生生活消费的方方面面:食堂、超市、校车、自助售货机、校医院、图书馆。校园卡系统还能根据基本交易数据统计出充值总额、消费总额、累计用卡次数、补卡次数、食堂消费排名、窗口消费排名、新入校师生首次消费地点、新入校师生首次消费金额、校园网充值总额与充值次数、校车消费总额与乘坐次数、自助售货机消费总额与次数、校医院消费总额与次数等数据,根据这些数据,华中科技大学在每年年底会推出一份校园卡年度账单,帮助师生回顾一年的校园生活。2017 年年底,学校推出了"小情书"主题的校园卡账单,将校园卡的个人消费数据嵌入温馨深情的文案中,生成针对每个人的个性化情书,通过学校微信企业号"华中大微校园"推给校内师生,获得了师生的一致好评。短短十几个小时内,访问量就达到了 47192 次,掀起了师生把自己的"情书"狂晒到朋友圈的小高潮,校园卡账单截图如图 2.4.8 至图 2.4.26 所示。2018 年的账单以"时光机"为题进行了校园卡大数据展示,如图 2.4.27 至图 2.4.42 所示。

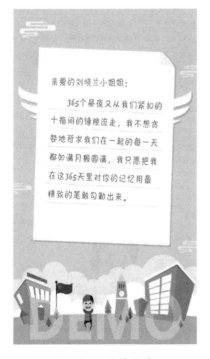

图 2.4.8　小情书(1)

图 2.4.9　小情书(2)

图 2.4.10 小情书（3）

图 2.4.11 小情书（4）

图 2.4.12 小情书（5）

图 2.4.13 小情书（6）

2 信息系统

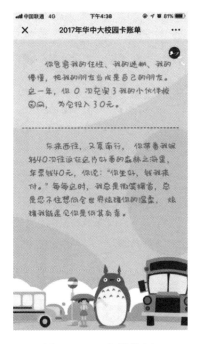

图 2.4.14　小情书(7)

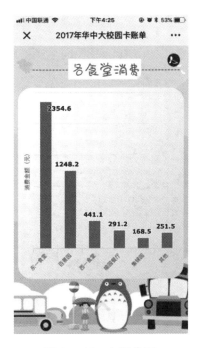

图 2.4.15　小情书(8)

图 2.4.16　小情书(9)

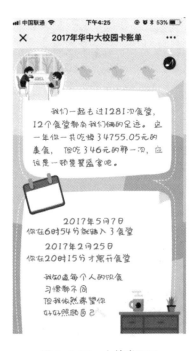

图 2.4.17　小情书(10)

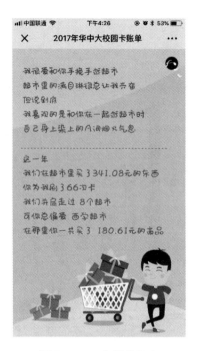

图 2.4.18　小情书（11）

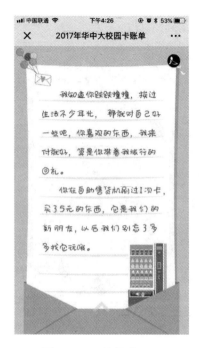

图 2.4.19　小情书（12）

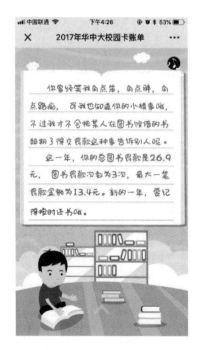

图 2.4.20　小情书（13）

图 2.4.21　小情书（14）

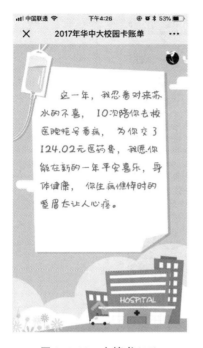

图 2.4.22 小情书(15)

图 2.4.23 小情书(16)

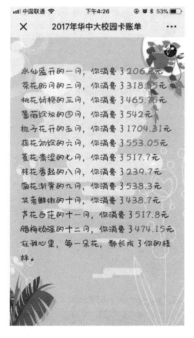

图 2.4.24 小情书(17)

图 2.4.25 小情书(18)

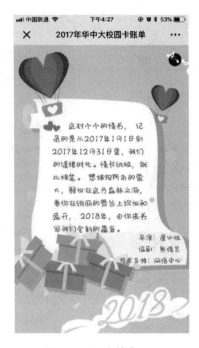

图 2.4.26　小情书（19）

图 2.4.27　时光机（1）

图 2.4.28　时光机（2）

2 信息系统

图 2.4.29　时光机(3)

图 2.4.30　时光机(4)

图 2.4.31　时光机(5)

图 2.4.32　时光机(6)

图 2.4.33 时光机(7)

图 2.4.34 时光机(8)

图 2.4.35 时光机(9)

图 2.4.36 时光机(10)

图 2.4.37　时光机(11)

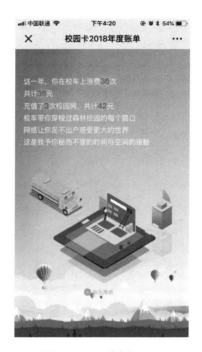

图 2.4.38　时光机(12)

图 2.4.39　时光机(13)

图 2.4.40　时光机(14)

图 2.4.41 时光机(15)

图 2.4.42 时光机(16)

2.4.10 未来发展展望

随着网络技术的升级和网络运行情况的日益稳定,未来校园卡的应用载体将不再局限于物理卡片,虚拟校园卡、指纹、虹膜等生物载体,[3]以及智能穿戴设备等,[4]都可以与学校的统一身份认证系统结合起来,实现身份识别和金融结算功能。甚至可以完全不引入新的载体,而是将校园卡与现有的通用身份识别载体结合起来,实现身份识别和金融结算功能。

随着"教育数据挖掘"领域的发展,校园卡大数据分析除了应用于贫困生鉴定和资助、学生安全轨迹追踪外,还可以在校园管理和学生表现预测等方面为校园管理者提供决策支持,如成绩预测、奖学金分配、教学管理、图书采购、食堂窗口优化、校车管理优化等,其是校园大数据分析不可缺少的一部分。[5][6][7]

校园卡的应用场景除了有食堂就餐、超市消费、图书借阅、门禁考勤、住宿登记、注册报到、会议签到等校内应用外,还可以扩展到城市交通缴费、同城其他高校访问和消费等,当然,这不仅仅是对技术的挑战,更涉及财务结算、系统与设备维护等多方面的管理问题,需要教育管理工作者和技术人员进一步讨论和探索。

2.4.11 结语

校园卡系统已成为校园最为重要的基础性信息化平台之一,作为校园卡系统建设管理人员,一方面要保证现有校园卡平台的稳定可靠运行,另一方面又要关注校园卡新技术的应用和演进,让其不断焕发青春,延续其智慧校园名片级应用的效应。

参考文献

[1] 单菊芬.基于数据挖掘技术的高校贫困生管理系统设计和分析[D].南京:南京邮电大学,2012.

[2] 丁蓉,孙晓辉,李智勇.基于校园一卡通的高校贫困生消费行为分析[J].电子测试,2016,(18):78-99.

[3] 刘群,王彬.浅谈校园卡载体的现状与趋势[J].才智,2016,(28):268.

[4] 王江.大数据和云计算背景下的"校园一卡通"系统[J].信息与电脑(理论版),2015,(21):67-69.

[5] 雷晓锋,杨明.教育数据挖掘的研究进展与趋势[J].北京航空航天大学学报(社会科学版),2018,31(4):108-114.

[6] 尹春梅.校园卡消费记录用于辅助学生管理工作的研究[D].重庆:重庆大学,2018.

[7] 王亚楠.大数据背景下数据挖掘技术在高校中的应用——以校园卡系统为例[J].华中师范大学学报(自然科学版),2017:9-12.

2.5 网站一个群：推动网站入群策略

进入21世纪，高校信息化迅猛发展，尤其是网站建设进入爆发期，但高校网站存在建设随意、缺少管理、发现漏洞不能及时修复等问题，导致安全事故频发，这成为高校网络安全的重大隐患。另一方面，网站群平台技术日益成熟，可实现对网站的集中管理，有效解决网站带来的网络安全问题。华中科技大学"十三五"信息化发展规划提出的"十个一"工程中的"网站一个群"就是要通过建设统一的网站群平台，实现全校各类网站的统一集中管理。

2.5.1 网站现状与问题

1. 数量多且分散

北京师范大学刘臻教授等对包括985、211和普通类院校的191所高校的网站建设进行了调研，结果显示：平均每所高校的网站数达到149个，个别高校网站数甚至超过1000个。[1]高校网站的蓬勃建设一定程度上促进了高校信息化发展，提升了部门及师生的信息化意识，对于推动高校信息化整体建设功不可没。但早期的网站建设大多缺少整体规划，网站存放地点、运行环境及内容比较分散，网站信息及资源重复但不易共享，软硬件环境及标准不统一，网站间无统一安全机制。

2. 疏于管理

高校网站建设存在重建设轻管理的现象，很多单位建设网站时很积极，但建设网站的队伍参差不齐。条件好的，选择由专业公司来开发建设，也有许多网站是由实习的学生团队开发的，网站上线没有经过严格的安全漏洞扫描等检测。而且，网站建成后疏于管理，内容更新慢，一些网站在完成其阶段性任务后，即被弃之不管，成为"僵尸网站"长时间存在（如会议网站）。网站被发现漏洞时，更新补丁不及时，网站服务器成为黑客的"肉鸡"。

3. 安全隐患情况突出

根据《中国互联网站发展状况及其安全报告(2018)》，2017年我国境内网站被篡改数达到20111个，29236个网站被植入后门，国家信息安全漏洞共享平台共新收录通用软硬件漏洞 15955 个,其中高危漏洞 5615 个。[2]根据刘臻教授的报告,尽管 71.5%的高校为校内单位网站的建设提供了统一服务,但超过 60%的高校提供的只是域名及网站开通、虚拟机或共享空间、服务器托管等硬件服务。这些网站从操作系统安全、数据库安全、Web 服务器或中间件安全到网站逻辑安全均由网站建设单位负责,但是由于网站建设单位的安全技术人员缺乏,很难保证网站的整体安全。根据 360 补天漏洞响应平台的数据,有 1088 个高校网站有安全隐患,其中高危漏洞 2611 个,占 74.7%;中危漏洞 691 个,占 19.8%;低危漏洞 193 个,占 5.5%。[3]网页篡改、网站后门等攻击事件层出不穷,党政机关、科研机构网站是黑客组织攻击的重点目标。

2.5.2 网站群平台

1. 网站群平台技术

网站群平台的核心是内容管理系统(Content Management System,CMS),CMS 采用统一的信息组织方法,对同一类型的信息进行分类,每一类信息都可以进行新建、查看、编辑和删除四种不同的操作[4]。除了使用分类的方式组织信息以外,还采用了统一的用户和权限管理对信息的使用进行控制,由此构成了一个完整的信息组织和管理体系。在网站群平台上可建立多个站点,各站点在形式上各自独立,在逻辑上相互联系,子站拥有自己的独立域名和存储空间,主站管理员可以对子站管理员进行创建和权限分配,并对子站的信息进行统一整理。无论是主站还是子站,都可以独立使用其功能。在内部管理上,实现多站点统一管理、权限统一分配、信息统一导航、信息统一搜索等功能,消除信息孤岛;共享共用集群的软硬资源,有效降低硬件消耗成本,有效解决原来网站分散建设带来的各种弊端。

高校建设网站群平台的本质是建设一个 CMS,但由于每个学校的需求各不相同,可以根据不同的使用场景选择不同的 CMS 解决方案。除利用由专业软件公司提供的商业化的网站群平台外,有些高校使用了开源的 CMS 搭建了自己的网站群平台,主要有以下三类。

第一类:类似于基于 DRUPAL 开源软件发展起来的大型 CMS。主要用于大型的门户网站,包括校内单位的门户网站,功能强大,技术架构先进,可扩展性强。但专业性较强,一些 IT 技术实力较强的学校可直接部署 DRUPAL 作为校内的 CMS。

第二类:类似于 WordPress 一类的中小型 CMS。WordPress 属于轻量级

CMS,它最初是一款个人博客系统,后逐步演化成一套内容管理系统。使用较为简单,可以快速、便捷地搭建网站,但对于每个用户的个性化需求则难以满足,也不能提供一些复杂的应用。

第三类:类似于 Wiki 之类的知识分享型 CMS。有些大学利用 Wiki 开源软件在校内建设了自己的知识共享平台。

网站群平台架构示意图如图 2.5.1 所示。

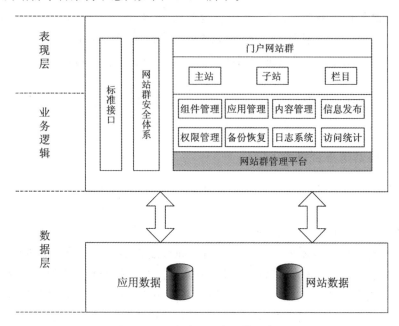

图 2.5.1　网站群平台架构示意图

2. 网站入驻

网站群平台建成运行后,即开始接受网站入驻平台。目前,网站群平台主要有两种入驻方式:迁移与新建。迁移网站是指针对各单位已有的网站进行原站迁移,可基本保持原网站的栏目和界面,使用此方式可快速将各单位网站迁入网站群平台中,从而确保它们的安全;新建网站是指提供给用户方若干套页面模板供用户挑选,基于用户选择的页面模板新建站点,当然也可以不使用模板,而是重新设计网站,但成本会较高且入驻效率会降低。

3. 安全与权限分配

网站作为信息发布与对外展示的平台,其信息安全尤其重要,为保证网站群平台的安全,应将其与学校的统一身份认证系统对接,只允许本校教职工访问网站群平台管理后台。为了提高管理效率,信息技术部门应主要负责网站群平台的维护,为每个网站指定一个高级管理员,由该高级管理员设置若干普通管理员,具体负责网站的栏目、内容等管理工作,从而实现信息技术部门管理平台、各单位自行管理网站运行的良好运行机制。

4. 网站与信息系统分离

在原站迁移过程中,很多网站除了具有信息发布等常规网站功能外,还有一些信息系统功能,例如数据采集、网上办事、业务流程管理、信息管理、统计分析等。但网站群平台无法支持复杂功能的信息系统,无法将信息系统迁移到网站群平台上来。对此,处理方法是将普通网站功能与信息系统剥离,通过技术手段只保证原网站中的普通网站功能迁移至网站群平台,信息系统保留在原有服务器中不变,或对信息系统进行改造升级以使其能够独立运行,这样可有效解决网站中有信息系统不能迁移的问题。

5. 效率问题

理论上,一个网站群平台上可运行很多网站,实现文章、图片、视频等资源的集中管理,但是在实际运行过程中发现,一个网站群平台如果超过200个站点就会出现站点访问缓慢,后台管理端发布文章、图片出现延迟等问题。经测试,如果一个站点上传视频资源过多,会影响整个平台的硬件资源消耗,建议构建流媒体服务器专门存放视频资源,这样可提高硬件资源的利用率,确保网站访问效果。

2.5.3 网站群平台部署技术

网站群平台上线后,承载着众多网站的运行,因此其稳定性、可靠性及安全性十分重要。为提高网站群平台的可靠性,保证其服务效率,发布、管理、运行应分配三套独立的服务器,建议服务器运行在虚拟化平台上,方便资源的添加与管理。为了信息安全,服务器只配置内网IP,网站发布后只映射固定的外网IP。网站群平台里所有网站响应方式均为虚拟域名方式,同时应部署备份服务器,对所有网站进行增量同步备份,保证系统的稳定性。网站群平台的服务器部署如图2.5.2所示。

网站群平台部署分为以下三个区域。

1. Web区域

Web区域的服务器的主要功能是提供面向网站用户访问各类网站的服

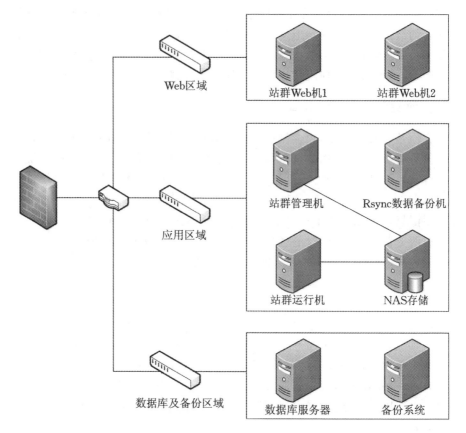

图 2.5.2　网站群平台部署示意图

务,为保障其服务的可靠性和访问速度,应以集群方式部署多台 Web 服务器(至少应部署两台),由网站群平台的同步程序保证多台 Web 服务器上网站数据文件的一致性。网站群平台中的所有站点的域名均解析到负载均衡器上(建议使用硬件负载均衡器,如 F5、A10 等),在进行域名访问时,先将请求发送到负载均衡器,然后由负载均衡器将请求分发给相应的 Web 服务器。

2. 应用区域

应用区域的服务器包括一台管理机和一台运行机,管理机负责网站群后台相关业务的运行(网站的增删改查、采集、备份、发布等任务),以及网站前台动态内容的编译和解析,运行机负责网站前台动态内容的编译和解析。

对于进行网站前台的动态访问,首先将请求发送到 Web 机的 Apache,然后由 Apache 的反向代理将动态请求发送到管理机或者运行机的 8008 端口。Web 机 1 将所有的动态回链请求发送至管理机;Web 机 2 将所有的动态回链请求发送至运行机。在实际的生产环境中,管理机与运行机的功能是相同的,这样有效形成了双机模式,即使有一台服务器因有故障不能工作,也能有效利用另一台服务器提供服务,从而有效的保持业务的正常运行。

由于管理机和运行机都提供网站前台动态访问请求,因此,为保证两台服务器的网站数据一致,应使用 NAS 存储存放网站数据目录。

3. 数据库及备份区域

数据库及备份区域主要包括数据库服务器和备份系统。数据库服务器用于存放网站群系统相关的所有数据表。Rsync 数据备份机通过 Rsync 同步工具进行定时(例如定时为每天凌晨 3 点),Rsync 数据备份机在该时间从管理机同步一次数据到本地。

正常情况下,只有管理机对外提供所有网站资料的编辑、维护等功能。当管理机出现操作系统硬件故障时,可以通过人工介入方式手动给管理机断网。修改 Rsync 数据备份机的 IP 为管理机的 IP,屏蔽网站资料维护界面(管理机和 Rsync 数据备份机存在一天数据差异),保证网站前台域名的动态正常性。管理机修复完成后,恢复为正常模式。

2.5.4 教师个人主页

教师个人主页主要是为教师个人提供的主页空间,教师可以在这个网站中展示自己的教学情况、研究成果、研究方向、著作发表情况等信息,实现对外学术交流、对内辅助教学的效果。早期的教师个人主页主要是教师通过在新浪、网易等公众平台申请博客进行搭建的,同样也存在网站地址不一致、内容无法管控等问题。随着教师对个人主页的需求不断增长,将教师个人主页纳入学校网站群平台进行统一建设也十分必要。

1. 统一管理

管理员对主页模板、默认栏目、显示语种、权限等做统一管理,保持教师主页对外的一致性。同时登录入口同统一身份认证系统对接,保证登录的安全性。

2. 统一模板

内置若干套模板,为理科、工科、医科、文科等不同学科的教师提供不同的模板,用户根据喜好自主选择模板即可一键生成网站,可根据管理员设置的栏目填充内容,也可以自定义栏目并填充内容,根据需要添加或修改栏目,让网站的建设更个性化。

3. 统一平台

教师个人主页系统包括个人主页平台和个人主页。个人主页平台是集中管理个人主页空间的信息系统,教师可通过个人主页平台制作、管理和更新自己的个人主页;个人主页是教师个人制作并发布的展示本人教学、科研等学术成果的网页。

教师个人主页平台还可以与学校基础数据库对接,教师的基本信息、教学成果、科研成果等可同步到平台,教师只需对其进行简单的选择或修改后,便可直接将其插入自己的个人主页进行展示,可减少重复录入。

2.5.5 安全风险及防护对策

网站群平台对散乱的网站进行集中管理必然面临很大的安全压力,网站群平台可能成为黑客攻击的主要目标,因此网站群平台的安全尤为重要。从网络层到应用层,均应设置安全等级与策略,在网络层通过 WAF 安全设备对网站群服务器集群进行保护和监控,定期进行扫描,对非法访问进行监控与反馈。同时,在应用层主要通过以下手段进行防御。

(1) 主动防御:使用应用级防火墙,提供策略防止 SQL 注入、跨站挂马、DDoS 攻击,同时有详细入侵防护日志,用于问题的追溯与定位。

(2) 访问控制:IP 访问控制,管理后台只允许校内 IP 访问,同时对于特定资源的发布,可以限定只能校内才能访问。

(3) 账号安全:账号与学校统一身份认证系统对接保证了账号的安全性和访问者的合法性。

(4) 文件安全:所有网站群平台均开启防篡改功能,定期定点对网站进行扫描,以保证被监控网站前后内容的一致性。禁止危险文件以及可执行文件上传至管理后台,危险文件是指包含某种特殊代码的文件,服务器在执行了这些危险文件中的代码后会打开可以进行危险操作的通道,攻击者通过这些通道可以获得服务器的敏感技术信息或者获得服务器的控制权。通过危险文件入侵比一般的入侵更具有隐蔽性和攻击性。经常对系统进行危险文件扫描可及时发现危险文件,及早做出响应,保障系统安全。

(5) 数据安全:对数据表、列的权限控制只有超级管理员才能操作,各个单位授权的高级管理员均没有操作数据库的权限,以降低操作数据库带来的风险。

(6) 运维监控:对网站群平台硬件资源进行实时监控,对用户的操作进行跟踪;对网站群内站点提供可用性分析和性能分析,全面掌握站点性能和运维情况。

(7) 日志记录:记录操作日志、防护日志,对于出问题站点可以做到有日志可查,进行问题的定位与排查。

(8) 敏感信息屏蔽:针对敏感字配置进行过滤,有效提高信息安全。

(9) 备份/恢复:通过系统自带的备份/恢复功能,可对网站群系统中的数据及应用进行备份,以便在系统遭遇如系统被恶意破坏、计算机病毒、掉电、硬件/软件错误和人为操作错误等安全隐患时,可迅速恢复正常运行。

(10) 内容防篡改:防篡改系统的篡改检测模块使用密码技术,为网页对象计算出唯一性的数字水印。公众每次访问网页时,都将网页内容与数字水印进行对比;一旦发现网页被非法修改,即进行自动恢复,保证非法网页内容不被公众浏览。同时,防篡改系统的数据库防护模块也对用户输入的 URL 地址和提交的表单内容进行检查,任何对数据库的注入式攻击都能够被实时阻断。

2.5.6 推动网站入群策略

建立网站群平台的工作相对容易,但是,关键问题是如何把校内各类网站统一纳入网站群平台中进行建设和运行。这样才能真正发挥网站群平台的优势,保证学校网站安全。

1. 制度先行——推动网站建设的前提

高校网站的特点是数量多,分布范围广,校机关部处、院系、直属单位、附属单位、研究所、实验室、课题组、课程组等都有自己的网站,要把所有的网站都迁入网站群进行统一管理,首先要让所有的网站负责人达成共识,让他们愿意主动迁入;其次要制定相关规章制度或发布通知,明确迁移流程,确定网站迁移顺序或迁移计划。华中科技大学在学校"十三五"信息化发展规划中提出的"十个一"工程,明确了"网站一个群"的任务,要求通过网站群平台建设,将各单位网站纳入统一建设和管理。为了规范网站群平台的建设、管理和运行,出台了《华中科技大学网站群建设管理办法》,规定了相关部门的职责与分工、资源共享规则等。

此外,要抓住有利时机,落实学校关于网站群平台的规章制度,集中、大规模推动网站入群。华中科技大学结合相关网络安全重要保障要求,发布了《关于敦促各单位网站入驻网站群平台的通知》,要求各单位限时完成网站迁移,对于没有按照规定完成迁移的网站,必须签订网络安全承诺书,否则做关停处理。自工作开展以来,绝大部分网站的入群工作已完成。一年多的时间中,有400多个网站入驻网站群,覆盖了45个院系、机关部处、实验室课题组、直属单位及附属单位,其中,基于模板新建网站站点105个,迁移网站站点255个,改版网站站点40个,对170个实验室、课题组网站进行了迁移。平均新建网站周期为1周,迁移网站周期为3天。

2. 规范流程——保证网站有序入驻平台

除了规章制度外,还应建立便捷且规范的入驻流程,让各单位感受到将自己的网站迁移到网站群平台中,的确可减轻他们的维护负担。华中科技大学发布通知,要求明确按照"统一规划、统一建设、分级管理、各负其责"的原则建设和管理学校网站群平台,并且在学校网上办事大厅上开发了网站入驻的流程和网站上线的流程,各单位不需要提交纸质文件,可在网上进行网站入驻和网站上线。此外,网站迁移还实现了不见面服务,让用户无感知完成网站入群。网站群平台入驻申请流程如图2.5.3所示。

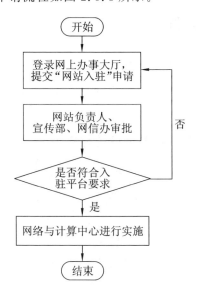

图 2.5.3　网站群平台入驻申请流程

3. 服务迅速——及时响应

网站迁移到网站群平台后，网站的管理模式发生了很大的变化，各网站管理员原来的管理习惯发生了改变，因此，必须加强培训工作，通过线下培训的方式，让各个院系部处的网站管理人员掌握操作网站后台的基本方法，同时为所有管理员组建一个 QQ 群，做到点对点的线上沟通，出现任何技术问题，信息技术部门的工程师都会及时进行解决。只有及时解决好各单位在管理、使用网站群平台时遇到的各类问题，解除他们的后顾之忧，才能赢得他们的信任和尊重，让信息技术部门把建设、管理网站群平台这件好事做好。

2.5.7 建站应用示例

网站群平台的优势是具有统一性，但是每个单位的需求各不相同，除了应用规定可选的模板之外，有的网站还希望有些定制化需求，此时，需要进行二次开发，下面以三个网站为例，介绍一下网站的建站思路。

1. 动态渲染网站

某中心网站的招投标信息均是动态内容，而且内容数据来自不同的业务信息系统。遇到这类需求，一般的做法是把动态内容的渲染页面预留出来，由业务方通过 JavaScript 代码组装动态页面，再将此 JS 文件放入网站群平台即可，这样就完成了静态页面＋动态内容的组合需求，如图 2.5.4 所示，其中，招标、中标公告均进行了动态渲染。

图 2.5.4 使用了动态渲染技术的网站

2. 含有大量流媒体资料的网站

因教学需要,某网站内有大量的多媒体教学资料(主要是影像资料),把多媒体资料存放在网站群管理机上,随着时间的推移,这些媒体资源将会消耗有限的硬件资源。解决办法是构建流媒体服务器,把影像资源统一交由流媒体服务器管理,该网站上的多媒体资源全部用外链替代,这样可以有效提高网站的访问速度。

3. 满足移动化需求的网站

现在越来越多的单位已经不再满足于建立 PC 版网站了,它们还希望能够建立移动版(手机版)网站。面对简单页面网站需求,一般的做法是采用响应式的页面构建,其不但适用于 PC 端,而且还自适应手机等移动终端,采用响应式页面设计,可以避免维护 PC 版和手机版两套网站资料,减轻维护负担。但如果一个网站中内嵌了众多科研系所等的子网站,则响应式设计会对后期的管理维护带来较大负担。这种情况下,建议分别单独构建 PC 版和手机版网站,以方便后期维护,具体如图 2.5.5 和图 2.5.6 所示。

图 2.5.5 某学院 PC 版网站

2.5.8 平台监控反馈机制

网站群中的网站数量众多,若要获取每个网站的运行状态及数据,需要登入网站的后台,这样不仅降低了维护人员的工作效率,同时也无法从全局感知网站群平台建设的成果。网站作为学校以及各部门各院系的门户,其安全问

图 2.5.6 某学院手机版网站

题是十分重要的,网站能否正常运行是管理员以及部门院系领导所关心的重要问题。如果没有完善的网站监控平台,则网站问题只能通过用户反馈得知,就会十分被动。

因此,需要搭建一个网站群监控平台,对网站群整体运行安全情况进行预警和监测,对网站安全运行态势进行感知,从而在整体层面上对网站进行安全防御。华中科技大学建设的网站群监控平台从安全、性能、内容、数据、运维这五大维度全方位展示网站当前的运行情况,及时预警、快速定位网站安全及运维隐患,保障网站群健康、高效、稳定地安全运行。监控前端运用 jQuery+Bootstrap 构建静态展示页面,对于图表的渲染运用 Echart 进行表格图表的处理,监控后端运用 Python+Flask 作为中间层实时收集网站群平台各个维度的数据,形成 JSON 接口供前端调用,以进行页面展示。从前端到后端的数据流程如图 2.5.7 所示,监控平台主屏截图如图 2.5.8 所示。网站群平台监控系统对于掌握和监测全校网站运行情况发挥了重要作用。

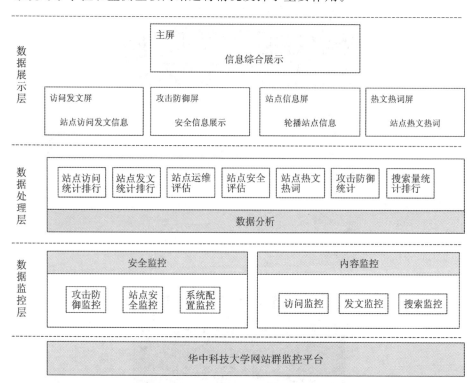

图 2.5.7 网站群监控平台数据流程

图 2.5.8 网站群监控平台数据展示

2.5.9 结语

随着信息技术的发展,网站群平台技术也在不断发展,以满足日益增长的各单位对网站建设的新需求。网站群平台必将在高校信息化中发挥出越来越重要的作用,为高校网站发展和网络安全做出重要贡献。

参考文献

[1] 刘臻,等.中国高校网站群建设与应用情况研究[J].中国教育信息化.2017,(10):6-9.

[2] 中国互联网协会:2018 中国互联网站发展状况及其安全报告[EB/OL].http://www.useit.com.cn/thread-19736-1-1.html,2018-07-14.

[3] 季益龙,程松泉."互联网+"背景下的高校网站安全保障体系构建[J].中国教育信息化,2017,(8):93-96.

[4] 侯静,邓可君,刘福东.CMS 在高校网站群建设中的应用[J].实验技术与管理,2011,28(04):220-222.

2.6 教务系统：高校最复杂的信息系统炼成记

教务系统因规模大、功能复杂度高、服务用户面广而在高校各类业务信息系统中一直占据着十分重要的地位，其经常成为学生和老师吐槽的对象。本章通过对槽点进行分析来提出对应的解决方案。

2.6.1 教务系统

网上关于"教务系统"的定义很多，且不尽相同，综合各种定义，结合工作实际，本文给出如下定义：教务系统是教育教学管理信息系统的简称，教务系统是以网络为媒介，以信息化为依托，为高校教学运行管理和师生教学活动提供服务的应用信息系统的总称，包括网上排课、网上选课、专业建设管理、成绩管理、教学评价、毕业审核等各项教学过程管理工作。

随着信息技术的飞速发展和高等教育体制改革的不断深入，传统的教学管理方法、手段早已不能适应我国高等教育的新的发展需要，已无法高效地完成教学管理工作，无法跟上教学改革的形势，无法满足教学改革引起的体系及流程变革，更不能为高校师生提供高效率、个性化、信息化的优质服务。教师的教学任务本身已经十分繁重，但有时候还不得不面对一个录入成绩相当麻烦的教务系统；学生们早已习惯使用那些日新月异的互联网产品，有时他们在学习过程中还不得不面对一个界面老旧、功能不完善，甚至经常宕机的教务系统。师生对一个便捷、高效、易用、人性化的教务系统的需求十分迫切。

既然教务系统如此重要，为什么就不能将其建设好，使其不被师生吐槽呢？难道是高校没有重视吗？其实不然，各高校充分重视教务教学信息化建设，然而，高校教学管理和运行过程中，每个教学过程之间都是环环相扣的，只要有一个环节没有扣住，往往就会出现问题，从这个层面上说，这种环环相扣的地方在教务系统中出现问题的概率极大，稍不注意就会产生一连串"蝴蝶效应"，也就容易出现槽点。

通过收集和整理一些高校师生对教务系统的意见和建议，结合部分师生关于"你眼中的教务系统"的随机采访，归纳出的教务系统被吐槽的问题不外乎就是那么几大类，例如"教务系统千年不变，不好用"、"教务系统非常不稳定"、"选课系统经常宕机"等。下面就以高校师生经常吐槽的点为抓手,以华中科技大学教务系统为案例,剖析高校最为复杂的信息系统是如何炼成的。

2.6.2 槽点一:界面设计不友好

1. 槽点摘要

菜单太多、太杂,很多菜单和使用者没有太大关系或者是使用者不需要的;菜单级数太多,层次太深,常用的功能不好找,有时要点开三四级才能找到;菜单显示时没有和身份关联,有的菜单可以看到,但点击时却提示"您没有权限"。界面陈旧,毫无新意,每天看到的登录界面都一样。

2. 槽点分析

首先梳理一下产生槽点的原因,大部分高校所使用的教务系统都出自国内几个软件公司的教务系统软件,每所高校的教务系统用户界面(User Interface,UI)总在有限的模板中切换,除非高校自主开发设计 UI。高校教务系统不同于 IT 巨头 BAT 以及其他互联网公司,这些互联网公司的产品 UI 会根据市场和用户需求的变化而迅速改变,不断适应用户的审美体验,并融入更新更多的科技元素。而高校的教务系统一直保持着传统 MIS 的界面风格,十几年如一日,不会因为社会的发展而产生变化,从本质上来说内生需求不会产生较大变动,即使会产生变化也仅是对原有框架的修改。

其次,大部分教务系统将管理功能界面和用户使用界混在了一起,因此最初的 UI 一开始就是站在教学管理人员的角度进行设计的,压根就没有考虑到普通师生用户的使用体验。

3. 解决办法

如何才能有效地改变这种状态呢?其实很简单:多站在师生的角度考虑系统 UI 设计。即使使用成熟的教务系统,也可以基于原有系统进行二次开发,调用合适的数据接口,按照自己高校的风格对界面进行重新设计。这里以华中科技大学教务系统(简称 HUB 系统)为例进行介绍。HUB 系统是学校自行组织开发的本科教务管理信息系统,系统针对不同的用户群体设计了不同的用户界面,教师、学生、教学管理人员分别有各自的用户界面和菜单体系。系统针对特定用户群体进行了设计和优化,不会产生任何多余的菜单和功能,UI 风格也都根据不同类别定制设计。优化后,传统菜单依然保留,但增加了常用功能,以扁平化方式(类似于 Windows 磁贴)放置在系统首页,便于用户直接点选,方便快捷。图 2.6.1 和图 2.6.2 所示的分别为本科生定制化系统首页界面和内容界面示意图。

图 2.6.1 首页界面

图 2.6.2 教室借用功能界面

当然还要采用与师生进行互动的方式增加系统友好性。HUB系统推出了"我要上封面"活动,全校师生均可通过上传自己的照片争选HUB系统的封面人物,师生可以充分借用HUB系统平台展示自己,而这也丰富了HUB系统界面,改变了千年不变的登录界面。首期推出的"封面学子"是机械学院工业设计专业的学生秦文锦,她不仅阳光美丽,更是专业学霸,为学校正能量的传播起到了积极推动作用,很多媒体对此进行了报道,如图2.6.3所示。

图 2.6.3 学子上封面活动

2.6.3 槽点二：选课时，要么登不进去，要么选不上

1. 槽点摘要

学生反映在选课期间，选课系统登不上去，自己还没有登录选课系统，想选的课就已经被抢完了。

2. 槽点分析

首先分析一下通过选课系统选不上课的原因，归纳起来一般分为三种情况：一是选课系统软件或者服务器硬件存在问题，由于学生人数较多，选课时间段内学生选课产生的请求并发量太大，而选课系统的服务器等硬件或者软件系统资源不足或架构不合理，不能支撑较大的并发量，导致选课系统瘫痪，学生无法登录；二是学校提供的优质课程资源太少，关注或喜欢这些课程的学生又太多，以至于供不应求，必然就会有学生选不上心仪的课程的情况；三是各学校的选课规则不同，这些选课规则可能导致部分学生不能选课或者选不上感兴趣的课程。总之，应从资源配置和管理上下功夫。

3. 解决办法

选课系统的软件产品和硬件条件很大程度上依赖于学校信息化部门的支持与重视程度，软硬件只是一方面，更重要的是教学业务管理，从优质课程资源力度的加大到选课管理规则的优化，每一方面的改进都能提升学生的选课体验。

笔者曾在 2012 年收到过这样一封来自本校学生发来的电子邮件，大致的内容是，选课系统开放时间为早上 7 点钟，而选课时间是放寒假前夕，天气寒冷，学生不想早早起床坐在电脑前等待选课，想通过手机进行选课。当时，这封信引起了笔者的思考，对啊，为什么不能开发一个移动端的选课系统呢？

2012 年腾讯推出了基于微信的公众平台，2013 年华中科技大学基于微信公众平台的教务系统诞生了，其中一项重要功能就是选课。这样一来，学生不仅可以坐在电脑前选课，还可以躺在床上通过微信选课。目前，根据学校统一规划，包括选课系统在内的教务系统诸多功能已经集成到学校微门户——微信企业号"华中大微校园"中去了。图 2.6.4、图 2.6.5 所示的是微信选课界面。

为了打破选课系统"一选就挂"的魔咒，我们在选课系统乃至教务系统的硬件架构以及软件算法上做了一定的优化，同时，学校也在管理和实践层面上做了一些尝试。

2 信息系统

图 2.6.4 微信选课界面 1　　　　图 2.6.5 微信选课界面 2

(1) 选课期间,提前调配资源,为应用服务器、数据库服务器分配更多的硬件资源,增加硬件支撑能力。

(2) 选课系统引入人数控制方法,系统对于登录人数进行控制,若登录人数大于限定阈值就限制新用户进入到选课界面(会给用户提示),直到有用户退出,从而降低访问人数,保障选课系统正常服务。

(3) 选课系统限制同一个 IP(或物理机器)只能由一个学生账号登录选课,不允许同一账号多处登录,减小资源损耗(防止学生开发选课机器人抢课)。

(4) 通过优化选课管理流程,分院系在不同的时间段选课,可以显著降低同时上线选课的人数,减小系统并发量。

此外,还需要通过优化选课算法提高系统性能;明确抽签规则,让选上但未最终抽中的学生明确原因。

2.6.4　槽点三:教务系统没能让办事更简便

1. 槽点摘要

大学外语四六级考试报名、办理出国成绩、借教室等与教学有关的办事流程超级麻烦,难道不能简化流程吗?我们大部分时间都浪费在排队上和在去排队的路上了,希望学校能考虑一下学生的感受。

2. 槽点分析

大学外语四六级考试报名、办理出国成绩、借教室等都是与学生学习活动息息相关的事情,但在开发这些系统时,学校教学管理部门更多的是站在管理方便的角度考虑问题的,很多时候并没有充分考虑师生的切实感受,若换位思考一下,也许能优化服务流程。例如对于大学外语四六级考试报名,几年前,在学校优化服务流程之前的情况是这样的,学生看到大学外语四六级考试报名通知后,通过班级报名,再到银行排队缴费,拿着缴费单去院系确认,这样一趟下来,半天就过去了,也许还不一定能办理完。再例如学生办理出国成绩单,首先到院系教务科开具原始成绩单,按照规定时间到教务处提交原始成绩单,根据办理份数去财务处缴费,教务处核对成绩后再制作出国成绩单,从申请到办理结束,周期长达1~2周,时间成本较大。造成这些问题的原因是管理流程不够人性化,没有充分考虑学生的诉求和感受,同时,没有利用快捷高效的信息化手段来优化或简化流程。

3. 解决办法

站在师生的角度考虑问题,并以信息化为抓手,以"让信息多跑路,师生少跑腿"为目标,一方面了解师生的需求,多倾听他们的声音,另一方面利用信息技术优化或再造管理服务流程,让师生享受到再造管理服务流程带来的便利。

优化流程前,大学外语四六级考试报名麻烦的关键点在于缴费不方便,银行代收或者班级统一代收等传统收费方式导致办事效率低下,学生浪费了大量时间在排队和去院系核对缴费信息的路上。那么,我们是否可以将这些缴费、跑腿的事情在网上实现呢?学校对流程重新进行了优化,于2015年开发了大学外语四六级考试网上报名及缴费系统,系统包括PC版和微信版,学生可以轻松完成网上报名、网上缴费、网上确认等一系列程序,同时,丰富的后台管理功能也为管理人员提供了方便的查询、统计等功能。图2.6.6和图2.6.7所示的为PC端网上大学外语四六级报名系统界面,图2.6.8所示的为微信报名界面。

随着"双一流"建设的加速,华中科技大学出国访学、交换的学生越来越多,学生对各类出国证明、成绩单的需求量也越来越大,但原来的人工办理方式周期长,办理人员负担重,也易出错。学校于2017年建设了本科教务自助服务终端,对所有课程的中英文名称进行了逐个核对,对成绩单样式进行了规

图 2.6.6 网上大学外语四六级考试报名系统首页

图 2.6.7 网上大学外语四六级考试报名系统报名界面

范,学生可通过自助打印终端进行材料打印。该终端除了可自助打印出国成绩(中文或英文)外,还可以自助打印在校成绩(择业)、在校成绩(评优、保研)、在读证明(中英文)等(如图 2.6.9 所示)。从原来一周的办理时间到现在只需要一分钟,用户体验得到了极大改善。流程优化如图 2.6.10 和图 2.6.11 所示。2020 年 3 月,学校还推出了可信电子成绩单系统,学生在家就可以申请办理带有学校电子签章的可信电子成绩单、在读证明等材料。

再如,流程优化前,借教室的手续繁杂,师生需要花费很多的时间去办理纸质审批手续,耗时耗力,而优化后的借教室流程可利用信息化方式轻松完成,如图 2.6.12 所示。

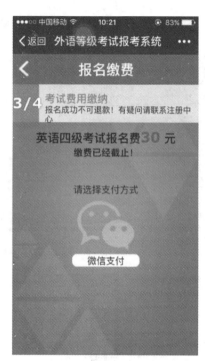

图 2.6.8 微信报名界面

图 2.6.9 自助打印终端操作界面

2 信息系统

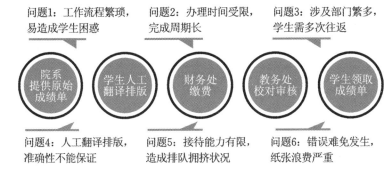

图 2.6.10　传统出国成绩打印流程

图 2.6.11　改进后自助出国成绩打印流程

图 2.6.12　网上借教室流程和界面

除此之外，为了建设一个更加温情的教务系统，华中科技大学还推出了"挂科也温情"。对于考试挂科的学生，成绩通常都是一个个简单粗暴而且冷冰冰的数字，但以"学生为中心"的教育难道不应该给予这些挂科学生更多的关怀和鼓励吗？因此，学校站在学生的角度推出了第一个版本的"激励邮件"——《永不放弃》，虽然邮件内容带着几分无奈，但从用词方面尽可能传递给了挂科学生更多的正能量，字里行间也在不断给挂科学生打气，鼓励他们不要放弃，让挂科的同学更容易接受这种成绩告知形式。"激励邮件"的推出引起了不小的轰动。一些挂科学生对收到这样一封信感到很意外，并在微博、微信朋友圈上晒图，相互鼓励，"真是一个极贴心的学校，挂科还有'激励信'"、"没想到学校这么人性化了"。该温暖措施也得到了包括人民网在内的数十家国内主流媒体的报道。图2.6.13所示的为激励邮件的内容，图2.6.14所示的为相关媒体的报道。现在，"激励邮件"升级到了2.0版本，标题更新为《你能做的，岂止如此》。

亲爱的汤中秋同学：

想必你已经收到了关于学校领导与管理考试的成绩，这个消息可能是你不愿意看到的，当然也是我们不愿意看到的。你可能会想已经这个结果了，能怎样呢？

如果你打算放弃？NO！继续不断学习和思考，终将你会到达你的目标。当你决定报考华中科技大学的那个时候，你的精彩人生最重要的篇章已经悄然翻开了。

相信我们的很多同学都面临着同样的学习困难，但是看看我们身边，有那么多刻苦努力学习的同学们，他们克服困难，专注学习，不断挑战自我，获得了一个个令人满意的成绩。回首每晚的挑灯夜读，周末自习的教室，再看看优异的成绩单，相信这一切都是值得的。

不要忘记，学校有那么多的学习资源提供给你，馆藏丰富的图书馆，设备齐全的实验室，言传身教的老师，乐于助人的同学，一起帮助你学习，协助你进步。因此，还有什么好担心的呢？不好的消息终究是过去式。迎接未来，挑战自我，我们希望看到你在接下来的考试中取得好成绩，在不远的将来有更加突出的成就，华中科技大学将以你为荣。

华中科技大学注册中心

图 2.6.13　发给挂科学生的激励邮件

2.6.5　槽点四：课表变化与成绩信息通知不及时

1. 槽点摘要

纸质课表携带不方便，容易丢，而且不能随时更新，没有提醒功能，很不方便。此外，考试成绩信息通知不及时，有时成绩出来了都不知道，不能第一时间掌握成绩信息。

人民网 >> 湖北频道 >> 新闻中心

华科挂科学子收温暖安慰信

2015年02月06日08:53　来源：长江日报　手机看新闻

打印　网摘　纠错　商城　　　分享　推荐　人　字号 + -

"有什么好担心的呢？不好的消息终究是过去式"。昨日获悉，华中科技大学给期末考试挂科学子发了一封"安慰信"，收到信后有学子为母校此举点赞。

这封"安慰信"由华科大教务处下属的注册中心发出，信的标题为《永不放弃》。一些挂科学子对收到这样一封信感到很意外，并在微博、微信朋友圈上晒图，相互开玩笑地问："你有没有收到'永不放弃'？"有网友留言表示羡慕，"真是一个极贴心的学校，挂科还有'安慰信'"，"没想到学校这么人性化了"。

记者获知，华科大教务系统（英文简称"HUB"）除具备用短信、邮件向学生发送考试成绩和教务通知的功能外，现在还给考试挂科学生发"安慰信"。每位学生在生日当天还会收到一条个性化的祝福短信，内容由教务处工作人员维护。

对该系统，不少学子大赞温暖贴心。华科大新闻院女生杨湘萍至今还记得第一次收到学校生日祝福的情形："我完全没想到学校会记得我的生日，特别惊喜激动，感觉自己是学校真正的一员了。学校教务的各种提醒通知也都很'卖萌'，让人觉得很亲切。"

图 2.6.14　关于激励邮件的媒体报道

2. 槽点分析

纸质课表一直以来是教学活动中记载上课时间、内容和地点的重要形式，承载着师生们的记忆，在教学活动中起着十分重要的作用。高校的纸质课表主要是按专业和班级分类的，一个班的学生的课表基本一致。但随着教育教学的改革，很多高校加强了对学生的个性化培养，推动"一生一方案"、"一生一课表"的发展，每位学生都会有一张个性化的课表，与班里其他同学的课表都不同，统一内容的纸质课表已经无法适应新的形势要求。此外，信息化发展的洪流也已经改变了这些传统的纸张在师生教学活动中的作用。我们来设想以下几个场景。

场景一：同学张某某今天忘记带课表了，他记错了周次，将下周记错成了这周。

场景二:老师李某某因病临时调课,要一个个通知一两百名学生,难度实在太大,只能先通知班长,再让班长通知其他同学。

场景三:部分老师因为科研工作较多,时常会忘记学期中间某一周开始第一次上课的时间,或者记错了因为调课产生的新授课时间,这个时候常规纸质课表几乎无法起到作用。

上述若干个场景在我们现代的教学活动中会经常碰到,那如何来面对和解决相关问题呢?

3. 解决办法

信息化带来的不仅仅是电子化,更有及时性和便利性。数据展示和通知发送等事情对于信息技术来说是最简单不过的事情了,我们何不将上述三个场景融入信息化的元素?

华中科技大学以统一信息门户(PC端门户和微门户)为载体,通过在微门户中集成电子课表,随时随地为师生提供个性化的微课表服务,与纸质课表不同的是,微课表不仅可以供师生查询自己每天、每周的上课信息,还可供学生查询自己感兴趣的其他课程的上课时间及地点,我们称之为"蹭课"。通过这个微课表,学生随时随地都能查询到此时此刻的上课信息,用一句学生们调侃这个功能的话来形容就是"辅导员再也不用担心我找不到上课的教室了"。

除了让师生可以通过统一信息门户查询自己的课表,系统还为师生提供了其他更加人性化的服务。例如上课短信、微信提醒服务。师生现在连课表都不用看了,每天等着微信和短信把第二天的上课信息推送到自己手机上,如果有临时调课,师生也会收到调课后的上课信息。这得益于在教务系统中直接调用了学校"统一通讯平台"提供的短信、微信、邮件接口,根据不同的用户需求和紧急程度分别给不同类别的学生和老师推送即时消息,比如通过微信给学生提前推送上课提醒,用短信给老师提前一天推送上课提醒,给学生发送成绩短信和邮件,给师生发送教室借用成功与否的短信和借教室凭证短信,给学生推送四六级报名成功与否的短信等。引入学校统一通讯平台等重要公共信息服务平台,不仅能为教务教学系统提供便捷的移动终端服务、即时通信服务,还能为不同的业务信息系统提供信息化的支撑服务。这样一来就可以解决很多上述类似问题,给师生带来实质性的便捷服务。当然,针对老师们的不同需求,系统也为老师提供了多种上课短信提醒的方式,包括不提醒、一周提醒一次、每天提醒,在系统中老师可自行进行设置。师生接收微信、短信的效果分别如图2.6.15和图2.6.16所示。

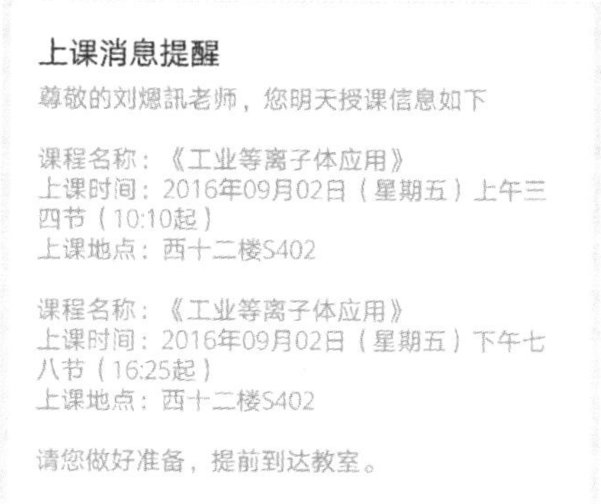

图 2.6.15　微信上课提醒 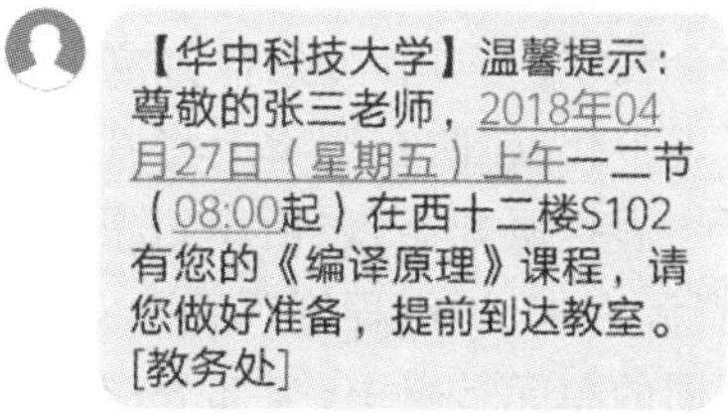　　　　图 2.6.16　短信上课提醒

2.6.6　吐槽五:经常宕机

1. 槽点摘要

教务系统遇到高峰期就"挂",所有的与教学运行相关的功能都因此而停止服务,不但师生都不能使用系统,连教务管理人员也没法使用,这严重影响教学管理。

2. 槽点分析

每当开学或者毕业之际,学校教学的各项业务都处于高位运行状态,师生对教务系统的访问量也处于较高水平,如果再遇到网上选课,那更是雪上加霜,教务系统时常会进入"抽风"模式,不是响应不过来就是出不来页面,更要命的是,一个子系统垮掉,会导致整个教务系统瘫痪,很明显的例子就是选课系统一垮,其他功能(诸如课表)也会出现问题。

3. 解决办法

很多高校的教务系统都会遇到这个棘手的问题,其实快速的解决办法就是重启服务或服务器,这将快速缓解当时的困境,但若是访问高峰持续的话,很有可能再来一个挂机循环,这个方法并不能从根本上解决宕机问题。当前很多高校使用的都是成熟的商业软件,在其设计理念中,教务系统是一个整体的应用,连接后台的一个数据库,通过应用集群解决高并发问题。这样的设计理念对于系统开发、保持教务数据一致性等方面都有好处,但过度集中的做法也为系统整体运行带来了风险。

华中科技大学本科教务系统是完全自主开发建设的,开发人员尝试了一些办法进行优化,同时在硬件架构和软件设计上进行了优化。考虑到教务管理和教学活动特定时间段高并发而其他时间段保持平稳的特点,根据教务系统使用人数和业务量情况,对教务系统的功能进行了合理划分,系统被拆分成一个个独立的应用,分别以独立的 WAR 包进行部署,同时对硬件支撑系统进行了虚拟化处理,在逻辑上将其先划分为若干个单元,每个单元再对应划分为若干个虚拟服务器(包括 Web 服务器和应用服务器),根据各个应用的服务对象、资源需求、忙闲程度、特点,及对资源的需求,将不同应用的 WAR 包部署到不同的单元节点上。[1]部分应用服务器虚拟化单元节点分配如图 2.6.17 所

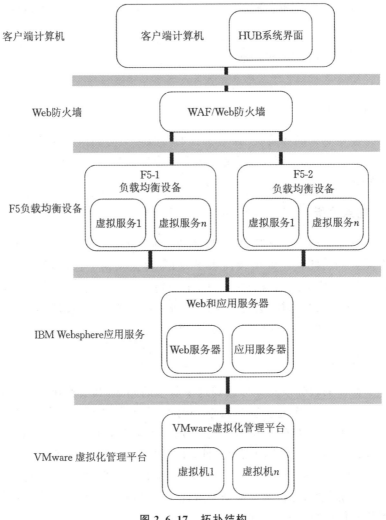

图 2.6.17 拓扑结构

示。在这样的配置下,每个应用的运行相对独立,可以单独维护每个应用(停止、重启等),单个应用宕掉不会影响其他应用的正常运行,即使出现了资源耗尽的问题,也仅影响本单元的应用,而不会影响其他单元的应用。系统中的第6单元部署的是选课系统,这是最容易出问题的应用,如果选课系统宕掉了,不会影响第5单元的本科生教务系统和研究生教务系统的正常使用,这两个系统面向的是教务管理人员。教务系统部分应用服务器虚拟化单元节点分配示例如表2.6.1所示。

表 2.6.1　教务系统部分应用服务器虚拟化单元节点分配表(示例)

单元	Web 服务器	应用服务器	部 署 系 统
4 单元	Web41	App41	HUB学生系统 HUB老师系统 HUB客户支持服务系统 课程平台
	Web42	App42	
5 单元	Web51	App51	本科生教务系统 研究生教务系统 国际交流与合作管理系统
	Web52	App52	
	Web53	App53	
	Web54	App54	
	Web55	App55	
	Web56	App56	
	Web57	App57	
	Web58	App58	
6 单元	Web61	App61	选课系统
	Web62	App62	
	Web63	App63	
	Web64	App64	

2.6.7　吐槽六:一个 Bug,半年还没有修复好

1. 槽点摘要

师生或管理人员发现了系统存在的 Bug,或者需要改进的地方后,会反映

给学校,然而半年时间过去了,Bug 依然没有修复好,教务部门说已经反映给公司了,但公司拖了很久都没解决好。

2. 槽点分析

国内大部分高校采用的教务系统都是市面上现成的教务系统产品,市场上的主流教务系统大概有三四个,应用这些软件产品的高校非常多,既包括规模较大、业务较复杂的 985、211 高校,也包括普通本科高校和高职高专院校。为了增强软件的通用性,软件系统设计得大而全,对一般的高校来说,安装部署好后就可以直接使用这些系统了,非常方便。那为什么这些系统还会出现不能适应高校需求的现象呢?

这些成熟的教务系统虽然能够适应大部分高校,但也有很多高校有自己独有的管理模式和办事流程,一套成熟的平台虽然功能较为强大,但也很难适应所有的高校,有需求的高校会将差异部分向公司提出来,由公司在现有平台的基础上进行二次定制化开发。但由于公司的客户较多,二次开发成本太高,开发和实施人员变动频繁,解决问题的效率往往不高。

3. 解决办法

之所以采购现有公司的成熟系统主要是因为一些高校没有自己的研发团队,他们只能借助公司的力量推进学校信息化建设,这也是无奈之举。但从长远发展考虑,高校还是应该组建自己的开发队伍,在人员配备不足的情况下,可以采用"自己人+公司外包人员"的方式,即以自己团队的人员为主,通过学校信息化项目寻求合适的合作伙伴,系统的设计、进度把控等都由自己团队的人员负责,合作伙伴负责编程实现和测试,即使合作伙伴发生了变更,由于系统的功能设计、数据库设计等都有自己的人员参与,源代码也由自己掌握,因此自己具备维护与升级系统的能力,而不必完全依赖软件开发商或合作伙伴,这样就能够自主控制开发和维护进度,减少合作伙伴内部问题给学校教务系统建设运行带来的风险。

2.6.8 探讨与展望

面对高校教务系统存在的各种问题,对于如何进行系统性解决,笔者提出以下几点供大家探讨。

1. 提高对教务系统重要性的认识

《教育信息化十年发展规划(2011—2020 年)》提出要"推进信息技术与教

育教学深度融合"。2018年4月,教育部发布了《教育信息化2.0行动计划》,提出要到2022年基本实现"三全两高一大"的发展目标,"三全"指教学应用覆盖全体教师、学习应用覆盖全体适龄学生、数字校园建设覆盖全体学校;"两高"指信息化应用水平和师生信息素养普遍提高;一大指建成"互联网+教育"大平台。最近发布的《中国教育现代化2035》也明确提出了要"加快信息化时代教育变革"。国家已经将教育信息化上升到了一个新的高度,教务教学信息化是教育信息化的核心内容,高校应充分认识其重要性,而不应把教务系统仅仅看成是一个普通的管理信息系统。

2. 加强高校教务信息化顶层设计

教务信息化是一个多层面、多因素、多功能的系统工程,教务信息化建设依赖于学校及学校信息化部门的有效管理和设计,以保证教务信息化的实施。学校对教务信息化的管理,主要是通过制定、颁布、监督执行政策和规划,为每个阶段的教务信息化发展规划蓝图,合理配置资源,保障教学活动,解决实际问题,从而推动全校人才培养和教育教学改革健康持续发展来实现的。各高校应遵循国家教育信息化发展规划,把握"统筹规划、分类推进"的工作方针,根据自身特点和不同的发展水平,统筹做好教务信息化的整体规划和顶层设计,明确发展重点,坚持分类指导,形成自有特色。

3. 畅通教务信息化人员职业发展通道

理想的高校教务信息化人员应该既要懂信息技术,又要懂教务教学业务。但实际情况是,高校教务信息化岗位的待遇一般,甚至较低,职业发展通道不畅,工作人员既无法顺利在行政管理岗位上获得升职,又很难在专业技术的道路上获得提升,导致此岗位无法吸引到优秀的人才,且现有人员的积极性也不高,这使得教务信息化一直在比较低的层次上徘徊,影响教育信息化发展的总体水平。

4. 提升教务管理人员的素质

教务系统的应用和推广离不开教务管理人员对系统的操作和使用,但教务管理人员的信息化素养有待进一步提高,操作技能还应进一步加强。同时,学校缺少对教务管理人员信息化应用能力或成效方面的考核激励机制,使得他们主动使用系统的积极性不高,主动思考如何改进和提升系统的动力不足,最终影响教务系统的应用和发展。

2.6.9 结语

除了上面讨论到的内容外,华中科技大学还在教务大数据应用方面进行了尝试,将在本书大数据相关章节进行探讨。华中科技大学在教务系统建设方面做了一些实践和探索工作,但每个高校都有自己的实际情况,这里提出的槽点和解决方法也只是一家之言,笔者也希望多和各位从事教务教学信息化的同仁多交流,共同推进高校教务系统建设,努力建设一个少被人吐槽的教务系统。

特别说明:注册中心原主任李昕博士,原主任王士贤博士,副主任罗蔚,职员魏志轩、黄娜、陈登攀、汲生礼、段元谱,以及教务处的领导和同仁们都为教务系统建设倾注了大量心血或给予了很多指导,在此向他们一并表示感谢。

参考文献

[1] 李昕.华中科技大学 HUB 系统:全校管理信息"连连看"[J].中国教育网络,2013,(4):52-55.

3

"一站式"平台建设

3.1 PC 端"一站式":网上办事大厅

近年来,网上办事大厅建设成为高校信息化的新风潮,通过建设网上办事大厅让"互联网+"在校园真正落地,方便师生办事,让师生在信息化方面有更多的获得感,成为信息化部门的新共识。

3.1.1 为什么要建设网上办事大厅

1. 师生办事的新要求

"我是一名新入职老师,需要申领新的校园卡,该去找哪个部门?"
"我是一名本科生,准备赴美国交流学习,该怎么样申请?"
"我是一名研究生,想申请奖学金,这张申请表该找谁签字呢?"
……

日常工作中,我们时常会面对师生发出的这样的疑问。当我们的老师和学生需要去办事的时候通常存在的困惑在于:一件事情应该去哪办?找谁办?如何办?

当老师和学生好不容易理清以上问题的头绪后,这件事情的办理其实才刚刚开始。以某同学(本科生)申请出国交流为例,申请人先要跑到教务处去领取一份《本科生出国交流申请表》,申请表上要填学号、姓名、性别、身份证号、联系电话、电子邮箱等一系列个人信息,但学生常吐槽:此类信息在办理其他业务的时候已经重复填写多次了,或者此类信息在入学时早就提交给学校过,为什么还要重复填写?

申请人费尽洪荒之力终于填写好申请表后,首先应去学院找辅导员签字,然后把申请表送到学院教务科签字备案,学院教务科审核后再送给学院领导签字盖章,学院审核完后再根据交流项目类型将申请表送到国际教育学院或国际交流处审核,最后等所有部门都审核完了,要将表拿到教务处进行审核,审核通过后,这件事情才算真正办完了。整体梳理下来,申请人至少要跑腿 6 次才能办完出国这件事情(理想状态下办事流程路径如图 3.1.1 所示)。

然而,图 3.1.1 所描述的可能只是理想状态下申请人的跑腿路径。实际操作中,申请人可能会碰到如下情况:辅导员、院领导因事不在办公室,自己只

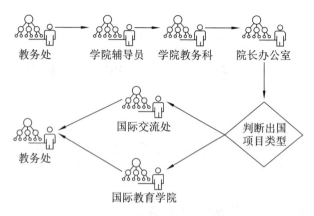

图 3.1.1　理想状态下办事流程路径图

能下次再来签字;教务科积累了大量其他同学的申请,自己的申请不能立即得到处理,只能等下次再来领取办理结果;申请表已盖了好几个部门的章,但是其中某处出现小问题,申请表被驳回,导致需要重新填写一份表格,再跑一遍流程。申请人在实际办理过程中往往会遇到各种各样的问题,导致其必须多次往返于各办事职能部门之间(如图 3.1.2 所示)。

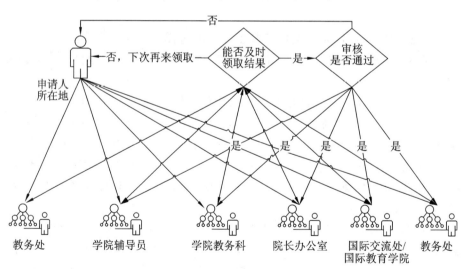

图 3.1.2　实际申请流程路径图

图 3.1.2 客观反映了当前线下处理各项业务时,师生往往因为各种原因重复、多次跑腿于各业务部门之间找人签字盖章的现象,并且由于办事进度无法得到有效监督而导致办事效率低下,使得一件事情要办完往往需要耗费大量时间。

在互联网出现前,这种办事方式尚可理解。但是,随着信息技术的快速发展,师生对学习、工作的快节奏要求的不断提高,这种"办事难、办事慢"的现状必将引起师生"吐槽",如何利用信息化手段寻求有效的解决途径,已成为迫在眉睫的新要求。

2. 学校发展的新要求

近年来,国家推出"双一流"重大战略,重点高校发展进入新一轮激烈竞争,普通高校也面临着较大的竞争压力,高校必须进一步改进工作作风,强化服务理念,提高服务质量,打造一支与世界一流大学、世界一流学科大学或高水平大学等的要求相适应的管理队伍,切实提高学校的管理服务水平,提高办事效率和透明程度,让教师安于教、学生安于学,让师生从繁杂的办事事务中解脱出来,利用信息化手段促进学校"双一流"建设。而当前随着信息技术的发展,流程平台越来越成熟,可以在此基础上进行流程灵活定制、快速开发,并且流程平台可以很好地支持移动化,因此高校纷纷开始建设网上办事大厅,有的高校也称其为"一站式"服务大厅、"一站式"服务平台或"一网通办"平台。域名一般使用 ehall.*.edu.cn。复旦大学于 2015 年 9 月在全国率先建设了网上办事大厅,自此,网上办事大厅建设在全国高校掀起新风潮。

3. 有 OA 了,还需要网上办事大厅吗?

网上办事大厅本质上是一个流程平台,而很多学校已经建设了 OA 系统(协同办公系统)用于学校公文流转等,OA 系统也是一个流程平台,那是不是可以就在 OA 系统上直接实现网上办事大厅的功能呢?二者的技术架构的确都是以流程平台为支撑的,它们都要求系统具有较高的安全性和可靠性,但是二者在主要目的、用户群体、安全性、易用性等方面仍然存在较大差异。OA 系统主要支持学校公文运转,它是保持学校正常运转的非常重要的信息系统,用户主要为各级领导和行政人员,用户相对单纯、固定,而网上办事大厅是面向全体师生的信息系统,用户广泛;OA 系统存储了收文、发文、领导批示等敏感信息,对安全性要求很高,而网上办事大厅主要是为师生提供普通服务事项,其与一般管理信息系统的安全等级相同;当前,学校对 OA 系统的依赖程度越来越高,OA 系统一旦瘫痪,可能会影响学校的正常运转,因此,对系统可靠性和稳定性要求较高,而网上办事大厅对可靠性要求相对低一些。此外,网上办事大厅用户范围较广,对易用性要求更高,需要根据师生的反馈经常性地改进表单甚至流程节点。综合以上因素,为了保障 OA 系统的安全稳定和网上办事大厅流程的快速迭代,应将网上办事大厅与 OA 系统分开建设。网上办事大厅与OA系统的主要对比如表3.1.1所示。

表3.1.1 网上办事大厅与OA系统对照表

	OA系统	网上办事大厅
平台技术	流程平台	流程平台
主要目的	行政管理、公文流转审批	服务事项申请与审批
主要用户	校领导、部处长、院系领导、行政管理人员	教师、学生、部处长、院系领导、行政管理人员
数据共享	人员、组织机构、公文内容及流程	人员、组织机构、服务表格及流程
表单/流程	较稳定	更新快
安全性要求	高	较高
易用性要求	较高	高
归档/办结	定期	即时

3.1.2 建设什么样的网上办事大厅

什么样的网上办事大厅才是用户真正需要和喜欢的？要理清用户需求，找准用户痛点。只有满足了用户的需求，解决了用户的痛点，才能受到大家的认可。用户遇到实际困难，我们就要帮助用户找到解决这些困难的最佳方案。网上办事大厅的建设过程应该是一个动态循环的过程，需求从用户中来，最终还要回到用户中去，应收集用户在实际应用中产生的新的需求并迭代出更加优化的办事流程（如图3.1.3所示），通过不断优化流程，让师生越来越满意。

图3.1.3 系统需求迭代过程

我们认为建设网上办事大厅主要应从以下七个方面入手。

1. 建设一个统一的办事服务入口

统一所有办事流程服务的入口的根本目的在于解决师生在办事过程中不知道去哪里办的问题，实现网上"一站式"办理各事项，使得用户只需要记住一个唯一入口便能轻松找到所需办理的服务事项。这个统一的入口一般是学校的信息门户；除信息门户外，网上办事大厅自身也是一个统一的入口。为了方便师生办事，应实现在网上办事大厅上利用平台本身新建流程（可称为原生流程），还可以把其他各业务信息系统的每一项办事服务的入口（注意：不是整个业务信息系统的首页）作为一项事务，通过统一身份认证系统将它们集成到网上办事大厅上来（可称为集成流程）。虽然集成流程本身并没有在网上办事大厅上运行，也无法及时跟踪，但最起码入口统一了，方便师生查找办事服务。

与业务信息系统联系不太紧密、数据交换少、涉及审核节点多，并且跨部门的流程比较适合建设原生流程，可充分发挥流程平台灵活快速的特点，迅速完成流程的开发和上线。而与某个业务信息系统联系紧密，需要进行大量数据读取和更新的，并且和其他业务信息系统关系不大的流程，适合于在业务信息系统中实现，有的学校有很多流程已经在业务信息系统中运行很长时间了，也没必要再在网上办事大厅上重新做一遍，只需要把服务事项的具体入口集成到网上办事大厅就可以了。

华中科技大学同时采用了两种流程建设模式，以网上办事大厅为核心，为师生提供尽可能多的办事服务统一入口，具体如图 3.1.4 所示。

2. 建设一套稳定且灵活的流程平台

网上办事大厅的核心是一个流程平台，一个优秀、稳定且可靠的流程平台能让流程建设事半功倍。反之，则会陷入流程开发与修改的泥淖之中，这不但会给流程开发人员带来烦恼，也会让流程所属部门对网上办事大厅失去信心和配合开发的耐心，这应该是对信息化部门最大的打击了。

流程平台在计算机中对工作流程中的工作、步骤及其前后组织在一起的逻辑和规则以恰当模型表达并实施计算。流程平台要解决的主要问题是：为实现某个业务目标，利用计算机在多个参与者之间按某种预定规则自动传递文档、信息或任务。以《教职工因公临时出国(境)申请》的流程为例，流程平台根据流程预先设定的规则与条件能够实现以下步骤：用户提交申请后，系统按照预先设定规则将这个申请自动指派到本单位人事干事，再到单位负责人，最后到人事处，进而解决了师生在办事过程中不知道找谁办的问题，流程如图 3.1.5 所示。流程平台使得用户在办事过程中只需要专注于与个人相关的信息而不再需要关注流程所有细节，线上填写表单、线上提交表单后，系统会根据所填写的信息和内容自动指派审批办理人员。

图 3.1.4 网上办事大厅首页

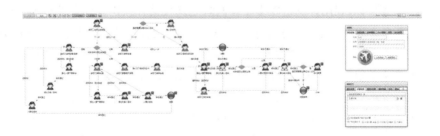

图 3.1.5 灵活的流程引擎配置图

3. 同步建设移动化应用

近几年,移动互联网的蓬勃发展深刻影响了人们的日常工作、学习和生活习惯,当师生参加会议、出差在外、学习考察时更希望使用手机而不是个人电脑来处理各项事情。网上办事大厅的建设必须充分考虑到当前移动办公这一需求的迫切性,满足师生随时随地移动办公的需要。因此,网上办事大厅的移动化应用应与 PC 端应用同步建设。

华中科技大学已建成了基于微信企业号的移动门户——华中大微校园,移动版的网上办事大厅就集成在该移动门户上。同时网上办事大厅包括流程表单在内的所有页面均实现了 PC 端与移动端两套版本的同步制作,并且实现了页面的自适应呈现,即当用户登录网上办事大厅以后,系统根据访问终端类型自动跳转到合适的页面,不需要用户记住不同类型的办事大厅入口。图 3.1.6 所示的为移动版网上办事大厅首页。

图 3.1.6 移动版网上办事大厅首页

4. 发送准确及时的待办通知

通过与统一通讯平台集成，所有流程在提交到下一节点时，系统就会自动向相关用户同步发送微信、短信待办通知。用户点击如图3.1.7所示的消息中心的待办通知后，系统将会自动跳转至相应的审核办理页面，帮助用户高效完成各项审批事项，方便快捷。同时，如图3.1.8所示，网上办事大厅各待办事项还与信息门户集成，让师生登录信息门户就能及时获知网上办事大厅的待办信息。

图3.1.7　网上办事大厅微信待办消息通知

5. 与基础数据库和业务信息系统深度融合

通过与基础数据库进行深度融合，能够实现个人基础信息自动填充，避免重复填写。用户只需要填写极少量与业务办理相关的信息即可，这节省了用户填

3 "一站式"平台建设

图 3.1.8　网上办事大厅与信息门户集成

表办理的时间,解决了"填表繁、反复填"的痛点(自动填充的表单如图 3.1.9 所示,姓名、单位、人员编号、手机号等均为系统自动填充)。除了与基础数据库对接以外,网上办事大厅还与每个与流程相关的业务信息系统进行深度集成,师生填写表单前,网上办事大厅通过调用业务信息系统接口或数据自动填充表单,流程办结后,网上办事大厅将办理结果等数据再通过基础数据库同步到业务信息系统的数据库。例如,对于本科生办理出国交流申请、休学、复学或退学申请等学籍异动的流程,在学生填写表单前,系统自动根据学生当前学籍状态(由教务系统通过接口或数据共享方式提供)确定其能够办理的异动事项,流程办结后,网上办事大厅会将学籍异动结果反馈给教务系统,由教务系统更新数据库内容。网上办事大厅与教务系统数据对接示意图如图 3.1.10 所示。

教职工填写申请 〉 单位信息化联络员审核 〉 单位主要负责人审批 〉 网络与计算中心办理

华中科技大学校园网VPN用户申请

申请人个人信息			
姓名	王	单位	网络与信息化办公室
人员编号	20	手机号	18
开通时间	2019-05-09	撤销时间	
VPN申请	○开通 ○撤销		

使用说明：
(1) 一般用户只需填写以上内容，VPN账号开通后请使用统一身份认证账号登录系统。
(2) 需要访问校内其他资源的特殊用户，请认真填写以下内容。
(3) VPN使用方法。

访问其他资源	○是 ●否			
单位信息化联络员审核	审核人		审核时间	
单位主要负责人审批	审批人		审批时间	
网络与计算中心办理	办理人		办理时间	

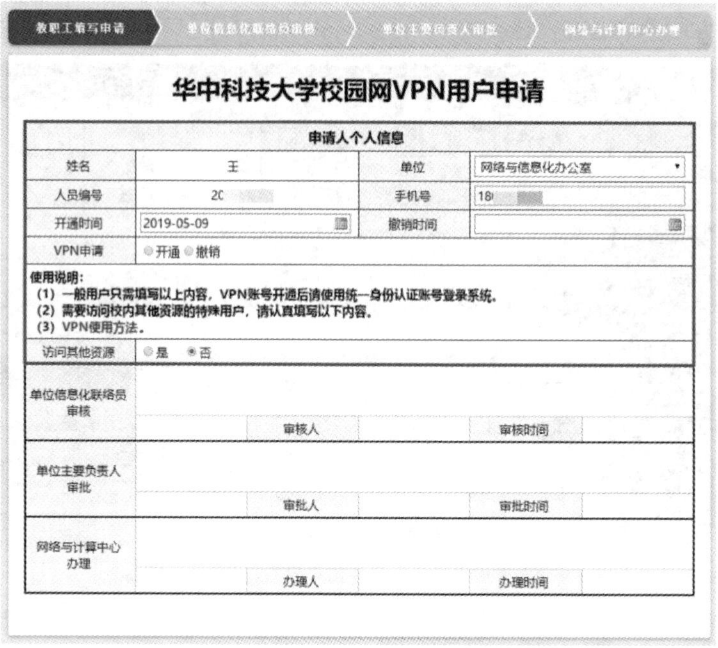

图 3.1.9　个人基础信息自动填充

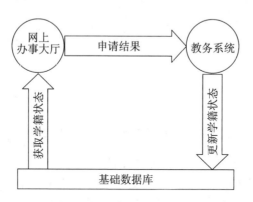

图 3.1.10　网上办事大厅与教务系统对接示意图

6. 确保办事流程的公开透明

流程运转过程要确保公开化、透明化，以解决用户办事时遇到的"如何办"的问题。首先，我们为每个流程按照标准模板量身定制了申请指南页，用户可以通过申请指南页充分了解办事流程及注意事项(如图 3.1.11 所示)；其次，我们在每个流程的关键步骤中都设定了里程碑(如图 3.1.12 所示)，帮助用户实时追踪办事进度,让所有流程的参与者能够对流程进度进行监督,以利于提高办事效率,提升服务水平;最后,所有流程办结以后,申请人均可以对该流程的办事体验给予评价,所有流程评价的平均分都在网上办事大厅公开动态显示。

图 3.1.11　申请指南页

7. 建立丰富便捷的反馈评价机制

事项办理完成以后,申请人可以在已办理页面中找到所办理的事项,根据整个办理过程中的实际体验和感受并结合工作人员的办理效率和服务态度进行分数评价(满分为 5 分)和文字评价(如图 3.1.13 所示)。学校定期统计办理量大且评价满意度最高的前 10 个流程,并反馈给相关职能部门。

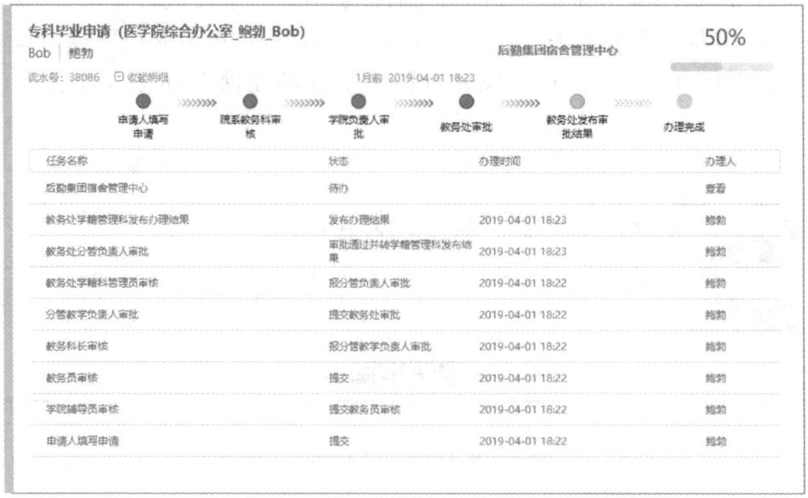

图 3.1.12 流程进度追踪

图 3.1.13 办事服务评价

建设网上办事大厅的目的就是要解决师生办事时经常提出的找谁办、去哪办、如何办的问题,让所有的办事制度公开化,并做到所有事项有据可依、有章可循、责任到人,让每件事情的办事进度受到所有人的共同监督,提升办事效率和服务质量。

3.1.3 如何建设让师生满意的网上办事大厅

网上办事大厅如果没有多元化且覆盖面广的业务流程作为支撑,那么其即使建成也不过是一副空壳,业务普及面太小就无法达到预期效果,无法真正解决师生关注的实际问题。网上办事大厅反映出的是高校管理和服务方式的变革,学校需要动员全校各管理和服务部门、各院系,推动尽可能多的流程上大厅,让师生充分感受到网上办事的便捷与高效。根据华中科技大学建设实践经验,建设师生满意的网上办事大厅关键是做好如下九个方面。

1. 先革自己的"命"

为了在运行和推广网上办事大厅时更有底气,信息化部门作为建设单位必须先革自己的"命",改变自己的管理和服务方式,先将本部门的原线下流程全部搬到网上办事大厅,起到示范作用。在建设网上办事大厅时,网络与信息化办公室和网络与计算中心将自己部门范围内的所有与网络与信息化相关的 30 余项业务全部实现了线上办理,平台上线时,新建的流程大部分都是信息化部门的流程。新流程的上线,既是对新建设的流程平台的考验,也是对本部门管理流程优化的考验,实现流程上网不是简单地将事务从线下搬到线上,需要对流程进行重新梳理,必须充分考虑线上与线下的区别,尽可能让流程变得简洁,让师生办事更加方便,这对各部门来说都是一个挑战。但是,挑战过后,成效还是显著的,辛苦也是值得的,更重要的是,只有首先把自身业务打造成精品才能形成示范效应,对其他部门起到触动作用。

2. 带动兄弟单位

网上办事大厅在上线时如果只有与网络与信息化相关的服务,那也只能是孤掌难鸣,无法充分发挥作用。必须深入学校各兄弟部门和单位调研流程需求,帮助其梳理流程,确定哪些流程适合进网上办事大厅,确定哪些流程进网上办事大厅还需要进行改造,思考各流程与业务信息系统如何对接等。这一步是比较艰难的,应该选择那些信息化基础好、服务意识强、服务面广、愿意尝试新事物、执行力较强的单位,多做他们的动员工作,主动为其做好服务。在网上办事大厅建设早期,华中科技大学联系了教务处、人事处、科学技术发展院、国际交流处等部门,为他们开发了若干流程。这样一来,网上办事大厅上的服务越来越丰富了,其示范效应也越来越强。

3. 建设规章制度

建设过程中我们发现第一批流程的入驻仅仅只是解决了网上办事大厅有无的问题,而要真正满足师生服务需求则必须让更多的业务流程进入大厅。如何引导和敦促更多的部门入驻网上办事大厅呢?还是需要出台相关的规章制度来保障。学校出台了《华中科技大学网上办事大厅信息平台建设管理暂行办法》,该办法明确了各部门职责、平台建设原则、流程建设程序、绩效评估方式等,要求各部门应尽可能将本部门的业务入驻网上办事大厅。学校还加强了顶层设计,由校领导推动网上办事大厅建设,网上办事大厅流程建设数量和质量成为各部门的考核内容之一,要求各部门"一把手"必须牵头梳理流程,副处长们或普通的工作人员很难完成本单位所有流程的梳理,尤其是对于跨科室、跨部门的流程,更需要"一把手"的亲自参与和推动。

4. 把握一切有利契机

为了快速扩充网上办事大厅流程数量并形成规模效应,需要把握一切有利契机。2017年,利用学校流程再造与设计大赛和师生服务中心建设契机,信息化部门深入到学校各重要职能部门进行了更加充分的调研,广泛征集多方需求,优先上线了一批涵盖师生日常工作、学习、生活的重要业务流程。2017年上线总流程数突破100个,初步形成了一定的规模。在师生服务中心启用仪式上,学校领导也明确提出"只进一扇门,最多跑一次"、"线下流程原则上只减不增,所有线下流程逐步实现线上办理"等要求。

5. 让业务部门从"要我上"变为"我要上"

起初,业务部门是在学校一系列措施的有力推动下,"被迫"抱着试一试的心态选择入驻网上办事大厅的。此时,我们需要总结自身的建设经验来引导业务部门重新梳理其业务需求和核心逻辑,在流程梳理的过程中抓住每一个可以优化的细节,帮助部门认识到线上办理对于流程再造的重要意义以及对业务部门自身管理能力提升的重要价值。

流程上线运行一段时间后,要定期进行数据统计,对于运行状况良好、师生满意度较高的流程,要利用各种方法进行大力宣传。一方面能够加强师生对网上办事的认识,另一方面可以增强业务部门在流程建设中的成就感,形成激励效应。例如,华中科技大学曾经在学校微门户的推文中选列了服务次数最多的10个部门(如表3.1.2所示)、申请办理量最大的10个流程(如表3.1.3所示)以及审批办理最快的10个部门(如表3.1.4所示)。多角度进行的展示提升了流程建设部门的荣誉感和紧迫感。

表3.1.2　服务次数最多的10个部门

排序	部门名称	服务次数
1	学生工作处	19960
2	教务处	9517
3	研究生院	7864
4	网络与计算中心	7813
5	人事处	6597
6	科学技术发展院	6424

续表

排序	部门名称	服务次数
7	网络与信息化办公室	5588
8	国际交流处	5446
9	研究生工作部	1579
10	财务处	1480

表 3.1.3 申请办理量最大的 10 个流程

排序	业务名称	所属部门	申请量
1	研究生三助工作考核	研究生院	12817
2	毕业生离校申请	学生工作处	8194
3	在职教职工因私出国(境)申请	人事处	6965
4	优秀学子回访母校报名	学生工作处	5561
5	教职工因公临时出国(境)申请	国际交流处	5541
6	研究生毕业离校申请	研究生院	3977
7	研究生困难补助申请	研究生院	3575
8	本科生出国(境)交流申请	教务处	3320
9	横向科技合同(民口)审批	科学技术发展院	3265
10	本科生出国(境)返校申请	教务处	2273

表 3.1.4 审批办理最快的 10 个部门

排序	部门名称	平均办理时长/天
1	科学技术发展院	0.41
2	教务处	0.72
3	人事处	0.78
4	医学教务处	0.91
5	档案馆	1.02
6	网络与信息化办公室	1.06
7	国际教育学院	1.29
8	党委组织部	1.42
9	校友办	1.48
10	党委办公室、校长办公室	1.65

实践证明，业务部门经过试探性地使用后，真正感受到了网上办事大厅带来的实际好处，在收到了来自师生的肯定后，他们就会以更大的热情将自己更多的业务迁移到网上办事大厅上来，甚至部分部门强烈要求将自身业务全部实现线上办理，由此也带动了其他没有入驻的部门争先恐后地要求入驻网上办事大厅。至此，网上办事大厅的建设态势已经由最初的"要我上"变成了"我要上"。

6. 规范管理，质量引领

网上办事大厅在用起来的同时也要寻求规范的管理，在网上办事大厅上线之初就已为其配套制定《华中科技大学网上办事大厅信息平台建设管理暂行办法》，所有的流程从需求收集开始，直到流程开发、测试、上线都遵照本管理办法执行。为了便于管理，我们将流程需求申报和流程上线也制作成了流程；同时为了有效管控流程开发、测试阶段，学校还制定了《华中科技大学网上办事大厅流程制作标准规范》。

总体采用宽进严出的标准，对于业务部门提交上来的需求，无论初看之下是否合理，我们都会进行线下沟通，了解业务部门的真实内在需求，如果其不适于用流程引擎解决，我们就推荐业务部门单独建立一套符合自身管理模式的业务信息系统。对于经过沟通确认能够实现的业务，我们在流程开发阶段就要求开发方严格按照此前制定的标准制作流程；接到业务部门提交的上线申请后，在流程上线前，我们会按照流程规范进行再次检查，检查表单的说明文字内容与字体、表格结构及边框粗细、节点名称、按钮名称、提示信息等是否符合规范，满足要求才能正式上线。例如，所有表单均使用全表单，即表单内包含了申请人填写的内容以及后续所需要经过的主要审批节点，而不使用短表单(仅包含申请人应该填写的内容)，让师生在申请时就明白该流程大致要经过哪些部门，对于特别复杂、跨部门特别多的流程能有心理准备；不是所有的节点处理都叫"审批"，普通工作人员办理的节点名称只能是受理、审核、办理、办结等，部处长等领导的节点名称才可为"审批"；同一个部门内的多个人员节点的意见纳入一个方框内，避免每个节点的处理意见流水式列举而造成处理意见列表过长；凡是跨部门的节点，不得由用户手工选择下一步的办理人员，而必须让用户只需选定部门(甚至不用选择部门)，由系统自动确定下一步进行处理的部门和人员；凡是跨部门节点的按钮名称必须包含下一个节点的部门名称，如院系主要负责人的按钮为"审批通过并报人事处审批"，会审部门负责人的按钮为"会审通过并送国际交流处会签"，让节点处理人员清楚提交后的下一步流向。这么做就能确保用户对于所有上线流程都拥有统一的办事体验,所有管理人员在做每一步操作时都明确流程的流转方向,力争让按照规范上线的每一个流程都是精品。

7. 数据持久化与共享——打通数据孤岛

当一个流程办理完成以后,沉淀下来的办理数据需要依据一套标准化的方式进行结构化存储。因为流程引擎只能为流程作支撑而无法对数据作加工,为此需要将结构化存储的数据共享给相关业务信息系统进行二次加工处理。数据的共享原则遵守《华中科技大学基础数据库建设与使用管理办法》,采用标准化的数据接口方式,通过学校基础数据库,实现与业务数据的同步共享。

网上办事大厅与业务信息系统之间是一种紧密配合的关系。如图3.1.14所示,网上办事大厅主要负责帮助业务信息系统实现数据采集、事项审批、流程流转,形成办理记录,通过网上办事大厅沉淀下来的数据最后提供给业务信息系统进行完成查询、统计和分析以及更进一步的加工处理。同时,部分业务信息系统(例如人事系统、教务系统)也会负责对某些基础数据进行采集和维护,这些基础数据又为网上办事大厅及其他业务信息系统提供数据支撑。

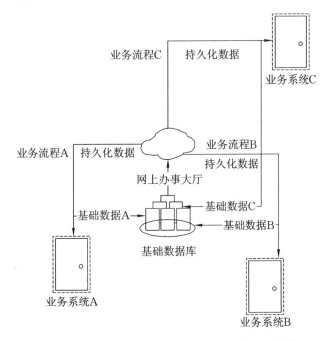

图 3.1.14 网上办事大厅与各业务信息系统之间的关系

8. 不断优化流程

流程的开发类似于软件的开发,其需要经过多个版本的迭代才能在功能上不断进化。当一个流程上线运行后,很多以往在线下容易被忽视的问题或通过线下途径无法得到有效管理的事项在线上可以得到解决。以本科生出国交流中的资助金额认定事项为例,在网上办事大厅上线初期,资助金额是以学生在申请时所提出的预算为依据的,而在实际运行中,我们发现资助金额的确定时间可以进一步优化,可将资助金额确定的时间改为学生回国后,具体金额根据其实际学习交流成果来确定,这可以更好地激励学生高质量地完成出国学习任务,提高资金使用效益。

9. 线上线下结合:办事体验再升级

有些流程可以实现完全线上运行,有的可在网上办事大厅上完成办结,有的通过与业务信息系统对接,实现与业务信息系统的直接联动,完全线上办结。有些流程的发起目的是完成线上审批,线上审批完成后,需要打印一份纸质的证明材料用于校外相关业务,因此,需要完成线上到线下(Online to Offline,O2O)的平滑过渡。线下的处理方式有三种:自助服务终端、自助智能投递柜和人工窗口服务。

自助服务终端:申请人在网上办事大厅上申请办理→相关部门线上审核审批→申请人线下使用自助服务终端自助打印证明文件。

自助智能投递柜:申请人在网上办事大厅上申请办理→相关部门线上审核审批→工作人员制作纸质材料并投递到自助投递柜中→申请人线下到自助投递柜中领取。

人工窗口服务:申请人在网上办事大厅上申请办理→相关部门线上审核审批→窗口工作人员制作纸质材料→申请人到窗口办理或领取。

3.1.4 华中科技大学网上办事大厅建设情况

华中科技大学网上办事大厅于2016年年底上线,截至2019年底,共上线流程219个,其中原生流程166个,集成流程53个;涉及22个部门或单位,其中牵头建设流程最多的单位是研究生院,共40个流程;在166个原生流程中,单部门流程(不包含流程中申请人所在单位或部门)34个,跨部门流程132个,涉及单位或部门最多的流程是"教职工因公临时出国(境)申请",共涉及9个单位或部门;服务次数最多的流程是"研究生三助工作考核",共办理23470

次;网上办事大厅总计服务14.91万人次,服务满意度平均分为4.909分(满分为5分),流程流转办理总次数共计86.39万次,以每次流程流转减少跑腿1千米计算,共计为师生减少跑腿约86万千米。总体来说,运行效果不错,学校领导、各部门、各单位和广大师生都对建设成效给予了充分肯定。学校专门建设了网上办事大厅运行监控与数据展示系统,相关界面如图3.1.15至图3.1.17所示。

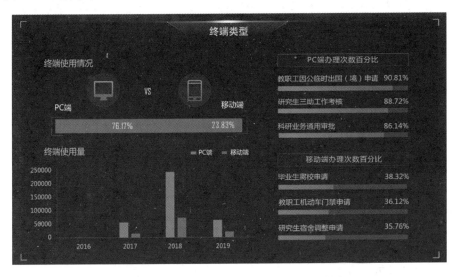

图3.1.15 网上办事大厅访问终端类型统计

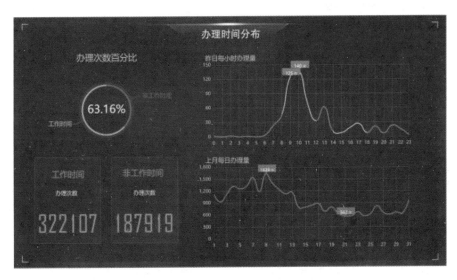

图3.1.16 网上办事大厅办理时间分布

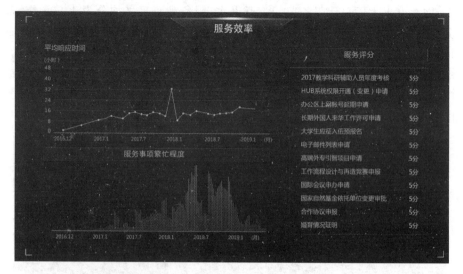

图 3.1.17 网上办事大厅服务效率统计

3.1.5 未来展望

经过近三年的运行,虽然总体上较为成功,但仍有地方需要改进和优化,主要涉及以下几点。

1. 委托审批办理

实际工作中往往出现审批(办理)人员由于忙于其他公务,无法及时审批(办理)相关待办事项,进而影响用户体验的现象。但是,如果相关审批(办理)人员将自己的账号交由其他人代为办理又会存在账号安全风险。为此,开发委托办理审批功能将成为下一步系统建设的重要目标。

通过委托办理功能,相关审批(办理)人员可以在一定时间内将自身的角色权限赋予指定人员(受托人),由受托人完成办理,同时系统会自动记录办理过程,为每一项办理留下痕迹。委托人自己的账号、密码始终掌握在自己手上,受托人经过统一身份认证系统登录网上办事大厅办理委托事项,委托人在其他业务信息系统(如财务系统、人事系统)中的权限仍然属于自己,这样就保证了委托过程中账号的安全性。

2. 智能化工作交接

当用户出现工作调动的时候,待办中的审批事项也应该转派到该项工作的接手人手上。在实际运营中,相关人员的变动通常需要由系统管理员和流程管理员从后台实现流程的改派操作。

而实现智能化工作交接后,若出现人员工作调动的情况,则该人员的岗位会自动发生变更,系统能自动将已调离岗位的人员的待办任务转给新到岗的人,从而实现无需管理员后台干预即可完成工作交接。

3. 智能化流程推荐

智能化流程推荐采用分析预测算法,对以往所有用户的办理数据和偏好进行分析,深度挖掘不同类型用户的习惯和偏好,预测在不同时期,不同类型的用户可能会办理的业务类型,从而实现业务流程的精准推荐。例如,寒暑假来临之前是教职工申请出国旅游的高峰期,可以向有办理历史记录的教职工推荐《教职工因私出国(境)申请》等。

3.1.6 结语

网上办事大厅的核心是通过流程的再造和优化,方便师生办事,提高办事效率,提升师生办事体验,因此,在设计每一个流程时都应该站在普通师生的角度考虑问题,多倾听他们的声音,多考虑他们的感受。而流程的再造和优化归根结底是一个管理问题,流程平台仅能提供一个技术支撑,更重要的是要让管理者意识到应该"把困难留给自己,把方便留给师生",尽最大的努力为师生提供优质、满意的服务,这样才能将"让信息多跑路,师生少跑腿"的理念落到实处。

3.2 移动端"一站式":移动校园门户

随着移动互联网技术的发展,师生对移动应用需求愈加迫切,移动应用,尤其是"一站式"移动校园门户建设成为校园信息化建设的热点之一。但移动应用在技术路线、建设方法等方面有很多选择,哪一种更适合高校场景?如何规划移动校园门户?如何将已经存在的移动应用整合到移动校园门户中?本章以华中科技大学微信企业号"华中大微校园"为例,探讨移动校园门户建设方法。

3.2.1 移动应用技术路线

1. 主要技术路线

当前,移动应用有三大技术路线,一是手机 App,二是微信企业号或企业微信(核心是 H5 技术),三是微信小程序。三者在开发、上线、用户使用等几个方面各有优缺点,如表 3.2.1 所示(因技术发展快,相关公司政策可能发生调整,表中所列仅供参考)。

表 3.2.1 App、企业号、小程序优缺点对照表

		App	基于企业号的 H5	微信小程序
开发	系统	分 iOS 和 Android	可兼容主流浏览器	基于微信生态,开发工具统一,可调用微信 API
	权限	可申请获取权限,权限全面	可获取权限有限	可获取权限大(与微信获取的权限对接)
	成本	开发成本高	成本低(受开发工具、前端框架、模块管理工具等的影响)	成本低(代码包限制 2M,页面层级深度限制 5 层)
上线	发布	iOS 上架苹果应用商店,Android 上架十多个应用商店	发布即可用	提交微信审核
	更新	iOS 审核 1 周左右,Android 审核 3 天左右	快速及时	1~3 天

续表

		App	基于企业号的 H5	微信小程序
用户使用	安装	必须下载安装	依赖微信,无需单独安装	依赖微信,无需单独安装
用户使用	体验	原生页面及功能,体验流畅	使用时打开微信内置浏览器,浏览器渲染,体验一般	基于微信底层技术,体验流畅
用户使用	分享	分享需跨 App(微信、QQ、微博分享)	分享便捷	分享便捷
运营	推广	使用门槛高,不利于前期推广	基于企业微信,网页形式方便推广	需与公众号联动,只能在微信上使用,入口深,无商店形式推荐

2. 技术路线分析与选择

移动服务的建设有两种方式:一种是按需定制开发,另一种是寻找成熟的互联网应用服务,并将其引入移动校园。按需定制开发方式根据开发者不同又分为"自建团队开发"与"企业合作开发"两种,两种方式各有利弊;但不论是自建团队开发还是企业合作开发,都需要一个开放的开发平台,并在建设之初就需要纳入总体考虑。

而对于外部引入的方式,更多的是需要考虑服务应用接入的方式、运营过程中校方与互联网应用服务提供商的分工、校园对外部引入服务的质量管控、利益共享方式等,这都是涉及移动服务是否"可持续发展"的重要因素。

App 功能全面,用户体验好,也是最有利于留存用户的方式,但是开发成本高,用户的下载门槛高(随着科技的发展,手机内存的提升,以及 5G 的普及,说不定会有变化)。

微信企业号(企业微信)的功能和优势给高校建设移动智慧校园提供了另外一条道路,师生们不用在手机上安装多个 App(这些 App 既占用手机内存,又难以管理)。高校师生只需关注学校的微信企业号,就可以在微信企业号里使用多种应用,方便高效。因此,为顺应时代的发展,迎合高校师生用户的需求,利用微信企业号建立移动校园门户已成为一个比较好的选择。H5 页面优势在于开发迭代迅速,无需审核,适合需要快速迭代更新的场景。

微信小程序处于 App 与 H5 之间,既有 App 的流畅体验,也有 H5 的无需安装的优势,其植根于微信生态,可获取的系统权限也较多。但受限于2M的代码包,5层页面层级深度的限制,其比较适合一些使用频率低、功能简单的刚需应用。由于一个主体只可以申请50个小程序,因此其不太适合于形态相对封闭但应用又多而杂的校园移动应用场景(不过,50个小程序的限制在未来也有可能会放宽)。

3.2.2 微信公众号分类

微信公众号旨在打造一个可供企业、机构与个人用户之间交流和互相提供服务的优质平台,进一步降低沟通和交易成本并创造更多的社会价值。微信公众号分为订阅号、服务号和企业号三种,其中,企业号由企业或组织提供移动应用入口,帮助企业建立与员工及企业应用之间的连接,同时为企业提供专业的通信工具、丰富的办公应用与API,为企业IT提供移动化解决方案。[1]

微信企业号主要有以下特性。[2]

(1)安全性。只有在册的企业或组织的员工可关注企业号,企业号针对不同的角色发送不同的信息,使用者只能查看自己的角色信息。

(2)可配置性。在企业号中可开发不同的应用,企业或组织可自行配置相应的微信服务号。

(3)便捷性。企业或组织的所有员工采用微信号作为唯一的入口,操作简单。

(4)无限性。在企业号中发送消息没有限制,企业号能适应企业或组织复杂的、个性化的应用场景。

与服务号相比,企业号在用户管理、接口开放能力、功能、群发消息次数、消息管理、集成能力等方面具有明显优势,其更适用于建设移动信息门户,服务号更适用于建设某一个系统或某一个部门的移动应用,而订阅号则更适用于宣传推广。

3.2.3 微信企业号在校园信息化中的关键技术

微信企业号本身可以独立使用,但其必须与学校的相关信息系统集成才能更好地融入学校信息化体系,发挥"一站式"移动门户的作用,主要涉及以下关键技术。

1. 用户管理

微信企业号自带通讯录功能（用户管理功能），可使用微信企业号管理后台通讯录，添加、删除和更新用户基本信息（微信号、姓名、手机号、邮箱等）。已在通讯录里的用户，可自行使用微信企业号自带的"账号绑定"功能，输入个人相关信息，验证通过后，即可成功关注企业号。

这样虽然解决了校内师生关注企业号的问题，但存在两个问题：一是微信企业号自带的通讯录用户信息与学校统一身份认证系统中的用户信息相互独立，师生信息如有变动必须进入微信企业号后台逐个进行维护，工作量大；二是微信企业号通讯录用户信息无法与校内第三方应用（业务信息系统等）共享，由于缺少师生用户的微信号（OpenID）与其人员编号（教工号或学号）之间的对应关系，微信企业号无法与第三方应用进行更进一步的集成，企业号就无法充当"移动门户"的角色。因此，必须建立一套用户管理程序，该用户管理程序分别与微信企业号和统一身份认证系统对接，建立专门的用户身份绑定程序（不使用微信企业号自带的用户绑定功能），绑定时必须通过统一身份认证系统绑定，以确保二者用户信息的同步。该用户管理程序对微信用户管理的 OAuth 接口进行封装，并将封装后的接口提供给校内第三方应用使用，从而连通微信企业号、统一身份认证系统和第三方应用，实现三者实时共享用户微信号和教工号/学号之间的对应关系的数据，从而进行更深层次的集成。

用户首次关注学校企业号进行身份绑定时，首先在移动端使用微信扫描企业号二维码进行关注，输入手机短信验证码和学校统一身份认证账号、密码，经验证通过后即绑定成功。系统则同时将该用户的手机号与账号初始化，并同步到微信企业号的通讯录中，此时个人微信号与个人统一身份认证账号绑定成功。绑定过程如图 3.2.1 所示。

为了保障数据安全性与保密性，企业号中的人员编号为随机的加密标识字符串。这个加密标识字符串会在用户表中进行存储，加密标识字符串与唯一一条用户数据对应。已成功绑定的用户可以选择解绑账号，解绑时需输入统一身份认证账号及密码。

2. 消息管理

微信企业号自带微信消息的发送、管理等功能，管理员可登录微信企业号管理后台，可在所有"消息类"栏目向指定用户发送微信消息。但高校的消息发送需求较为复杂，仅靠微信自带的管理后台无法满足需求，必须开发专门的消息管理功能，统一管理消息的发送和接收。此外，校内第三方应用也有大量

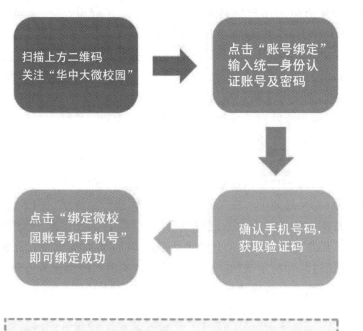

温馨提示：微信绑定的手机号和在统一身份认证系统中预留的手机号一致，才能绑定华中大微校园哦！

图3.2.1　华中科技大学微信企业号绑定流程图

的消息发送需求，企业号需要将微信的消息接口封装后，提供给校内第三方应用调用，第三方应用根据自身需要，确定要发送的内容和接收消息的用户。

实现消息发送的方式有三种：一是直接在微信企业号管理后台发送消息，在此可编辑内容、选择发送的栏目、指定接收的用户等；二是开发专门的发送消息的程序或应用（华中科技大学开发了统一通讯平台），通过调用微信消息接口进行消息发送,可以灵活设置发送权限,管理发送队列;三是第三方应用直接调用微信消息接口发送消息,或者调用第二种方式提供的接口发送消息,这种方式更加灵活,可满足不同应用的不同发送需求。

微信提供了多种消息类型,包括 text 消息、image 消息、voice 消息、video 消息、file 消息、news 消息、mpnews 消息等,其中,text 消息和 image 消息可满足高校绝大多数消息需求。但 text 格式过于简单,且类似于聊天对话,不够正式,用户体验不佳;高校业务信息系统发送最多的消息为通知、提醒类消息,内容较为简洁,可使用 image 消息的无图格式,其仅有标题和摘要,利用 image 消息的摘要区域显示消息内容,如果消息内容较多,摘要区域放不下,可提供外链,用户点击消息页面或详情后,进入到第三方应用提供的展示消息正文内容的页面。消息管理功能具备"有摘要、无正文、无外链"、"有摘要、无正文、有外链"、"有摘要、有正文、有外链"等多种形式,供第三方应用根据需要选择和调用。例如,对于上课提醒消息,可在摘要界面显示上课时间、地点和课程名称等,点击消息后,可查看教务系统提供的上课时间、地点、课程名称、班级、人数等更为详细的信息;对于校园卡消费提醒,可在摘要区显示消费的地点、类型和金额等信息,点击消息后可直接进入校园卡系统的消费流水查询界面。为了确保用户统一体验,第三方应用展示消息内容的页面也应该就标题、发送人(系统)、时间、正文的字体类型等制定规范,所有的第三方应用均应遵守此规范。

由于第三方应用均已与企业号和 CAS 系统进行了集成,因此,任何第三方应用发送的微信消息到达用户端后,都可被用户直接点击打开,并进入通知内容页面。

3. 与统一身份认证系统集成

当用户关注企业号并成功绑定账号后即可实现统一身份认证系统(CAS系统)账号和微信个人信息的共享。当用户在微信中访问与统一身份认证系统集成的第三方应用时,即可无感知地在微信端使用自己的账号成功登录微信企业号,正常访问应用中的资源。该流程的具体实现方式如图 3.2.2 所示。

具体流程如下。

(1) 用户在移动端通过微信访问第三方应用;

(2) 第三方应用因为与 CAS 做了单点登录的集成,所以此时会重定向到 CAS 认证服务器,请求用户的人员编号;

(3) CAS 认证服务器通过请求头可以判断当前请求来自微信客户端,CAS 认证服务器会调用微信开放平台的 OAuth2.0 接口首先通过 code 获取

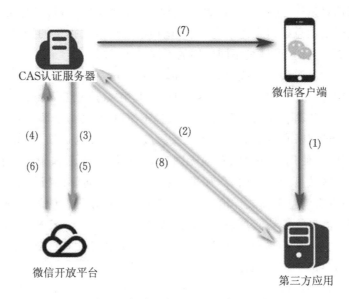

图 3.2.2　企业号与统一身份认证系统集成的实现方式

access_token；

(4) 微信开放平台将 access_token 返回给 CAS 认证服务器；

(5) CAS 认证服务器通过 access_token 获取企业号中通讯录中用户的加密标识字符串；

(6) 微信开放平台将通讯录中该用户的加密标识字符串返回给 CAS 认证服务器，然后 CAS 认证服务器到数据库中匹配出该用户的人员编号，实现登录操作；

(7) 登录成功之后，CAS 认证服务器返回微信客户端一个票根；

(8) CAS 认证服务器将当前登录的用户信息（人员编号、姓名等）返回给第三方应用，第三方应用即可根据该用户的人员编号提供信息内容。

因此，对于与 CAS 做了单点登录的第三方应用，用户均可无感知地通过微信对其进行正常访问。CAS 在所有第三方应用与微信之间搭建了一个通信的桥梁。

4. 与学校统一通讯平台集成

统一通讯平台可通过短信、微信、邮件三种方式发送消息，其提供 Web Services 接口供第三方应用调用，其中，微信消息主要通过微信企业号发送。统一通讯平台的介绍见第 2.3 节。

5. 与第三方应用集成

第三方应用可以直接调用微信接口发送消息,也可以调用统一通讯平台的消息接口(统一消息服务器)发送消息,建议使用后一种方式(架构如图 3.2.3 所示)。通过统一通讯平台的消息接口发送消息,可以实现全校微信消息的统一管理,管理人员可以自主调整消息队列,控制消息的发送时间,便于对消息进行跟踪,保存消息发送记录。

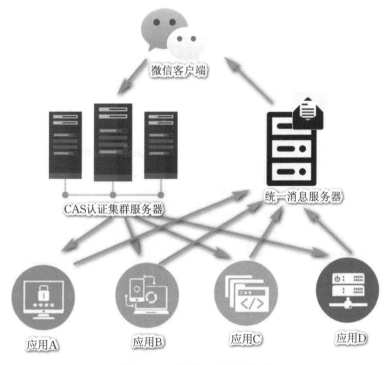

图 3.2.3　与第三方应用集成

3.2.4　基于微信企业号的移动门户实践

1. 主要功能

"华中大微校园"是由华中科技大学网络与信息化办公室组织,网络与计算中心主持开发,校办、教务、财务、图书馆、总务、后勤、校医院等部门配合并联合推出的基于微信企业号的移动校园门户,旨在为师生提供一个手机端"一站式"的智慧校园移动服务。主要功能有:校园资讯、通知·公文·会议、学校公文、OA系统、网上办事大厅、师生服务中心、电子邮件、校园卡、消息中心、应用中心、讲座·直播·活动、帮助中心等。应用中心采用"大市场、小应用"的原则为师生提供教学、学习、办公、科研、财务、生活、校园卡等方面的各类信息和办事服务。主要功能和首页分别如图3.2.4、图3.2.5所示。

图 3.2.4　华中大微校园主要功能

3 "一站式"平台建设

图 3.2.5　华中大微校园首页

2. 校园资讯

用于查看学校主页上的学校要闻和综合新闻等校园资讯,该栏目与学校主页对接,自动读取主页上新闻的移动版页面,随主页内容更新而自动更新,不需要人工维护。此外,我们还会手动发送一些部门的宣传资讯,如图 3.2.6、图 3.2.7 所示。

3. 通知·公文·会议

PC 端信息门户通知公告栏目的移动版,支持查看和搜索全校通知、部门通知、院系通知;管理人员在 PC 端信息门户通知公告栏目发布通知公告时,可选择接收用户群体,只有选中的用户才能接收到消息通知并可点击查看具体内容,如图 3.2.8 所示,其查看权限与 PC 端信息门户完全一致。

图3.2.6 校园资讯栏目

图3.2.7 点击"学校要闻"进入校园资讯页

4. 学校公文

PC端信息门户学校公文栏目的移动版,支持对学校红头文件进行搜索和查看,文件以套红形式展示,如图3.2.9、图3.2.10所示。

5. OA系统

学校OA系统的移动版,具有待办事宜、已办公文、公文查询等功能。除不具备公文管理员使用的公文起草、归档等功能外,其他常用的如审批、处理、转办等操作均可在线上完成,还可查询已办公文情况,如图3.2.11、图3.2.12所示。

3 "一站式"平台建设

图 3.2.8 通知公告栏目

图 3.2.9 学校公文首页

6．网上办事大厅

PC 端网上办事大厅的移动版，包括服务搜索、申请办理、在办及已办服务查询等功能，如图 3.2.13、图 3.2.14、图 3.2.15 所示。

7．师生服务中心

用于师生服务中心的服务查询、预约、评价等，如图 3.2.16、图 3.2.17 所示。

8．电子邮件

学校电子邮件系统的移动版，主要功能包括收取及阅读邮件，发送、转发、回复邮件等，一般的邮件处理工作均可在微校园中完成，如图 3.2.18 及图 3.2.19 所示。

· 165 ·

图 3.2.10　学校公文内容

图 3.2.11　OA 待办事宜

图 3.2.12　OA 文件处理

图 3.2.13　网上办事大厅首页

3 "一站式"平台建设

图 3.2.14 网上办事大厅服务办理

图 3.2.15 网上办事大厅审批处理

图 3.2.16 师生服务中心预约

图 3.2.17 师生服务中心服务评价

· 167 ·

图 3.2.18 电子邮件首页

图 3.2.19 处理电子邮件

9. 校园卡

校园卡系统的移动版,用户可查询校园卡余额、流水,可进行挂失、修改密码、充值、签约银行卡等操作,如图 3.2.20 所示。

10. 消息中心

消息中心是师生移动端集中收取个性化信息的地方,包括上课消息提醒、校园卡消费提醒、校园卡余额不足提醒、宿舍电费余额不足提醒、成绩通知、注册通知、网上办事结果、借教室结果等各类消息,如图 3.2.21、图 3.2.22 所示。

11. 应用中心

应用中心是"华中大微校园"的核心部分。应用中心包括各个应用系统和与学校其他系统集成的应用;不同的身份权限不同,看到的应用也不同。

1) 首页

集成了各类常用应用。包括学习、教学、办公、校园卡、财务、数据、后勤共七个大类 60 余个应用,主要有:课程表、成绩查询、空闲教室查询、借教室、我要

3 "一站式"平台建设

图 3.2.20 校园卡

图 3.2.21 消息中心列表

蹭课、选课、四六级报考缴费、学籍注册、第二课堂、工资查询、公积金查询、人事基本信息、大数据分析报告、校园卡挂失、校园卡大额消费提醒设置、借书查询、学生宿舍电费查询、后勤报修、校医院预约挂号、报告单查询等,如图3.2.23所示。

2) 应用收藏

显示用户收藏的应用,其功能包括:添加/删除收藏、收藏排序、设为首页。主要用于用户的个性化设置,通过下侧的菜单栏,用户可以自行添加/删除收藏应用,并为这些应用排序,或者将其设为首页,如图3.2.24所示。

3) 二次认证

基于学校对安全性的要求,对涉及个人隐私、敏感数据的应用要进行强制的二

图 3.2.22 消息正文

图 3.2.23 应用中心首页

图 3.2.24 应用收藏

次认证,点击应用后,用户需输入统一身份认证账号及密码后才能进入应用,如图 3.2.25 所示。

12. 讲座·直播·活动

用于查询校园内各类讲座、报告等活动的预告、报名信息、直播等,如图 3.2.26 所示。

13. 帮助中心

将学校与网络与信息化相关的系统的使用指南、操作说明、常见问题解答等帮助知识汇总,提供给校内师生查询,如图 3.2.27 所示。

3 "一站式"平台建设

图 3.2.25　二次认证　　　　　　　　图 3.2.26　活动直播

图 3.2.27　帮助中心

3.2.5　UI设计与规范

为保证用户的统一体验,对所有接入"华中大微校园"的第三方应用的页面进行了规范,主要包括总体布局、颜色等规范。

1. 总体布局

对页头、页脚和正文均进行规范,如图3.2.28所示。

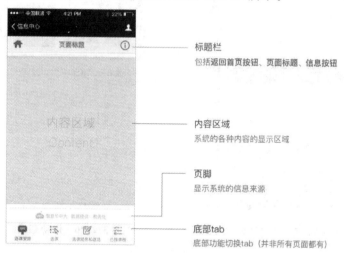

图3.2.28　总体布局

2. 颜色

在统一的页面基础上,增加每个系统独有的颜色,用以区分各个系统,给用户带来视觉上的统一感觉,使得用户容易把颜色和每个系统对应起来,从而直观地知晓当前所处的系统环境。

可换颜色的部分有:头部、图标、按钮、链接、底部tab、提示,如图3.2.29、图3.2.30所示。

3.2.6　页面

1. 列表页

列表页分为带图标的列表页、不带图标的列表页。一般来说,重要的、优先

3 "一站式"平台建设

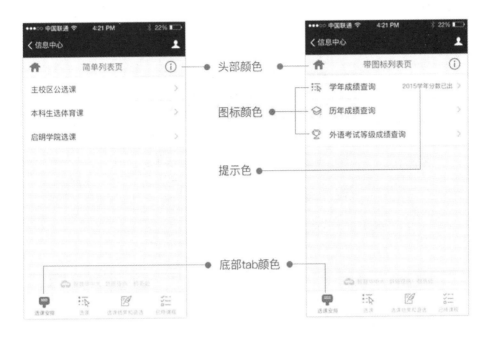

图 3.2.29　颜色示例 1

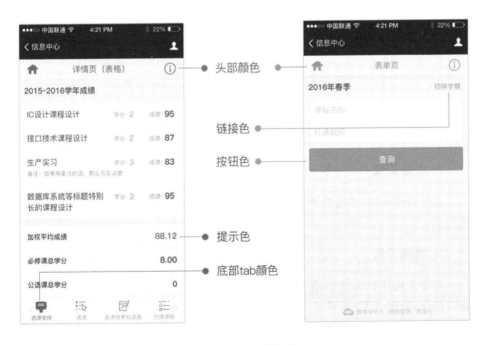

图 3.2.30　颜色示例 2

级高的菜单,使用带图标的列表页,使用图标可使之意义清晰、得到强调,次要的、一般功能性的菜单,则使用不带图标的列表页,如图 3.2.31、图 3.2.32 所示。

图 3.2.31　带图标的列表页

2. 表单页面

表单的输入框、单选按钮、复选按钮、下拉菜单等都进行了规范,如图 3.2.33 所示。

3. 表格页面

表格页面转化为移动端常用的行形式,将表头信息纳入表内容中,突出重要的信息,如图 3.2.34 所示。

3 "一站式"平台建设

图 3.2.32　不带图标的列表页

图 3.2.33　表单页面

图 3.2.34 表格页面

3.2.7 主要成效

自 2016 年 6 月开通以来,"华中大微校园"的内容在不断扩充和完善,已集成 60 余个业务信息系统入口、待办信息与相关资源查询窗口,共提供应用/流程/服务近 300 个。2019 年 7 月,"华中大微校园"总关注人数达到 7 万人(已毕业学生或已离校教职工自动取消关注),日均活跃人数 6.6 万人次,2018 年整年访问量达到了 805 万次,年均推送消息 3212 万余条,极大地提高了师生的工作和办事效率,丰富了工作方式,方便了日常生活,成为师生移动端"一站式"门户。统计数据如图 3.2.35、图 3.2.36 所示(用户可自行禁用账户,禁用后账户不在分类统计中体现,但在总人数中体现)。

3.2.8 结语

随着移动应用技术的发展和校园移动应用的蓬勃建设,移动应用的用户

3 "一站式"平台建设

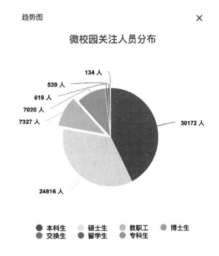

图3.2.35 微校园和校园网每日统计　　图3.2.36 微校园关注人员分布

数、使用频次等将超过传统应用,因此,建设移动应用必将是未来校园信息化建设的重点方向之一。作为移动应用的统一入口,移动门户是非常重要的,因此,各高校应根据学校实际情况,选择适合自身的技术路线,建设好移动门户,为师生提供移动端"一站式"服务。

参考文献

[1] 刘芮圻.移动互联时代电视节目转型[D].哈尔滨:哈尔滨师范大学,2016.

[2] 陈小龙.微信公众平台开发实战与应用案例[M].北京:清华大学出版社,2015.

3.3 线下"一站式":实体办事大厅

近年来,建设线下"一站式"实体办事大厅成为很多高校管理服务改革的新热点。虽然实体办事大厅并非传统信息化建设内容,但在当前O2O环境下,实体办事大厅必须有信息化的支撑,也是信息化发展到一定阶段的必然产物。华中科技大学于2017年建设了线下"一站式"实体办事大厅——师生服务中心,本章以师生服务中心为例探讨实体大厅建设方法。

3.3.1 背景分析

当前,虽然互联网技术发展迅速,但由于在CA应用、各行业及各部门之间信息系统贯通等方面的进展并不理想,很多事项仍然无法实现完全线上办理,对于一些证件领取、材料收取审核、证明打印等事务仍需线下进行。同时,国家在"放管服"改革和为民服务方面也提出了更高要求,因此,高校建设一个综合性实体办事大厅是现阶段必然趋势。

1. 落实上级要求

近年来,习近平总书记强调,网信事业发展必须贯彻以人民为中心的思想。国务院、教育部和省级部门均下发了利用互联网技术推动"放管服"工作的相关文件,例如《国务院关于积极推进"互联网+"行动的指导意见》(国发〔2015〕40号)、《国务院办公厅关于简化优化公共服务流程方便基层群众办事创业的通知》(国办发〔2015〕86号)、《国务院办公厅关于转发国家发展改革委等部门推进"互联网+政务服务"开展信息惠民试点实施方案的通知》(国办发〔2016〕23号)、《国务院办公厅关于印发国务院部门数据共享责任清单(第一批)的通知》(国办发〔2018〕7号)、《教育部等五部门关于深化高等教育领域简政放权放管结合优化服务改革的若干意见》(教政法〔2017〕7号)等文件。各级政府都在积极落实上级文件精神,根据国务院办公厅2017年11月公布的《全国综合性实体政务大厅普查报告》,全国县级以上各级地方政府共设立政务大厅3058个,其中地市政务大厅323个,覆盖率达96.4%;县级政务大厅2623个,覆盖率达94.2%。[1]但和政府相比,高校在这方面的建设相对落后,浙江大学原党委书记金德水在2013年2月浙江大学行政服务办事大厅启用时说:"地方政府开设行政服务办事大厅有十年左右的时间了,但高校行政服务办事大厅还是新生事物。"至2019年10月,据不完全统计,也仅有浙江大学、吉林大学、中山大学、哈尔滨工业大学、天津大学、华中科技大学、南方科技大学、华南农业大学等几所高校陆续建设了相对综合性的实体办事大厅,部分高校建设了仅为学生服务的大厅,大部分高校尚未开始建设或正处在建设中。

2. 支撑学校发展

《中国教育现代化2035》提出了"高等教育竞争力明显提升"、"职业教育服务能力显著提升"的目标,对高校和职业院校发展提出了更高的要求。人才培养、科学研究、社会服务、文化传承创新是现代高校的主要任务,这四大任务中都贯穿着管理和服务。国家也正在实施"双一流"战略,一流大学、一流学科必须有一流的管理和服务,科学规范的管理、优质高效的服务对学校建设发展必然起到重要的支撑作用。华中科技大学党委书记邵新宇院士对此有一个形象的比喻:"教学科研和管理服务就像一驾马车的左右两边的轮子,一边轮子的速度跟不上,会影响马车整体前进的速度。"

3. 满足师生需求

高校的机关部门承担着行政管理和服务的职能,近些年来高校不断加强作风建设,提出了"以学生为中心"、"以教师为主体"等先进的办学和服务理念,但在为师生办事服务上,仍然一定程度上存在"门难进、事难办、脸难看、腿跑断"的现象,师生办事体验不佳。随着政府综合性行政服务中心的建设和完善,集中的办事地点、"最多跑一次"的服务理念和方便的服务评价机制,都让师生感受到在校内办事和在校外办事存在一定的落差。因此,高校师生特别期望学校能够不断提高管理服务水平,减少重复填写表格和办事跑腿的次数,最理想的情况是"一个数据用到底,办事一次都不跑"。要想服务好师生,首先要有先进的理念,华中科技大学校长李元元院士曾说:"大学校长除了管理学校的大方向外,最大的责任就是服务好师生。"

3.3.2 建设理念

先进的理念,精准的定位,对于建设"一站式"综合性实体办事大厅具有重要的指导意义。

1. 明确大厅定位

目前,对于办事大厅建设比较主流的提法有:一门式、一站式、一窗式、一网式,它们之间相互联系但也有区别。

"一门式"是指办事服务都集中在一个大厅内,大厅内设立窗口,办事人员"只进一扇门",不用跑很多地方,侧重于从物理场所上来说。

"一站式"是指在一个地点可以办理完成所有的事务,这个地点可以是实体的大厅,也可以是一个虚拟的网上大厅,侧重于从办事功能方面来说。

"一窗式"是指办事人员办理业务时只需要在一个窗口受理或取件,不需要在窗口之间来回跑,"一门式"的办事大厅内可以是"一窗式"的,也可以不是"一窗式"的,一窗式侧重于从用户办事方式和办事体验上来说。非"一窗式"的窗口一般只属于某一个部门,仅能办理该部门若干项业务;"一窗式"的窗口属于综合窗口,不属于某个特定部门,可以办理某类或多类业务,也俗称"一窗通办"。"一窗式"可分为收材料型和即办型,收材料型窗口仅能收取或发放相关材料,收取材料后,交给该业务相关的部门后台办理,在承诺期限内完成办理,再通知办事人员前来领取材料,由于该类型窗口仅起到收发材料作用,也被戏称为"收发室",用户服务体验不佳;对于即办型窗口,办事人员递交材料后立等可取,这必须要求前台工作人员具备各类业务的审批或办理权限,这在科层制设置部门的高校中是比较困难的,必须对业务甚至审批职能重新进行划分,并且必须建立良好的网上审批平台,前台人员收到材料后,后台管理人员必须能进行快速审核或审批,才能实现即办。

"一网式"是指"一站式"网上服务,可以在一个系统中完成所有事项的办理,不需要登录多个系统或在多个系统之间切换,侧重于从办事场所和办事方式上来说。这种方式也称为"一网通办",有的高校也称之为"一站式网上服务大厅"、"一站式网上服务中心"等。

因此,高校建设综合性办事大厅,必须首先对大厅有个明确的定位,是建个"一门式"的,把各个部门的办事服务事项集中到一个场所?还是要建设"一窗式"的?定位不同,窗口设计方式、信息化建设方式和建设管理难度也不相同。从目前已经运行的几所高校实体综合服务大厅来看,它们大多是"一门式"和"一网式"的,"一窗式"的仍然较少。

2. 确定服务对象

一般来说,大厅的服务对象主要是教职工和学生,有的高校的服务大厅由于引入了户政、火车票、天然气等社会化服务,服务对象也可能会扩展到校内其他人员甚至周边居民。为了便于推进,有的高校先建设了学生服务大厅或教职工服务大厅,而教务、财务、后勤、校园网、校园卡等校内很多部门的服务对象既包括教职工也包括学生,因此,为避免重复建设,应尽量集中建设,建设同时面向教职工和学生的综合性服务大厅。

3. 制定总体规划

建设实体办事大厅首先要有总体规划,主要包括以下三点。一是物理场所规划。尤其对多校区、多校园高校来说,必须就物理场所做好规划,要对在哪些校区分别做多大规模、什么形式的场所,以及如何管理实体办事大厅进行总体规划。限于人力原因,不可能在每个校区都做成大而全的办事大厅,可能规模较小的校区,大厅的规模也较小,办理的事项也相对较少,甚至可以以自助服务为主,对于部分事项仍需要师生到主大厅去办理,或者通过线上、邮寄等方式办理。要对各校区大厅进行统筹建设和管理,在大厅之间建立文件传递、协作机制。二是入驻窗口的规划。理想情况下,所有的与师生相关的服务均应进入大厅,但现实情况是,由于各种原因,大厅并不能一次性将所有的业务纳入,需要实行分批进驻,首先进驻一批积极性高的部门,其他部门根据大厅发展情况再择机安排入驻。三是未来发展规划。随着信息技术的发展,很多原来在线下处理的业务可能会逐步移到线上处理或通过自助服务设备办理,对于未来将哪些服务放到线上或使其通过自助设备实现,应制定合理规划,在设置空间、梳理事项时予以考虑。

4. 开展流程再造

流程再造一词最早来源于企业管理界,1990年代,美国著名的管理学家麻省理工学院计算机教授 Michael Hammer 和著名企业再造专家 James A. Champy 共同提出流程再造理论(Business Process Reengineering,BPR),其核心思想是要打破企业按职能设置部门的管理方式,认为企业应以业务流程为中心,重新设计企业管理过程,从整体上确认企业的作业流程,追求全局最优。[2] 为什么要进行流程再造和优化呢?对高校来说,有以下两个方面的目标。一是方便师生办事。通过流程再造和优化,减少不必要的节点,或通过节点的合并等缩短流程,节省师生办事时间,提升办事体验。二是提高管理水平。通过进一步梳理、明确各管理部门的职责,明确部门之间的权责界限,推动部门之间的协同合作,提升学校整体管理水平。

相较于企业,在科层制特点突出的高校机关部门中进行流程再造,难度更高。任何一项跨部门的流程优化与再造,都需要流程相关的所有部门的配合,任一部门的推诿或不配合都将造成流程再造的失败或成效不佳。推进高校流程再造有以下几个关键点。一是学校总体推进。要让流程再造作为学校层面的任务,将其写入学校发展规划或工作要点,任何单个部门去推动全校的流程再造都是非常困难的。二是要掌握正确的方法。流程再造主要面向用户,应从师生办事中遇到的堵点、痛点、难点着手,着重于解决实际问题,理清流程中所涉及的所有部门,确定牵头梳理的部门,而不是仅仅由部门直接提出再造方案,部门提出的往往都是部门内部的流程,不涉及其他部门,这很可能不是师生强烈关注的。三是要有一定的激励措施。对于流程改造优化突出的部门应给予表彰或奖励,让真心优化流程的部门和个人感受到荣耀。

流程再造能否成功,关键在于理念,只有理念改变了,流程才能优化好,而不是为了再造而再造。华中科技大学前校长丁烈云院士指出:"部门要树立'把困难留给自己,把方便留给师生'的理念,切实做好流程再造和优化。"只有部门的理念和认识到位了,在为师生服务上才能做到"跑一次是底线"、"一次不用跑是常态"、"跑多次是例外"。

5. 线上线下结合

建立实体办事大厅并不是简单地把各部门的办公地点集中到一起,仍然按照原来的流程和模式办理,而应该是通过物理集中,对审批流程和服务流程重新进行梳理,实现从"集中"到"集成"的跨越。目前,高校的办事或服务流程大致可分为三类。一是纯线上流程。这类流程的所有操作均可在线上完成,师生不需到线下做任何办理,例如网上办事大厅上的校园 VPN 申请、OA 系统中公文的流转、业务信息系统中的密码找回/修改密码等。二是纯线下流程。该类服务只提供线下人工办理方式,大多是一些疑难问题咨询与解决、涉密事项等服务。三是线上线下结合流程。这类流程是线上提交申请,管理人员后台审核或审批,申请人再到线下交件、取件或自助打印等,例如办理某类证明材料、科研合同审批盖章、因公/因私出国办理等,这类流程在高校中越来越多。当然,为了提高师生的体验,有些流程既提供了线上服务,同时也提供了线下服务,例如针对退休教职工、留学生等提供的服务,不是线上的就一定是最好的,有时候面对面的服务更加人性化。

6. 注重用户体验

用户体验是当今互联网时代必须考虑的重要因素之一。首先,作为实体大厅,环境非常重要,环境应宽敞、优雅、安静,提供给师生等候休息的座椅应比较舒适;应提供自助咖啡或饮品;窗口及柜台应设置合理,避免出现"丁义珍式"窗口;有图书可以阅览;校园 Wi-Fi 全覆盖;有完备的填单及自助上网查询、打印等基础设施;有方便的预约及取号设施,叫号应通过手机短信、微信消息通知而不是通过广播,要建设"无声大厅"。其次,服务事项应清晰明了,有专业的前台咨询人员或引导人员；服务事项列举齐全，办事流程清晰，所需材料全部一次性告知，避免师生"多次跑"；应有评价功能，对服务不好的办事人员或疑难问题有方便通畅的投诉渠道。最后，线上线下应衔接顺畅。对流程要进行充分优化，利用好信息技术手段，提高服务效率，设立24小时服务区，拓展服务时间和空间，努力实现"能线上的尽量线上，不能完全线上的尽量线下自助，无法自助的再到人工窗口"；线上线下要实现无缝对接，避免线上填了一大堆，线下还要再填一遍的事情发生；避免线上各个流程签字完成了，线下还要再手工签一遍的事情发生，以免浪费师生时间和精力；要避免出现"断头"流程或者"多次折返"流程（反复线上转线下等）。

7. 建设服务标准

推进大厅建设管理的标准化，对于规范大厅管理，提高师生体验和满意度十分重要，标准化可以分为如下几个部分。

（1）环境标准化。对大厅的各类标识标牌、工作用的电脑、服务区及等候区的桌椅、自助设备区的设备外观及界面、发布的通知公告、背景音乐等都应该制定标准，让办事师生有一个统一的体验。

（2）服务标准化。服务事项的名称、流程、所需材料、办理时限等应标准化，工作人员的着装仪容、站姿站位、引导咨询话术等均应有相应的标准和规范，具备条件的高校应引入成熟的物业公司按照较高物业等级标准进行管理。

（3）管理标准化。应推进部门入驻、服务事项梳理的流程化、规范化，制定岗位管理相关的首问负责制、AB角制等规章制度；对工作人员考勤、考核评价等方面进行规范化、标准化。

（4）信息标准化。大厅的网站、两微一端的设计与内容发布应具备统一规范和标准，对工作人员的前端处理系统、后台审批系统以及相关业务信息系统之间的互联互通也应制定相应标准。

3.3.3 建设组织工作

对高校来说，建立综合性"一站式"服务大厅是一项开创性的工作，具有很大挑战性，能成功建设很大程度上取决于领导的决心和建设的组织工作，否则容易造成烂尾工程，或无法达到预期目标。

1. 成立建设领导小组

为有力推进实体大厅建设，应成立大厅建设领导小组。由于大厅建设涉及的部门多、项目广,还涉及经费、时间节点等重要事宜,因此,这是个"一把手"工程,领导小组组长应由学校党委书记或校长担任;由于建设过程中涉及大量的协调工作,因此应明确一名副校长或副书记担任副组长;校办、人事部门、学生部门(学工、团委、研工)、教务部门、工会、信息化部门等相关部门主要负责人任领导小组成员,以便于研究审议大厅基建、流程梳理、运行体制机制、规章制度以及所需要的经费等问题。

2. 成立领导小组办公室

为落实领导小组要求,推进具体工作,应成立领导小组办公室,领导小组办公室应明确具体的挂靠部门,例如浙江大学行政服务办事大厅建设工作领导小组办公室设在党委办公室、校长办公室。领导小组办公室负责人应为所挂靠部门的负责人,办公室副主任或成员由领导小组相关部门的相关负责人组成。领导小组及领导小组办公室成员应根据各高校自身实际情况确定。但一般来说,信息化部门作为技术支撑部门不太适合作为牵头部门,牵头部门应由协调能力和资源整合能力强的部门承担。

3. 建设管理机制

(1) 明确分工。应明确领导小组及领导小组办公室的职责,尤其是要明确领导小组办公室各成员单位的职责,例如校长办公室负责窗口的设置,负责各部门、窗口和流程的梳理与总协调;人事部门负责与教职工服务相关的部门、窗口和流程的牵头协调,制定大厅入驻人员的考核与特殊激励政策;学生部门负责与学生相关的部门、窗口和流程的协调工作,以及就大厅窗口设置、办理事项等征求学生意见;工会负责就大厅窗口设置、办理事项等征求教职工意见;基建部门负责大厅的装修等工作;信息化部门负责线上大厅的建设,实体大厅的信息化建设,以及实现线上线下结合等工作。

(2) 建立例会制度。领导小组定期召开例会,听取领导小组办公室建设进展,并就重要事项做出决议。领导小组办公室定期召开会议,沟通协调建设过程中的各种问题,各成员单位之间必须协调配合,例如窗口设置数量与入驻部门数量有关,大厅自助区域的大小、内部装饰与各类信息化自助设备的数量、尺寸、布局等相关。

(3) 成立管理中心。大厅建成后,学校应成立实体大厅的管理机构,明确归口或挂靠部门,具体负责办事大厅的日常管理、运行工作。为做好无缝对接,管理中心人员应提前参与大厅建设。

4. 服务事项梳理

服务事项梳理是大厅建设的重要内容之一。服务事项梳理有以下方法和步骤。一是组织动员。服务事项梳理不是一次性的,而是一件长期工作,在服务开展过程中随时都可能要进行梳理,需要各部门在思想上重视,在行动上支持,这就需要学校充分重视,明确组织机构,做好思想动员,制定具体措施和计划。二是主动提供模板。很多部门对于哪些事项可以进入办事大厅,如何进入大厅并不清楚,可为他们提供一套服务事项参考列表及模板,让其从中进行选择,并根据自己的工作实际进行修改和扩展。三是确定与线上流程的对接。在进入大厅前,有的学校已经建设了网上办事大厅,或者部门在自己的业务信息系统中已经上线了某些流程,对这些流程如何与线下的服务事项进行对接,要提出指导意见,为其提供便利,形成一定标准并提供技术支撑。四是确定重要部门。为了保证大厅的运行效果,必须让一些重量级的部门进驻大厅,尤其是服务面广、师生关注度高的部门,它们的业务应该首先入驻大厅。如果要求进驻的部门较多,而窗口有限,对入驻部门应进行有效遴选。

3.3.4 环境建设

公众理想中的便民服务大厅大体是这个样子的:设施上,配置一些有助于提高工作效率的机器、设备;提供适宜的环境,包括温度舒适、有座椅可供休息等;服务上,工作人员的言谈举止应有基本的规范,不能随意、散漫、傲慢,更不能为所欲为。透过服务大厅这一窗口,人们期待看到的是温暖、人性、高效、便利。[3]因此,良好的环境是实体大厅的基本条件。

1. 地址选择

当前,高校建设综合性办事大厅已不仅仅是在建设一个物理场所,因其是几乎校内每位师生在在校期间都要经历的场所,因此,其除了能承载为师生办事的功能外,还应该是一个能展示学校"放管服"改革成果和学校形象的重要窗口,具有物质和精神方面的双重意义。既要考虑交通便利,停车方便,尽量位于校园的中心位置,方便师生前往,又要考虑建筑与校园其他空间与建筑的融合。因此,对于其选址,应周全考虑,科学论证,多方征求意见,将其打造成一个反映学校品味和文化的地标性建筑。图 3.3.1 所示的为华中科技大学师生服务中心外景。

图 3.3.1　师生服务中心外景

2. 空间布局

大厅应尽量为一体化大厅,而不由割裂的房间组成。对大厅进行区域划分,其一般由门厅、人工窗口、等候区、自助服务区和办公区组成。门厅为大厅的入口空间,一般用于放置引导柜台、导览屏、公告屏、取号机等,方便师生进来后迅速找到自己要办事的窗口。人工窗口应设置在大厅的核心位置。等候区的设置要人性化,应有舒适的桌椅、自助填单台、自助上网电脑等基本设施,如果有自助咖啡机、自助售卖机、图书等则更佳。大厅装修风格应以浅色为主,给人以温馨感。大厅要环境整洁,可放置绿植或摆放工艺品,增加大厅艺术氛围,让师生在等候时能够身心愉悦。办公区应设置在尽量靠里的位置,档案室等应考虑安全性。图 3.3.2 和图 3.3.3 为师生服务中心布局图和等候区。

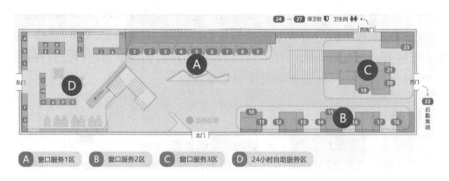

图 3.3.2　布局图(一楼)

3. 窗口及柜台设计

人工窗口区在设置上要按照教学、科研、学生、后勤等办理性质进行分类或者按照服务对象进行分类,同时,对于业务联系紧密,可能会存在联审联办的窗口要尽量集中或就近设置,例如,科研合同的审批需要在科研管理部门完

图 3.3.3 等候区

成审核后(纸质合同和线上已经审批通过的电子版合同完全一致)加盖学校公章,则科研管理部门的窗口应和盖章窗口位置较近。窗口之间应进行适当分隔,确保办事师生隐私。柜台的宽度(工作人员与办事师生之间)应为 600~800 mm,高度应为 770~900 mm。台面宜用暖色调,让办事人员感到亲切,同时也要与整个大厅内部的色彩保持统一。柜台两边的座椅要经过处理,避免移动时产生噪音,并保持摆放整齐美观。[4] 图 3.3.4 所示的是师生服务中心服务窗口柜台设计。

图 3.3.4 柜台设计

4. 自助服务区设计

自助服务区是大厅的组成部分,其可以与其他区进行物理分隔,其一般可提供24小时服务,有独立的对外的大门供办事师生在大厅工作时间之外进出。自助区内自助设备的存放应考虑设备的外观、形状特点,最好进行嵌入式放置。要根据设备类型进行分类集中存放,如火车票取票机等社会化设备,人事、财务、资产等教职工常用设备,成绩单自助打印等学生常用设备等应分区域放置。设备之间应至少间隔600 mm,保护师生隐私。对于可能会在高峰期让师生排队的设备,设备前应预留足够的排队空间。图3.3.5所示的是师生服务中心24小时自助服务区。

图3.3.5　24小时自助服务区

3.3.5　信息化建设

现代化的服务大厅离不开信息化的支持,实体大厅信息化建设主要包括以下内容。

1. 网络建设

网络主要包括校园有线网、校园无线网和专用网络三大部分。校园有线网用于办公电脑、办公设备、电话、公共查询电脑等的联网,有线网络端口要布置在每个窗口以及每台用网设备旁,要确保一定的冗余,每个窗口旁设两个网络端口。校园无线网主要用于满足办事师生上网需求以及部分无线设备的联网需求。专用网络包括校园卡系统专网、监控专网、门禁专网、水电控制专网等校内专网,以及铁通专网(火车票取票机)、公安专网(公安户政窗口以及身份证自助办证、取证设备等)等,专网建设一般采用如下形式:将各类专网接入到办事大厅中心机房,通过机房内的交换路由设备跳转到各相关窗口或设备旁,由于未来可能存在窗口变更或设备位置变动情况,因此,不需要为有专网需求的窗口和设备单独部署专网物理线路,可通过布置冗余线路的方式解决。

2. 门禁系统

门禁系统主要包括大门门禁、24小时自助服务区门禁和办公室类门禁。大门门禁主要用于工作人员进出管理,可使用校园卡、指纹、密码等认证技术。24小时自助服务区的门禁主要用于办事师生的进出管理,可使用校园卡、人脸识别、虹膜识别等认证技术。办公室类门禁包括办公室门禁、档案室门禁、会议室门禁等,可使用校园卡、指纹、密码等认证技术。门禁系统应尽量纳入学校统一的门禁系统统筹建设,尤其是涉及人脸库、虹膜库的部分,必须统筹考虑,避免重复建设和重复采集。图3.3.6所示的是师生服务中心24小时自助服务区刷脸门禁。

图3.3.6 24小时自助服务区刷脸门禁

3. 导览系统

导览系统是为方便办事师生了解大厅布局和办理事项而设的系统，可分为大屏系统、网上系统和移动导览系统。大屏系统一般放置在大厅入口处，为师生提供直观的导览，展示并介绍大厅的布局、服务窗口名称与所属部门，以及服务事项等。除了现场的大屏外，还应开发网页、微信或 App 等网上系统，让师生在进大厅前就了解相关事项，以便到大厅后快速找到所要办事的窗口。如果大厅较大，为便于参观，还可以建立移动导览系统，参观人员戴上耳麦式移动导览设备后，当其走近某个区域后，耳机内会自动播放该区域或窗口的语音介绍，或通过扫描二维码进行导览。图 3.3.7 所示的是师生服务中心导览屏和取号机。

图 3.3.7 导览屏和取号机

4. 排号系统

对于规模较大的大厅必须要考虑建设排号系统，主要包括预约、取号、叫号等功能。可以针对每一个窗口根据时间段设置网上预约功能，预约成功后系统向用户发送预约成功的信息，可附带二维码。办事师生进入大厅后，首先进行取号，取号时通过校园卡、身份证、人脸识别或虹膜识别等进行身份认证（由于实体大厅的用户群体相对固定，基本为校内师生，因此大厅的各类系统均应与学校统一身份认证系统进行对接)。取号分为现场取号和预约取号,现场取号的,通过认证后选择窗口和业务打印号码通知单,发送短信或微信消息;预约取号的,根据预约的时间和窗口打印号码通知单或发送消息,预约的号码自动插入预约时段的最前列。大屏显示排号顺序。工作人员平台的叫号功能集成在工作平台上,并与办理过程和办理完成后的评价等进行联动,图 3.3.8 和图 3.3.9 所示的是取号系统的界面。

图 3.3.8　现场取号与预约取号

图 3.3.9　取号

5. 评价系统

为保证服务质量,大厅应建设评价系统,为后期窗口评价提供数据支撑。评价分为现场评价和网上评价。办理事项完成后,师生可在工作人员的评价屏幕上通过点击进行评价。也可以在办理完成事项后,在网上或移动终端进行评价。评价可分为量化评价(非常满意、满意、基本满意、不满意、很不满意五个量级)和文字评价,量化评价统计数据可作为部门或窗口考核的依据之一,文字评价可用于了解师生具体意见以及联合其他数据进行大数据分析。图 3.3.10 所示的是师生服务中心微信端服务评价系统界面。

6. 办事应用

办事应用主要包括网站、微信公众号和移动应用。网站主要用于公布办事大厅的总体介绍、服务事项介绍等,同时包括办事预约、进度查询、服务评价等功能。微信公众号(订阅号)主要实现网站内容移动化和进行宣传等工作。移动应用可为手机 App 或微信公众号(服务号),实现服务查询、预约和评价等功能。图 3.3.11 至图 3.3.13 所示的是师生服务中心微信预约相关界面。

图 3.3.10 微信端服务评价

图 3.3.11 微信应用——预约

3 "一站式"平台建设

图 3.3.12 微信应用——我的服务

图 3.3.13 微信应用——待取件通知

7. 视听系统

视听系统主要包括广播系统和显示系统。广播系统主要用于背景音乐播放，紧急情况时的通知广播等，也可以用来播放叫号信息等（不推荐）。要实现分区控制，做好音场调试。显示系统用于显示排号叫号情况、办事指南、办事统计、宣传视频等，注意合理布置，加强设计，开发好办事大厅的显示系统。

8. 办公平台

办公平台包括工作人员的办公设备和工作管理系统。工作人员的办公电脑、评价器等设备应统一配置，保证外观一致。工作管理系统包括签到签退、考勤统计、受理叫号、临时加号、取件箱置物、暂停服务等功能，此外该系统应与网上办事大厅、业务信息系统等进行集成，当师生到窗口开始办理时，该师生待办的事项会自动出现在工作人员管理平台上，以便工作人员直接进入目标系统，避免在多个系统之间来回切换。图 3.3.14 至图 3.3.16 所示的是工作人员界面。

图 3.3.14 工作人员工作平台办理界面

图 3.3.15 工作人员工作平台放件界面

3 "一站式"平台建设

图 3.3.16　工作人员工作平台考勤统计界面

9. 取件系统

对于不具备立等可取条件的服务事项,可采用自助取件柜方式办理批件、证明等材料的传递。工作人员完成后台的审批制件后,在工作平台上打印放件的二维码,在取件柜上扫描后打开柜门放件,同时向师生发送取件的微信或短信。师生可通过刷校园卡、输入取件码、扫描二维码(取件柜扫取件消息的二维码或师生使用手机扫取件柜二维码)、人脸识别或虹膜识别等多种方式开柜门。取件系统还应具备清柜、催取件等功能。图 3.3.17 所示的是自助取件柜界面。

10. 自助设备

自助设备并不是大厅专有的,很多高校在建设实体大厅之前已经有了多台自助设备,只是需要把现有自助设备集中到实体大厅,并根据大厅需求进行改造。自助设备要做好以下工作。一是要做好线上线下的对接。自助设备要和网上办事大厅以及业务信息系统结合,在网上进行提交、审批或审核,在线下自助打印;要做好与实体大厅工作人员管理平台的配合。二是要做好集成和共享。自助设备不是越多越好,可能很多部门都根据自身业务建设了自助设备,但有的自助设备功能有限,或存在一定的重复建设,必须对自助设备进行充分共享,让尽可能多的功能集中在一台或几台设备上。三是要做好标准

图 3.3.17　自助取件柜界面

化工作。提供设备的厂家较多,每类设备在外观、用户界面、与学校系统对接的方式等方面各异,带给师生的体验也会不同。学校需要制定标准,出台相关规章制度,要求各厂家按照学校标准进行建设。

自助设备主要用于证件、证书、证明、固定资产标签等资料的打印,校园卡、身份证、火车票优惠卡等卡证的自助补办等。证明材料的自助打印工作的核心在于盖章,目前有以下三种实现方式。一是采用带盖章机的自助终端。机器打印出内容的同时盖章机自动盖章,这样做的优点是章子为即时加盖的,具有真实性,易于被证明接收单位认可,缺点是需要将章子(需专门刻制,一般为塑胶履带式的)存放在自助设备里,风险较大,很多业务部门难以接受。二是将带有盖好章子(指定位置)的纸张放在设备内。打印时仅打印内容,不打印章子。这样做的优点是章子是真实的,缺点是盖有章子的纸张如果被盗,则存在安全隐患。三是自助终端使用彩色打印机。在打印证明内容时,章子同时以红色或蓝色签字章的形式打印出来,优点是安全性高,不会出现带有章子的纸张被盗等情况,缺点是使用时间长了后,打印机会缺墨,章子颜色容易出现偏色,有的接收部门对打印出的带章子的材料的真实性持怀疑态度,甚至不予接受。图 3.3.18 所示的是使用了虹膜识别认证技术的研究生自助设备。

3 "一站式"平台建设

图 3.3.18　研究生自助设备（虹膜认证）

无论采用哪种方式,都必须使用专用纸张,纸张应带有水印或防伪标识,水印文字应明确纸张的用途,防止被窃取后用于非法用途。此外,随着电子签章技术的推广和相关部门对电子文件接受度的逐步提高,电子证明材料在未来可能会成为一种趋势,学生可自行在学校相关系统上下载带有学校电子签章的成绩单等证明文件,将其发送到需求单位即可,此类文件带有电子签章,真伪可验,如有任何篡改,则文件会失效。北京大学已推出可信电子成绩单,电子成绩单为 PDF 格式的,点击上面的"北京大学学生证明专用章",就可以获得文件签名验证状态,可在此查询数字证书的签名属性、签发时间等信息,还可以通过学信网电子成绩单验证服务平台验证文件真伪。[5]华中科技大学于 2020 年 3 月陆续推出了可信电子成绩单、可信电子在读证明、可信电子学期注册证明和可信电子荣誉证书等 55 种材料,学生在家就可以在线获取所需的电子证明文件。图 3.3.19 所示的是师生服务中心自助取件柜。

11. 系统集成

系统集成包括两部分,一是大厅内软硬件的集成,应避免软硬件分离,内部建成多个小孤岛;二是与学校公共信息服务平台以及业务信息系统的集成,实体大厅里的所有系统都不应是独立存在的,它们应该是学校信息化的重要组成部分,与学校基础数据库进行数据交换和共享,确保大厅的整体信息化水平。

图 3.3.19　自助取件柜

3.3.6　运行管理

1. 规章制度

完备的规章制度是大厅平稳运行的基础,大厅的规章制度主要包括《办事大厅建设管理办法》《办事大厅岗位管理及优秀窗口评定办法》等,除办法外,还应制定相应的标准和规范,例如《进驻事项管理规范》《进驻部门事项优化要求》《进驻事项服务指南编写规范》《进驻事项业务手册编写规范》《大厅窗口服务规范》《师生满意度调查规范》《服务评价规范》《考勤和监控管理规范》《安全与卫生服务规范》《大厅网站与微信公众号服务规范》等。[6]做到凡事有据可依,确保大厅规范平稳运行。

2. 运行机制

良好的机制对于保障大厅稳定高效运行非常重要。运行机制主要有服务公开制、AB 岗制、首问负责制、协同联办制、督办考核制、服务承诺制、帮办代办制等各项机制。[7]服务公开制是指对服务的事项、所需材料、前置条件等在网上或现场进行公开说明。AB岗制是指一个岗位或环节中的两人具备相关能力,分别称为A角和B角,一般情况下,A角到岗负责,A角因故不能到岗,B角能代替A角到岗履责,避免出现服务真空。首问负责制是指首次接待师生的部门或工作人员,要对师生所办事务进行跟踪,直至事项办理完成。在窗口化的大厅,完全做到首问负责制是比较困难的,应由引导人员进行正确引导,尽量不给师生留下推诿的不良印象,对于特别复杂、涉及多个部门且周期较长的问题,可以指定某个部门的具体工作人员进行跟踪。协同联办制是指涉及多个部门的事务应由多个部门协同办理,尽量通过"一窗式"的方式在前台实现统一受理,后台各部门协同联办,实现"一窗受理、一表申请、内部流转、联合审查(踏勘)","前台综合受理、后台分类办理、统一窗口出件"。督办考核制是指对一些事项的办理进度进行督办,对于师生反应强烈的"老大难"问题进行督办,对窗口、部门以及工作人员进行考核评价,将评价结果与工作人员的奖励绩效、评优评先、职级晋升等进行挂钩,提高考核权威性。服务承诺制是指对每个服务事项的办理时限进行公告并承诺,办事师生可对办理进度进行方便查询。帮办代办制是指为一些不方便到现场来办理的师生提供帮办代办服务,例如对于需要打印大学期间的成绩单的已毕业学生,办理成绩单的部门可为其提供代办及邮寄服务。

3. 考核评价

为保证服务质量,应建立科学的考核评价制度。首先应建立服务评价制度,师生在窗口办理完成后可以点击窗口的评价器,为本次服务作出评价,按照非常满意、满意、基本满意、不满意、很不满意五个等级进行评分,评分可转换为具体的分值,以便于后期的量化考核。同时,师生也可以通过网络或移动终端进行评分。用户评分是窗口或个人服务综合考评的重要内容之一。

对部门、窗口或岗位进行科学考评,并进行奖励,对于激发工作人员活力,提升服务质量具有重要作用,但考核体系应尽量科学,否则会起到相反的作用。首先,应争取独立的考核评优指标。年度考核评优指标对教职工加薪升职具有重要激励作用,办事大厅管理中心应为入驻大厅的工作人员积极争取额外的评优指标,由大厅管理中心负责评选。其次,要根据服务类型建立科学的评价指标体系。服务可分为审批型、即办型和自助型,前两类为人工窗口服务。对于审批型服务,要考虑的维度主要包括审批事项的说明、审批或办理速度、参与审批配合度、服务态度、用户评价、服务数量等;即办型服务考虑的主要包括办理速度、服务态度、用户评价、服务数量等;自助型服务要从成功率、便利度、用户评价等几个维度考虑,指标的选择要确保可采集、可量化。最后,应在已建立的考核指标体系基础上,建立科学的评价模型,对采集的数据进行模型计算,得出部门、窗口或服务的最终评分。

3.3.7 华中科技大学师生服务中心建设情况简介

近年来,华中科技大学持续深化"放管服"改革,积极推进"互联网+服务",坚持做好新时代服务师生的答卷,努力打造线上线下一体"方便、高效、舒心"的"一站式"实体办事大厅——师生服务中心,师生服务中心于2017年12月启用(如图3.3.20所示),受到国内高校许多同仁的关注,一度成为"网红"大厅。

图 3.3.20 启用仪式

1. 前期运筹

在师生服务中心开始建设之前,华中科技大学进行了前期运筹,主要包括建设网上办事大厅、开展"三问于民"和流程再造等活动。

网上办事大厅于2016年元月开始上线,至师生服务中心启用时,已有近百项流程上线,为实现与师生服务中心服务项目的线上线下结合打下了良好的基础。

"三问于民"是指"问需于民、问计于民、问政于民",集中民智,凝聚民心,改善民生,每年通过教代会、学代会等平台了解师生对学校教学、科研、管理、服务等方面的需求,通过"问需于民",摸清师生痛点和影响师生办事的堵点,需求经整理后列入学校年度民生实事;对于一些涉及民生的复杂问题(如房产政策、校园交通等),通过课题的形式让教职工参与,共同研究解决方案,问计于民;承担民生实事的部门,到年底要向师生汇报民生实事的执行情况,接受师生的"问政"。通过"三问于民"活动,学校了解到了师生切实关注的问题,解决了大量难题,师生服务中心建设就是2017年的民生实事之一。

2014年10月,学校开展第一届工作流程设计与再造竞赛活动,该活动由机关党委举办,十余个机关部门参加竞赛,经中期汇报交流、网络投票和项目评审,学工处数字迎新、财务处财务报销流程网络信息化改造、学校办公室公文办理流程等3项获评"最佳工作流程"。2015年年底开展了第二届竞赛,并将直属单位、后勤集团等列入参赛单位,明确参赛主题是"互联网+",即充分利用互联网和信息化手段进行流程优化再造,推进学校机关电子政务服务师生、服务院系、服务教学科研的水平和能力建设,该活动由党委办公室、校长办公室、机关党委、校工会、网络与信息化办公室联合主办,学校也出台了《华中科技大学工作流程设计与再造竞赛项目评审及奖励暂行办法》,活动更加规范。2017年开展第三届活动。每一届活动中都有杰出的流程出现。流程再造活动的开展,对于推动各部门信息化建设,优化流程,提高服务水平,推动师生服务中心内部窗口的联审联办等发挥了重要的促进作用。

2. 顶层设计

华中科技大学明确提出,要树立为师生、为基层、为一线服务的鲜明导向,把师生满意度作为重要的评价标准;师生服务中心"统筹规划,分步实施;一站服务,网上优先;营造环境,优化流程"的指导思想通过先易后难、重点突破、分期分批、示范引领等方式方法得以有效落实。华中科技大学前校长丁烈云院士当时提出要建设一个"不像办事大厅的办事大厅",这对环境设计等提出了很高的要求,因此,师生服务中心在环境建设上狠下功夫,打造了一个充满"工业风、书香味、科技范、温馨感"的师生服务中心。图3.3.21和图3.3.22所示的为师生服务中心的大厅和内景。

图3.3.21 大厅

图3.3.22 内部全景

3. 功能定位

师生服务中心以"服务凝聚人心,作风建设永远在路上"为思想导向,以"服务学校发展,实现一流管理、一流服务"为目标导向,以"服务永无止境,给师生以方便、高效、舒心"为问题导向,努力争创改进工作作风的示范区、建设服务校园的排头兵、"放管服"改革的先行者。着力解决审批事项"不集中"、师生办事"来回跑"的问题,彻底消除"门难进、脸难看、事难办"的现象,激发广大师生员工共同参与学校建设与发展的积极性和主动性。

4. 建设组织

2017年1月,学校发文成立师生服务中心建设领导小组,校长丁烈云任组长,校党委副书记副校长马小洁、副书记马建辉和副校长梁茜任副组长,党委办公室、校长办公室、组织部、机关党委、人事处等24个机关部处、直属单位的主要负责人任成员,领导小组下设办公室,副总务长朱川平任办公室主任,学校督办室(挂靠党办、校办)副主任翁维红、网络与信息化办公室副主任王士贤、基建管理处副处长陈扬三人任副主任。党办校办主要负责服务事项梳理、校外相关单位联络,网络与信息化办公室负责大厅信息化建设以及与网上办事大厅线上线下结合方式的实现,网络与信息化办公室主任、网络与计算中心主任于俊清亲自指挥,网络与计算中心吴驰、柳斌、郑竞力、熊鹰、章勇、雷洲、戚俊豪、刘晓兰等同志积极参与。基建管理处负责基建与装修工作,朱川平负责综合协调推进。大家既进行了一定的分工,又通过例会制度进行紧密联系和协商,随时解决问题。后期,校长办公室副主任朱鲁斌作为师生服务中心负责人加入建设队伍。副校长梁茜亲自抓建设工作,在建设过程中随时听取办公室的汇报,提出了"让技术在项目中活起来,让空间在使用中美起来,让环境在布局中雅起来,让师生在服务中笑起来"的建设目标。办公室定期向领导小组汇报,领导小组就重要事项作出决策。2017年12月25日,师生服务中心举行了启用仪式。

5. 信息化运用

师生服务中心建设了网络、门禁、导览、取号、评价、网站、微信应用、工作平台、显示、广播、取件、自助设备等系统,刷脸门禁、刷脸取号、刷虹膜取件等一些新技术得到运用,与网上办事大厅实现线上线下结合,与学校的统一身份认证系统、统一信息门户(含移动门户"华中大微校园")、网上办事大厅、统一通讯平台、统一门禁系统等进行了打通和集成,为师生服务中心正常运行提供了有力的技术保障。图3.3.23所示的为师生服务中心采用的虹膜识别技术。

6. 运行机制

中心采取平台建设持续化、线上线下协同化、流程再造常态化、考核评价规范化、事项办理制度化、设备功能集成化等方式,推动多部门联审缩短办事流程,缩短办理时限,提高一次办结率。实行窗口评比制、量化考核制、服务评价制、办事公开制、分类办理制、窗口分区制、首问负责制、归口管理制等。同时,拓展服务领域,引进户政服务、火车票取票、天然气圈存、武汉通充值、车管所车辆违章年审等社会服务,设置24小时自助服务区,实现全天候服务。

7. 主要成效

中心现已入驻25个单位,设有服务窗口28个,同时设立了24小时自助

图 3.3.23 虹膜自助采集

服务区,设置自助服务设备 21 台(其中 10 台校内自助设备实现了外观和内部界面统一化),线上线下一体可办理各类事项逾 400 项;同时引进 6 大类共 30 多项社会服务,截至 2019 年底,为师生办理各类事项逾 40 万次,服务满意率近 100%。中央部委和部分省市领导先后视察指导(见图 3.3.24),200 多批次兄弟高校单位前来调研交流,人民网、教育部网站和《中国教育报》先后对此进行了报道。

图 3.3.24 湖北省领导到中心调研

3.3.7 结语

当高校正在火热地推进"一站式"综合性实体办事大厅建设时,武汉市民之家已推出了"无人警局",原来大部分借助人工窗口才能实现办理的业务现在可自助办理,未来"无人"办事大厅是否会成为一种趋势,让我们拭目以待。无论如何,信息化部门都将承担越来越多的任务。

参考文献

[1] 国务院办公厅政府信息与政务公开办公室.全国综合性实体政务大厅普查报告[EB/OL]. http://www.gov.cn/xinwen/2017-11-23/content_5241651.htm,2017-11-23.

[2] 迈克尔·哈默,詹姆斯·钱皮,著.改革公司:企业革命的宣言书[M].胡毓源,徐荻洲,周敦仁,译.上海:上海译文出版社,1998.

[3] 林琳.公众理想中的便民服务大厅是个什么样子[N].工人日报,2018-8-17,(3).

[4] 韩超.我国行政服务中心建筑的分析探究[D].广州:华南理工大学,2013:37.

[5] 北京大学新闻网.重磅!北京大学启用"可信电子成绩单"[EB/OL]. http://news.pku.edu.cn/xwzh/8cfde055a06543b1aadc0f516404f8f5.htm,2019-7-23.

[6] 臧兴杰,樊哲.中山市政务服务标准体系建设和服务质量评价研究[J].标准科学,2019,(5):101-105.

[7] 王玉明,刘湘云.国内行政服务中心建设及其经验[J].南方论刊,2013,(1):32-36.

4

数据治理与大数据

4.1 数据治理基础：数据共享实现方法

近几年来，学校信息系统和师生对数据一致性、准确性、及时性和完整性提出了更高要求，数据治理成为信息化建设的重要任务，数据共享是数据治理的基础和重要内容之一，数据共享究竟有哪些要点？在技术上如何实现或应该选择哪些技术？这是本章要探讨的主要内容。

4.1.1 数据共享的必要性

1. 信息系统的要求

信息化发展早期阶段，缺少统一的规划和信息标准，信息系统粗放式发展，信息系统各自采集数据，独自管理，形成一个个"数据烟囱"和"信息孤岛"，由于系统之间缺少数据共享和交换，系统自身无法及时更新数据以保持数据的准确性，因此各系统之间数据不一致的情况十分突出，甚至会出现数据错误，影响信息系统的正常运行。开展数据治理工作是信息系统发展到当前阶段的必然要求。

2. 师生的强烈需求

各信息系统之间的数据没有共享，对同一数据进行重复采集使师生意见很大，师生认为自己的同一个数据学校应该只需要采集一次，而不是每次都要填写相同的内容，而且自己的数据在很多系统中由于没有及时更新还存在错误的情况，师生对于加强数据共享、提高数据准确性的呼声越来越高。

3. 大数据平台建设的需要

近年来很多高校开始建设大数据平台，大数据主要由学校基础数据、业务数据、日志数据和互联网数据等组成，基础数据和业务数据准确了，大数据分析结果才会准确有用，否则，即使建设了大数据平台，但是建立在错误或不完整数据基础上的分析，其应用效果也会大打折扣。

4.1.2 数据共享的要点

数据共享包含很多具体工作,主要工作包括选择数据共享模式、确定数据权威源、制定数据标准、数据清洗、数据异常处理、确定数据共享频率、提供数据共享服务和明确数据共享流程等。

1. 选择数据共享模式

数据共享有两种模式,一种是各个信息系统之间两两共享;另一种是建立一个基础数据库(有的高校称之为共享数据库或公共数据库),所有信息系统之间的数据共享均通过基础数据库实现,基础数据库作为中心节点与其他各业务信息系统之间进行数据共享,形成一个星型结构(如图 4.1.1 所示)。第一种模式适合于信息系统数量较少,共享数据较为简单的场景,例如,如果学校或某部门内部只存在两三个系统之间需要共享数据,就没有必要单独再建立一个基础数据库作为桥梁,这样会增加共享环节。但是,如果信息系统较多,而且共享的内容也多且复杂,就必须采用第二种模式。随着共享系统的增多和共享数据规模的不断增大,第二种模式中的基础数据库的压力也将越来越大,如何管理控制好基础数据库的权限,确保共享效率,减少共享故障或中断的发生,也是面临的一个难点。

为了推进数据共享,华中科技大学于 2014 年进行信息化顶层设计时,出台了《华中科技大学信息化技术架构建设条例》,明确了要使用第二种模式进行数据共享。

基础数据库存储的数据范围应该是各业务信息系统之间用于共享的基础数据的集合,而不是所有业务信息系统的所有数据的集合(为了便于区分,我们将与基础数据库进行数据共享交换的信息系统统称为业务信息系统,业务信息系统的数据库称为业务数据库)。有些高校按"所有数据集合"模式建立数据库,并称之为中心数据库或数据仓库,大而全的中心数据库与以共享为目的的基础数据库在数据量、建表规则、共享技术上都有较大差异。基础数据库中的基础数据与业务信息系统等的数据库不是简单的表表对应关系,应对数据进行清理、转换后再进行存储或共享。基础数据库和业务数据库之间的数据共享一般也要经过中间库或中间表进行转存,不直接向业务数据库中插入或更新数据。基础数据库的主要功能是存储和交换数据,除了建立以基础数据库为基础的"数据服务"应用之外,一般不在基础数据库上直接建立应用系统对数据进行修改等操作。

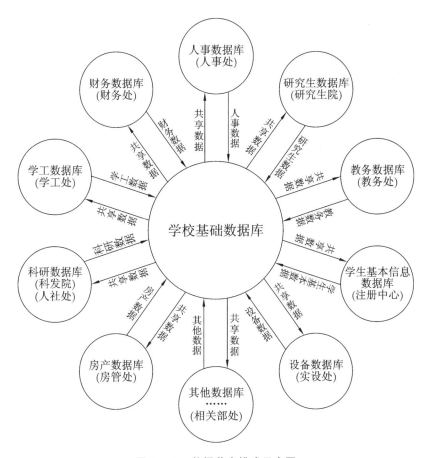

图 4.1.1 数据共享模式示意图

2. 确定数据权威源

在进行数据共享前,首先必须确定哪些数据是基础数据,由于业务信息系统中存在大量数据,不可能把所有数据都同步到基础数据库中来,因此必须对信息系统中的数据进行清理,明确哪些是基础数据。确定基础数据的一般原则是:有明确的权威源且需要被其他信息系统共享使用的数据。对于没有明确的权威源的数据,无法保证其及时性和准确性,它们不宜作为基础数据;虽有明确的权威源但不会被其他业务信息系统使用到的数据,同步到基础数据库中的意义不大。

确定基础数据的权威源要利用产生这些基础数据的业务信息系统,而这些信息系统由学校不同的部门负责建设和管理,最终就要落实到各具体部门。为了推进数据共享工作,初步建立起基础数据库,华中科技大学首先出台了

《华中科技大学基础数据库建设与使用管理暂行办法》,确定了各类基础数据的数据源。例如机构数据,即学校各级单位和组织机构名称、编码等,由机构编制委员会办公室负责产生和维护;本科生管理类数据,即本科生奖助贷勤、评优评先、招生、就业数据等,由学生工作处负责产生和维护;人事基本数据,即教职工人员编号、姓名、所在单位、出生日期、身份证件名称及号码、职务(级)、学历学位、工作经历、教育经历、岗位、工资津贴等,由人事处负责产生和维护。但这种分配规则是比较粗的,在实际运行中,还需要进一步细化,例如教职工的政治面貌数据就需要由党委组织部和党委统战部两个部门负责产生和维护,他们分别负责维护党员教职工和民主党派教职工的政治面貌数据。

基础数据的产生和维护按照"谁产生,谁负责"的原则执行,其他信息系统和业务部门在严格遵循"最少够用"的原则下,经基础数据产生部门批准后共享数据。基础数据仅允许由产生该部分数据的权威源业务信息系统或部门进行更新,其他信息系统只能使用数据,不能对其更新。

为了保证数据的唯一性,要避免发生"一数多源"的情况,即避免出现某个数据有多个权威源的情况。例如对于教职工的联系方式(如手机号码),可能多个业务信息系统中均存储了该信息,但最终必须明确某一个业务信息系统作为权威源。华中科技大学的师生联系方式(手机号码)权威源为学校信息门户(绑定微信企业号时必须确定手机号码),其他所有业务信息系统不得采集师生手机号码,如需使用,必须向有关部门申请后,经学校基础数据库共享使用。

3. 制定数据标准

数据标准是数据交换与共享的基础,因此,在实施数据共享前应先制定数据标准。如果所有信息系统均未建立数据库,就以教育部颁发的《教育管理信息高等学校管理信息》标准和相关行业信息标准为基础,结合学校实际,制定学校的信息标准,所有信息系统的数据库必须按照学校发布的信息标准建设,这是最为理想的情况。但现实情况是,很多业务信息系统的数据库早已建成,并且可能正在支撑庞大的业务信息系统运行,让这些业务信息系统的数据库重新按照一个新的数据标准来更新重建,是不现实的,相关人员会认为即使是很小的数据标准的改动,也会影响现有业务信息系统的稳定性,因此,相关人员往往会拒绝采用新制定的标准。如果一个标准被大多业务信息系统拒绝采用,则这个标准注定会成为空中楼阁,它就是一个失败的标准。

那是否可以完全妥协、迁就现有业务信息系统中既有的数据标准,学校新的数据标准就完全按照这些既有的事实标准(旧标准)来制定,而置国家或教育部标准于不顾呢？答案是否定的，这样做，就会使国家或学校的新标准永远无法落地，不利于未来与国家相关信息系统或报表对接，而且随着需要共享的数据库和对接的业务信息系统越来越多，原来的不符合规范和标准的数据在具体共享过程中，也会带来很多麻烦。

比较可行的办法是，学校的标准仍以国家、教育部以及行业颁布的标准为主，上述标准未涉及的部分根据学校实际情况制定，且尽量以现有的权威源业务信息系统中的数据标准为标准，以利于推广和减少反复工作。应用标准进行数据共享的步骤大致为：首先，以教职工和学生的基本信息、教学数据、学习数据、科研数据等核心数据为主要内容建立一个符合标准的数据集合；其次，将这些数据从权威源同步到基础数据库中，同步时如果权威源中的数据标准与学校标准不一致，则要求将其转换成学校新标准或建立学校新标准与旧标准的对照表，通过中间数据库将数据推送到学校基础数据库。这样，学校基础库中收到的数据应是符合学校新标准的数据，如果仍有不准确的，经过双方协商，确定数据的清洗、纠错等方案，直至数据准确；最后，基础数据库通过中间库将基础数据同步到其他业务信息系统中，业务信息系统根据自身数据标准情况确定是直接引用还是建立标准转表后再引用。随着现有业务信息系统的不断升级改造和新旧系统的更替，新的标准将会逐步应用到各个业务信息系统中，最终形成全校"一盘棋"。

4. 数据清洗

数据清洗是对数据进行重新审查和校验的过程，目的在于删除重复信息、纠正存在的错误，并保证数据一致性。数据清洗的任务是过滤掉那些不符合要求的数据，将过滤的结果交给相应的业务部门，确认是否完成过滤。不符合要求的数据主要分为不完整、错误和重复三大类。

数据不完整主要是指缺失一些应有数据，对缺失的数据应按数据项进行进一步分类，整理后提交给数据权威源部门补充完整后再进行抽取。实际实施过程中此种方法常常会面临数据权威源部门补充数据不及时的问题。此时，可以采取"倒逼"方式。例如，如果有教职工或学生"缺失身份证信息"的，则在登录学校的"统一身份认证系统"时，账号标识为"未激活"，需要身份证信息数据权威源业务信息系统完善好信息并将其同步到基础数据库后才可正常使用。

错误的数据主要指格式不正确（如数字输入全角数字字符）、取值范围不正确（如日期越界）的数据，对于此类错误，一般使用SQL脚本进行过滤，找出具体问题，直接在抽取的过程中通过编写视图对这些数据进行修正，再将其抽取到基础数据库。

对于重复的数据,比如身份证号重复数据,应使用SQL脚本导出问题数据,定期反馈给数据源部门。对于数据源部门未及时修正的,也采用"倒逼"方式,逐渐完善数据。

5. 数据异常处理

源数据更新包括数据的新增、修改和删除,一般来说,源数据新增或修改后,同步到基础数据库中的表内的数据相应地进行新增或修改即可,基础数据库再把新增和修改后的数据同步到其他业务信息系统的数据库中。但是如果将源数据中的一条数据做了删除处理,则在基础数据库中不宜直接做删除处理。可在数据同步到基础数据库前使用数据比对工具,找出存在异动的数据,对于删除的数据,使用工具生成SQL语句,对基础数据库的该条数据设置删除标志位,表示该条记录已删除,但该条记录在物理上仍然存在。同时在基础数据库的删除异动表中插入该条数据。在将数据同步给其他业务信息系统使用时,将删除异动表推送给有需求的业务信息系统,由其根据异动记录表来更新本地的数据库。

6. 确定数据共享频率

根据应用场景,数据共享可分为实时共享和定时共享,实时共享是指数据源发生的变化实时同步到基础数据库中,同时,基础数据库中的变化也实时同步到有需要的业务信息系统中;定时共享指每隔一定时间段同步一次数据,可以是每一小时一次、每天一次(最常见的是每天夜间某个时间点进行)。对于对数据实时性要求比较高的场景,需要使用实时共享,例如教职工的异动,原则上应做到实时,新教职工到校并且其信息进入人事数据库后,应立即将其信息同步到统一身份认证系统、教务系统、校园卡系统、图书馆系统、医院信息系统等,不应让新进教师等到第二天才能使用这些系统。但是,实时同步技术较为复杂,也可使用高频定时同步方式代替,将定时同步的频率设为5分钟或10分钟一次,尽量做到让用户无感。当然,对于对实时性要求高的数据,使用数据服务"拉"的方式也是选择之一。

7. 提供数据共享服务

上面所讲的实时共享是在数据层面实现的共享方式,即所谓的"推"的方式,通过数据的实时推送完成数据的同步。此外,还有一种方式为"拉"的方式,即各业务信息系统对某些数据具有实时要求时,可以将基础数据库中的各类数据封装成接口,通过调用相关数据服务接口,可先到基础数据库查询该类数据是否有更新,如有更新,则通过接口调用将最新的数据"拉"到本地,更新本地数据库。

数据需求方可在线查看数据资源列表,申请数据服务接口的调用。申请时可以指定接口中的多个特定字段,管理者可以逐一选择接受或驳回。审批结果可在线查看,并有日志记录。数据服务接口可复用,同一个接口针对不同用户的申请,可提供不同的字段组合。其中,接口说明文档、调用方法和示例代码也可在线查看。

为了保障数据"拉取"过程中的数据安全,会为每个数据需求方提供动态令牌,可限制接口调用的频次上限(单位可以为天、周、月),限制特定的 IP 访问,并可查看每个应用实际调用的次数统计,对于异常的调用及时告警。

随着数据共享交换的需求越来越大,数据需求方越来越多元,市场上的数据服务产品也越来越成熟,可实现在线进行数据共享申请审批、通过接口方式提供数据共享服务、数据服务监控和统计等功能。

8. 明确数据共享流程

数据共享虽然主要是一项技术工作,但也是一项管理工作,信息技术部门作为技术支撑部门,掌握着数据共享的技术手段,但数据的所有权或支配权原则上应属于数据的产生部门,应该尊重数据产生部门对数据的支配权,并且按照数据产生部门的审批意见执行。尽管从大局上来说,学校所有的数据所有权都属于学校,任何部门都应服从大局,但现实情况是部门对数据的所有权很在乎,同时也负有安全责任。为了顺利实现数据共享,学校在网上办事大厅上创建了数据共享申请流程,需求部门需要提交申请的数据(具体到字段),系统根据选择的数据的类型自动流转到数据所属部门,各部门均完成审批通过后,信息技术部门根据审批结果开始实施数据同步操作。数据共享申请流程如图 4.1.2 所示,网上办事大厅申请界面如图 4.1.3 所示。

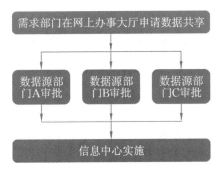

图 4.1.2 数据共享申请流程图

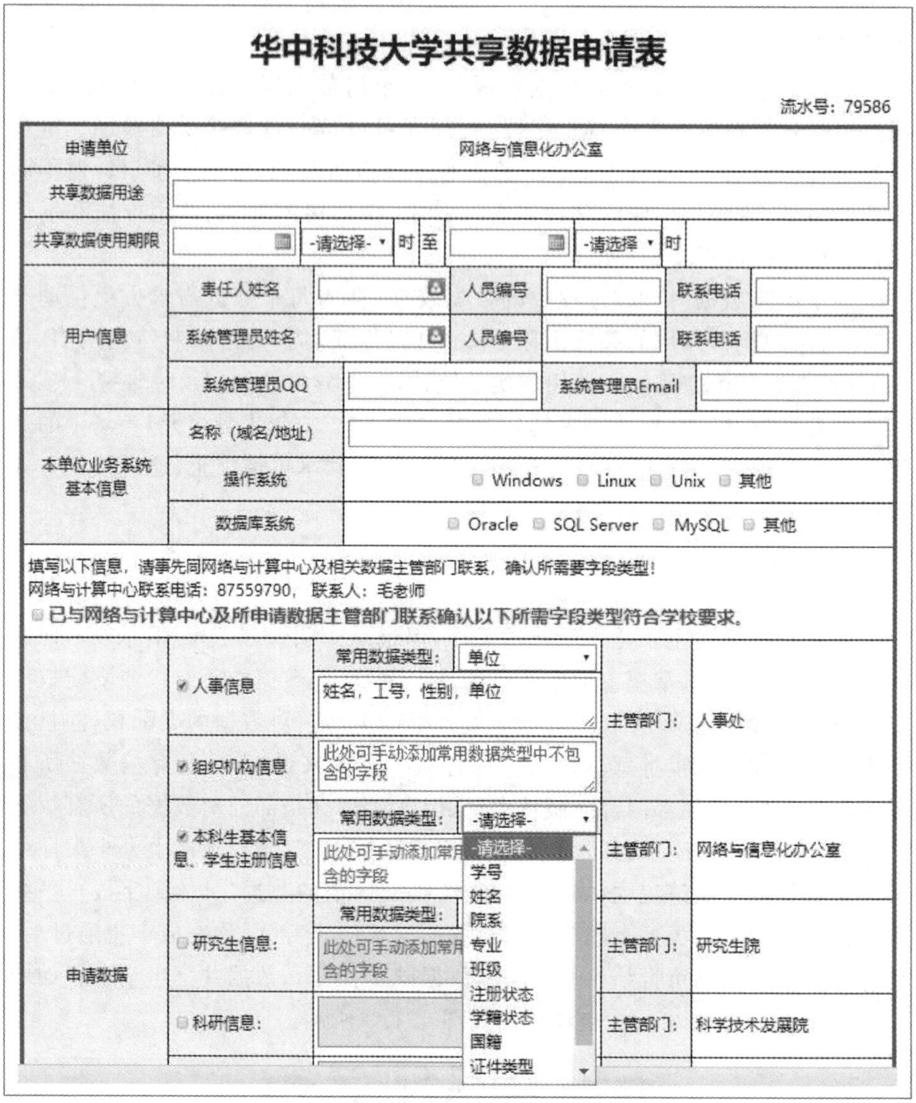
华中科技大学共享数据申请表

流水号：79586

申请单位	网络与信息化办公室				
共享数据用途					
共享数据使用期限	-请选择- 时 至 -请选择- 时				
用户信息	责任人姓名		人员编号		联系电话
	系统管理员姓名		人员编号		联系电话
	系统管理员QQ		系统管理员Email		
本单位业务系统基本信息	名称（域名/地址）				
	操作系统	Windows Linux Unix 其他			
	数据库系统	Oracle SQL Server MySQL 其他			

填写以下信息，请事先同网络与计算中心及相关数据主管部门联系，确认所需要字段类型！
网络与计算中心联系电话：87559790，联系人：毛老师
已与网络与计算中心及所申请数据主管部门联系确认以下所需字段类型符合学校要求。

申请数据	人事信息	常用数据类型：单位 姓名，工号，性别，单位	主管部门：人事处
	组织机构信息	此处可手动添加常用数据类型中不包含的字段	
	本科生基本信息、学生注册信息	常用数据类型：-请选择- 此处可手动添加常用……含的字段 -请选择- 学号 姓名 院系 专业 班级 注册状态 学籍状态 国籍 证件类型	主管部门：网络与信息化办公室
	研究生信息：	常用数据类型： 此处可手动添加常用……含的字段	主管部门：研究生院
	科研信息：		主管部门：科学技术发展院

图 4.1.3　网上办事大厅上的共享数据申请表

4.1.3　数据共享的实现方式

早期数据共享的实现方式之一是人工从源数据库中导出 Excel 表格或 Access 文件，然后将其导入目标数据库，这种落后的共享方式早已无法适应现代数据共享的实时性、多表关联的复杂性的要求了，目前主要使用的是数据库

之间的同步或复制技术。现介绍三种常见的数据共享技术，一是定时推送，通过 ETL 工具定时将数据推送到业务信息系统专门为数据共享建立的中间库；二是实时同步，通过 OGG(Oracle Golden Gate)实现数据的实时同步；三是提供数据接口，通过数据接口工具提供实时查询。

1. 定时共享技术

定时推送的主要步骤：首先，通过视图等方式规范和清洗数据；然后，通过 ETL 工具将数据定时推送到业务信息系统的中间库；再次，由业务信息系统编写同步程序，从其中间库同步到业务库中。

需要做以下说明。①关于同步工具。建议选择成熟的商用 ETL 产品，例如 Oracle ODI，作为 ETL 工具，它支持几乎所有主流的数据库，例如 Oracle、MySQL、Microsoft SQL Server、Informix、Sybase AS Enterprise、Sybase IQ 等。另外，基于其知识模型体系，它能适应不同的、多种多样的数据源，灵活有效地完成数据抽取/转换/载入过程，通过配置代理和调度，可以实现自动定时执行数据同步。②关于中间库。在将数据从基础数据库推送到业务信息系统时，先将数据推到一个中间库，这样既可以保证从基础数据库中推送出去的是标准化的数据，同时，推送的过程不影响业务信息系统数据结构及系统运行。此外，中间库的建立要与业务信息系统数据库逻辑分离，并且中间库严格限制为只供基础数据库访问，至少应严格限制为在校内访问，以保证数据的安全性。

定时推送的流程如图 4.1.4 所示。

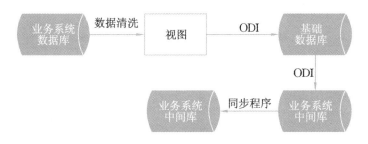

图 4.1.4　定时推送共享流程图

下面以学生的学籍基本信息同步过程为例说明整个过程。

学籍的基本信息在教务系统中涉及多张表，我们按照学校的数据标准，在教务系统中建立视图，如图 4.1.5 所示(其中表名非系统实际表名)。

接着在 ODI 中建立相应的接口(如图 4.1.6 所示)。

```
create or replace view dbo.v_bks_xjjbsjxx
(xh, yxsh, zybh, zyh, xkmlm, pyfsm, dsdm, nj, xjzt, bjbh, rxny, xz, xslbm, xszlbm, yjbyny, lqlb, sfpg, sfsg, xqm)
as
select jb.xh,de.dwbh yxsh,ma.zybh,ma.zyh,ma.xkmlm,jb.pyfsm,jg.zgh,cl.nj,
jb.xjzt,jb.bjbh,jb.rxny,ma.xz,jb.xslb,jb.sxlbm,jb.yjbyny,jb.lqlb,jb.sfpg,jb.sfsg,de.xqm
from A jb
left join B cl on cl.bjbh=jb.bjbh
left join C ma on ma.zybh=cl.zybh
left join D de on de.dwbh=ma.dwbh
left join E ad on ad.dsdm = jb.dsdm
left join F on jg.sfid = ad.sfid
where  (jb.sxlbm in ('11','16','17','21','25','38','39','61','81','82','83','84','85','86','8a','8c','8b','8f')or jb.
or jb.sfid in (
```

图 4.1.5　学籍信息视图

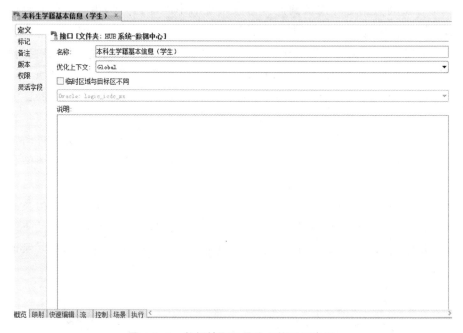

图 4.1.6　数据抽取工具建立接口示意图

接下来建立字段映射关系(如图 4.1.7 所示)。

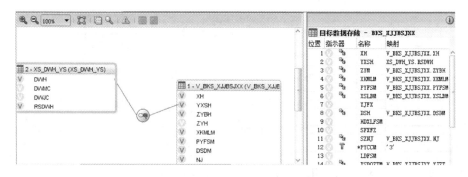

图 4.1.7　数据抽取工具建立映射关系示意图

最后设定同步的频率(如图4.1.8所示)。

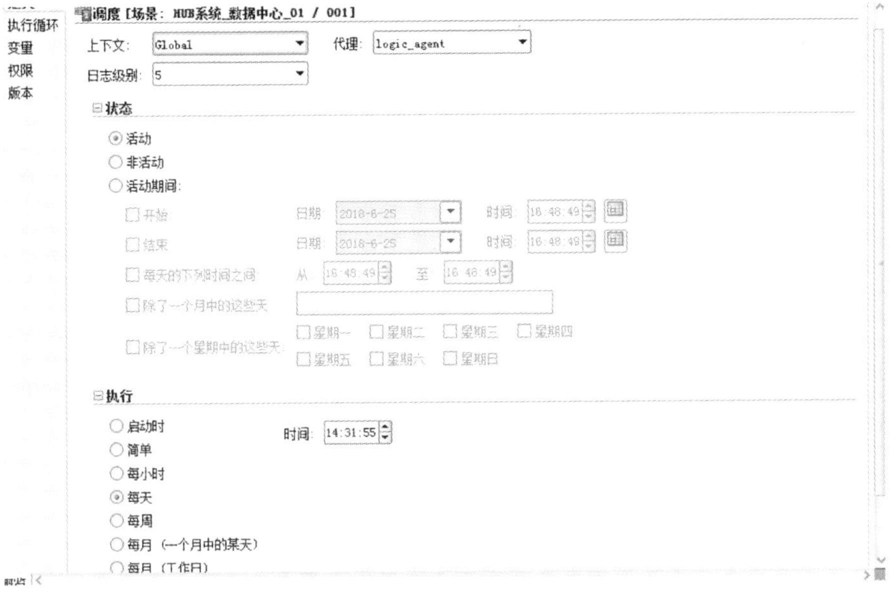

图 4.1.8 数据抽取工具设定同步频率示意图

此时,学籍信息就会定时同步到基础数据库了。从基础库同步给业务信息系统的中间库也采用同样的方式。

在定时同步中,由网络与计算中心提供同步方案,同步方案中需指定业务信息系统提供的中间库中数据库的数据结构,包括表名以及表结构等,表名统一以 TBSJ 开头,数据结构的设定参考基础数据库的标准,以便进行统一管理。其中,"中间库"为业务部门建立的数据库,要求与业务数据库逻辑隔离,整个数据同步的过程只可在校内进行,不可使用校外服务器作为中间库,以保证数据安全。此外,每张表在申请数据的基础上添加更新标记、插入标记、更新时间,以方便业务信息系统及时识别数据的更新和添加。

2. 实时共享技术

当前主要通过 OGG 实现数据的实时同步,实时同步流程如图 4.1.9 所示。

使用这种方式实现实时同步,需要在数据的源端和目标端同时安装 OGG,OGG 可以灵活地在同类和异类系统(包括不同版本的 Oracle Database、不同的硬件平台)之间以及 Oracle 数据库和非 Oracle 数据库(包括 Microsoft SQL Server、用于开放系统和 z/OS 的 IBM DB2、Sybase 等)之间移动数据。

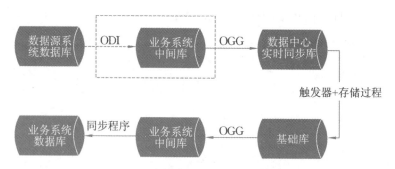

图 4.1.9　实时同步流程示意图

OGG通过传递日志保证源端和目标端的实时数据同步。所以在源端和目标端都需要开启归档。需要注意的是，如果存储空间有限，最好设定定时删除旧的归档日志，以免影响数据库的正常使用。

OGG传递在源端生成的 trail 文件，在目标端将其解析为 DML 或 DDL 语句，然后将其应用到目标数据库中，这就要求源端和目标端的表结构完全一致，这在数据共享出去的时候和定时同步的方式没有区别，但是在数据集成到基础数据库中时，就无法再通过视图的方式清洗和规范数据了，为了解决这个问题，就需要在业务信息系统和基础数据库中间添加"数据中心实时同步库"，其中的数据结构与源端保持一致，然后在其中通过建立存储过程和触发器的方式进行数据清洗和规范。对于源端和基础库差别较大的数据，这种方式的效率较低。如果采用此种方式实现实时同步，则在日常维护时，需要定期在源端和目标端检查OGG是否正常运行（如图 4.1.10 所示）。

```
GGSCI (ncdbl) 7> info all

Program     Status     Group      Lag at Chkpt    Time Since Chkpt

MANAGER     RUNNING
EXTRACT     RUNNING    DP_XYK     00:00:00        00:00:03
EXTRACT     ABENDED    EX_XYK     00:00:00        40:04:44
REPLICAT    RUNNING    RP_JG      00:00:00        00:00:02
REPLICAT    RUNNING    RP_XS      00:00:00        00:00:06
```

图 4.1.10　OGG运行状态示意图

3. 数据服务技术

当前的ODI方式只能实现定期（非实时）的数据推送，从其工作机制上就无法实现真正的"实时数据共享"。OGG方式虽然实现了源与目标数据的实时同步,但由于数据结构只能按照源端进行定义,目标程序使用数据时还需要借助存储过程进行数据的读取、转换和写入,数据才能生效,因此也不能完全实现"端到端"的实时共享。于是需要引入新的数据共享机制,即通过数据接口提供数据。

将需要共享的数据对象封装为API接口,目标系统需要数据时,直接在代码中调用API接口,输入必要的参数发起查询,API引擎立刻直接执行检索后返回结果给应用程序,因此减少了使用ODI时定时执行的时间,以及将数据从中间库转到生产库的延迟。

通过API提供数据应满足以下要求。

(1) 支持多种类型的数据库。

支持对Oracle、SQL Server、MySQL、PostgreSQL等关系型数据库的集成封装和状态监控;支持对MongoDB文档型数据源的集成和状态监控;支持对Elasticsearch数据源的集成和状态监控;支持对Hive数据源的集成;支持对HDFS分布式文件系统数据源的集成。

(2) 集中管理、分级授权。

可配置多个管理角色,为每个角色指定可以管理的数据范围,从而实现分级授权的管理体制。支持审核消息的消息墙提醒、待办事件提醒和邮件提醒。

(3) 数据源的预览和封装功能。

支持对接入的不同类型数据源进行集中管理。可实时查看数据源连接状态、数据源连接信息、数据源详细信息。支持数据源状态的实时监测,以及启用/停用数据源。

(4) API接口申请、授权、访问等功能。

支持用户自定义API接口,快速实现将表封装为API。操作在Web界面完成,无需数据库层和代码层操作。数据使用者在线发起数据访问申请,管理端在线授权后,数据使用者即可访问到所需数据。

(5) 访问控制。

为防止数据的过度调用,平台可限制API调用的频次上限(单位可以为天、周、月),并支持查看每个应用实际调用的次数统计,并支持以曲线图的方式查看其调用频次的趋势。每个接口可以限制可访问的IP,其中IP可在用户申请调用接口时指定。

4.1.4 华中科技大学数据共享实践

目前,华中科技大学基础数据库已与近100个系统进行了数据交互,包括人事系统、教务系统、科研项目管理系统、设备管理系统、学工系统、OA 系统、教务系统、白云黄鹤 BBS、专利和软件著作权管理系统、大型仪器共享服务平台、国际交流管理系统、宿舍管理系统、网站群平台、网上办事大厅、统一身份认证系统（门户）、社科项目管理系统、校医院系统、一卡通系统、协同办公系统、研究生管理系统、党员管理系统、房产管理系统、设备管理系统、采购管理系统、电信学院管理系统、本科生就业管理系统等。

  交换的数据包括：教职工基本信息，包含工号、姓名、单位、身份证件类型、身份证件号、照片、当前状态等信息；教职工因公、私出国信息；教职工的论文、专利、著作等成果信息；学校二级单位组织机构基本信息，包含单位编号、单位名称、单位类别等信息；四大类学生（本科生、研究生、专科生、国际语言进修生）基本信息，包含姓名、性别、学院、籍贯、国籍等信息；四大类学生学籍基本信息，包含专业、班级、学籍状态等信息；宿舍信息，包含楼栋、宿舍号、床位等信息；各类学生的获奖信息、就业信息等。

  基础数据库日均共享数据约 300 万条。其中，教职工基本信息、学生基本信息实现了实时共享到基础数据库。

4.1.5　结语

  高校信息化发展到现阶段，数据共享的需求已呈井喷之势，而且随着新系统新应用的不断推出，数据共享的需求会越来越多。数据共享的方式很多，无法判断哪一种是最佳的方式，方式的选择都应该根据具体需求和应用场景来确定。总体来说，对于更新比较频繁的数据，比如人事信息、学生基本信息应该采用实时同步的方式；对于变化频率不高的数据，应采用定时同步的方式，可以根据需要加快更新频率，减小更新时间间隔；对于数据量较小，不需要持续和基础数据库保持一致的数据，可以采用数据接口的方式。我们也希望数据库技术能得到更进一步发展，让数据共享变得更加自动化、智能化，减轻数据管理人员的负担。

4.2 数据治理终极目标："一张表"

高校信息化发展到今天，数据治理逐步成为高校信息化的重点之一，数据治理是一个长期的过程，而数据治理的终极目标应该就是"一张表"。华中科技大学"十三五"信息化发展规划提出的"十个一"工程中的"办事一张表"也是"十个一"中最难实现的。

4.2.1 什么是"一张表"？

高校信息化虽然在不断发展，各种新的信息系统在不断升级和上线，但师生总是感觉在不断填写各种表格，而且很多表格都要从姓名、性别、单位填起，信息项重复率很高，师生意见很大，同时，管理人员也要花费大量时间在审核、整理和分析数据上。形成这个局面的主要原因分析如下。

在业务层面，师生填写的表格在设计、介质和流转方面都存在问题。部门之间没有就表格的设计进行有效沟通和统筹，可能对于同样的数据，一个部门刚刚要求填报过，另一个部门又要求填报，甚至可能对于同一个数据项，同一个部门的不同科室都要求重复填报。师生填写的表格很多还是纸质形式的，即使同时提交了 Word 或 Excel 电子版本，但填报的数据依旧无法进行结构化存储，因此也无法进行有效的汇总、存储及利用。管理人员人工核对填报数据，工作量大，费时长，对有问题的数据也不易察觉，数据质量难以提升。表格流转过程中，节点不固定，或存在随意性，或需要靠人的经验判断流转的下一个节点，导致流转过程冗长且不透明，师生的感受是办理周期长，效率低。

在技术方面，由于早期信息系统大都是烟囱式建设，缺少统筹规划，每个系统只负责自己的数据库建设，各个系统自行采集需要的数据，数据存储分散，因此，不可避免地，会出现采集重复的情况。同时，采集方式多样，有的数据通过业务信息系统在线采集，有的数据由院系整理后上报，有的数据依赖师生个人填写表格上报。各业务信息系统在建设之初没有考虑与其他系统的对接和数据共享，各业务信息系统的数据会存在不完整、不准确、不一致、更新不及时，甚至错误等数据质量问题。系统建成后，由于各系统所属部门配合不力、数据标准不一致，导致数据共享与数据治理推进困难。对于管理部门来说,由于数据分散,数据准确性和及时性都存在问题,导致数据无法得到有效利用,难以为管理与决策提供支撑。

为解决上述问题,高校"一张表"(有的高校称为"一表通")建设势在必行。"一张表"主要用于解决师生反应强烈的学校各类数据分散、不准确、不一致的突出问题,通过表格梳理、数据治理、数据共享和交换等手段,理清、核准学校基础数据,规范师生基础数据的采集、审核和更新工作,实现师生基础信息填表时的"一次填写,多级审核,共享互通,重复使用,自动填充"。

"一张表"应是逻辑意义上的"一张表",而非实际意义上的数据库中的一张表或填报页面的一张表格。"一张表"建设的基本思路如下。①从各部门获取所有面向师生的表格。②经对所有表格进行归并和分析后,形成一张逻辑上的大表,该表包含了第①步中的所有表格的所有数据项。③从学校基础数据库、各相关业务数据库以及个人填报的数据中抽取这些所需要的所有数据项,但这些数据项并不能完全覆盖大表的所有数据项。④对于大表空缺的数据项,由师生个人补充完善,经院系或部门审核后进入各业务信息系统或进入学校基础数据库,最终成为大表中的具体数据项。⑤将填满全部数据项的大表进行合理拆分,拆分成第①步所征集到的所有表格,并将带数据的表格反馈到各部门,从而实现数据的智能填充。具体如图4.2.1所示。

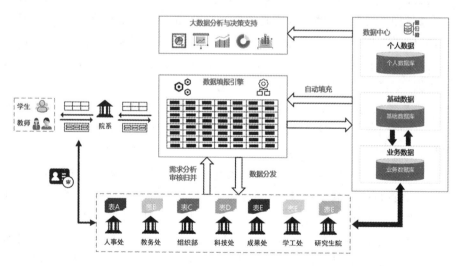

图 4.2.1 "一张表"建设思路

这只是一个比较理想化的过程,看起来比较简单,但实际上每一步都非常复杂,推进十分困难。既涉及大量数据的清理,支撑平台的建设,还涉及大量的协调、组织和推进工作。

4.2.2 "一张表"建设的难点分析

"一张表"建设从技术上来说好像并不难,但为什么这么多年来一直是高校信息化建设的 Boss 级难题呢?没有哪个高校能够非常自信地说自己的"一张表"已经非常完善了。有几个核心问题需要解决,一是"一张表"由谁来做?如何做?也就是组织动员和工作推进的问题。二是表格究竟有哪些?应该如何实现这些表格的自动化填报?这是表格清理的问题。三是数据从哪儿来?要明确数据的来源。四是平台如何设计?表格清理好了,数据也来了,要设计一个怎样的平台来解决师生反复填表的问题,让师生有一个较好的体验呢?

1. 组织动员

"一张表"建设的最大难点在于如何推动这件事,如果领导不重视,部门和院系不配合,仅仅只是由信息技术部门建立数据治理或填表的平台,最终是很难成功的。"一张表"建设的启动十分关键,这里的启动不是指信息技术部门内部的启动,而是学校下定决心将其作为学校的一件重要工作来推进。因此,首先必须整合院系和师生需求,反映师生呼声,引起领导重视,将"一张表"建设列入学校年度工作要点;其次,成立"一张表"建设领导小组和工作组,必须由校领导牵头任领导小组组长,各相关部门主要负责人或分管信息化的负责人任领导小组成员,相关部门管理人员或技术人员组成工作组,明确各部门职责、分工和要求;再次,要找准突破口或抓手,没有突破口或抓手,就很难确定"一张表"的总体目标或阶段性目标,缺少推进工作的动力,缺少适合的启动时机以及用于检验的标准,二级学院教师年度考核就是一个很好的抓手。将"一张表"应用到学院教师年度考核,既可以通过帮助学院高效率完成年度考核任务,调动学院参与的积极性,又可以通过考核这个硬任务,推动教职工进行数据的提交、补充与审核,最终推动"一张表"落地。由于"一张表"工作量很大,涉及的数据项较多,每个学院考核方案又不同,因此不能一次性在所有院系开展该工作,必须先在积极性比较高的学院进行试点,待平台稳定后再向全校推广。

建立一个完整的组织体系,可让校领导、职能部门、学院和师生都成为"一张表"的参与者,由此解决各部门手工收集表格和统计数据的负担,减轻被师生吐槽的压力;帮助学院实现年度考核的自动化,为其全方位、数字化展现本学院教师业绩完成情况提供便利,为其科学决策提供依据;让师生只需要填写或审核一次与本人相关的数据,以后不用再重复填写。让各方都能感受到"一张表"给自己带来的便利,才能形成建设合力,顺利推进工作。

2. 表格清理

师生们总是反映自己需要经常填表,那学校究竟有多少表格需要他们填写呢?这需要开展一次全面的清理工作。以学校或"一张表"建设领导小组的名义下发通知,收集整理各部门和院系要求师生填写的各类表格。领导小组或工作组分析各表格中的数据项,对数据项进行整理、分析、优化或合并,明确数据的采集范围、数据项名称及类型等,同时,根据表格类型及具体内容,确定实现表格的途径。也可以成立一个表格清理委员会,由校领导牵头,相关部门负责人以及教师代表和学生代表参加,共同对表格进行清理,表格该优化的优化,该合并的合并,该取消的取消,要求所有表格都纳入"一张表"建设,对于未纳入的表格,师生可以拒绝填写,责任由发放表格的部门承担。

"一张表"并不是不填表,而是以少填表、少填表里的数据项、方便快速地填表为目标。因此,完成表格清理后,还是要研究如何完成或优化这些表格的填写。表格填写或数据采集大致可以通过以下三种途径实现。

一是通过业务信息系统实现。对于业务属性及专业性较强的表格,例如高基表、财务报表、科研报表以及要求院系填报的各类教务类或人事类表格等,应由相应的业务信息系统实现。由于这些表格专业性较强,与业务联系紧密,与其他业务信息系统的数据关联度较低,因此业务信息系统在生成这些表格方面具备天然优势。对于表格内的数据,业务信息系统能够自己产生的,由业务信息系统自身完成采集;对于涉及其他业务信息系统的数据,通过基础数据库申请共享其他业务信息系统的数据,减少数据的重复采集。通过业务信息系统开发填报或统计相关功能模块,既可以免除师生填写纸质或 Word/Excel 表格的麻烦,也便于管理工作人员进行查询和统计。

二是通过网上办事大厅实现。对于要求师生填写的办事类、服务类表格,应通过网上办事大厅实现,网上办事大厅这类流程类平台对于处理跨部门、跨系统的流程具有优势,网上办事大厅要充分利用基础数据库中的数据,实现表格内的数据项的自动填充。

三是通过专用平台实现。对于经以上两种途径都无法获得的表格及数据,应为其建立专门的数据填报平台(或称为"一张表"平台),由部门或师生在线填报,解决数据采集的问题。

表格的实现最终还是要依靠相关信息系统和学校基础数据库,通过业务信息系统和公共信息系统完成数据采集,再联合已有的基础数据库,形成一张逻辑上的数据总表,简称"一张表"。表格清理示意图如图 4.2.2 所示。

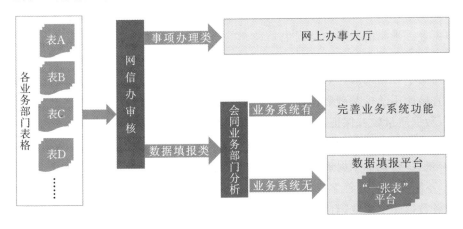

图 4.2.2　表格清理示意图

3. 学院需求

大多二级学院都有一些面向师生的表格,如学院的教师年度考核表。把学院教师年度考核作为"一张表"建设的重要抓手,就要对学院的年度考核需求进行调研。学院教师年度考核的核心是考核方案,考核方案主要包括教学、科研、公共服务、校企合作等各类业绩数据,以及分配绩效的算法公式或规则。由于各院系的学科类型、发展阶段、管理模式等不尽相同,因此考核方案也存在差异,但其共性是考核要求填报的内容绝大部分是教师及学院所关注的教师业绩数据,差异主要体现在每一项业绩的计算方法以及绩效分配方案上,例如有的学院对教学工作量比较看重,有的学院对科研工作量要求较高,同样都是科研工作量,有的学院对科研经费比较看重,有的学院对高水平论文比较看重,导致各类业绩在绩效分配时系数不同。因此,需要分别对各学院考核方案进行解读,细化和落实每一项数据,并且可对每个学院每年的绩效分配规则通过计算公式进行灵活配置实现。

4. 数据治理

"一张表"的核心是数据,与普通的数据治理相比,"一张表"涉及的数据范围更广,数据量更大,对质量要求更高。主要难点有三点,一是如何确定数据范围,二是如何明确数据来源,三是如何提高数据质量。

关于数据范围。"一张表"采集的数据不是越多越好,不是简单地把各业务信息系统中的数据汇总到"一张表"平台,或者根据教育部颁发的数据标准集来收集整理数据,而是应该以需求为导向,根据需求确定数据采集的范围,例如师生在网上办事大厅办事填表时常用的数据,教师年度考核需要的业绩数据等。采集的数据的范围也是动态的,根据需求的变化可不断扩大或缩小数据的采集范围。

关于数据来源。数据采集范围确定后,数据来源就是重点,要确定哪些数据直接使用学校基础数据库中数据,如果基础数据库建设和管理已经较为成熟,数据质量较有保证,则应优先从基础数据库中提取数据,避免重复采集或过度采集。如果基础数据库尚未建立,再考虑从业务数据库中抽取数据,其实"一张表"建设也是促进基础数据库建设的好时机,应利用"一张表"建设的机会,不断丰富和完善学校基础数据库。基础数据库中不包含的数据,应主要从业务数据库中抽取,有些业务数据库中没有的数据或者是不够准确的数据,也可以从信息门户、网上办事大厅等公共平台中沉淀的数据中抽取。对于通过上述两种途径都无法采集到的数据,应为其建立数据填报平台,由师生本人录入填报,此类数据既可以按需填报,也可以定期填报。

关于数据质量。确定来源的数据汇集到"一张表"后,数据的准确性、真实性如何保证?有些数据不准怎么办?由此,一要建立严格的数据审核和入库机制,确定审核数据的人员及审核内容,通过审核的数据正式入库;二要采取"倒逼"机制,通过将数据展示给师生本人,提供给其他业务信息系统使用,让更多的数据"晒在阳光下","倒逼"数据权威源将数据弄准。

5. 平台设计

数据治理完成后,有了完善且高质量的数据,就要研究"一张表"的具体应用。根据上述分析,和"一张表"相关的系统主要有三类,一是业务信息系统,二是网上办事大厅,三是"一张表"平台。前两个系统较为传统,核心是解决师生反复填表的问题,设计时遵循方便录入、易于操作、展示全面的原则即可。"一张表"平台既是一个综合性的数据展示平台,又是一个复杂的业务管理系统,其具有数据填报、数据管理(含个人数据中心)和业绩管理等功能,其必须具备灵活的配置能力和服务能力。"一张表"平台是"一张表"建设的核心和关键,甚至决定着"一张表"的成败。下面一节专门介绍"一张表"平台的建设。

4.2.3 "一张表"平台建设

1. 技术架构

"一张表"平台分为数据层、应用层和展现层,数据层以学校基础数据库为主,同时辅以学院基础数据库,学校基础数据库主要存储学校二级单位基本信息、教职工基本信息、教职工业绩数据等,学院基础数据库主要存储学院内设机构、科研团队及其组成、教学团队及其组成、年度教职工考核方案等学院个性化基础信息。应用层主要包含数据管理、数据填报、业绩管理三大系统。展现层为学校领导、学院领导和教师个人提供数据展现、分析等功能。平台技术架构如图 4.2.3 所示。

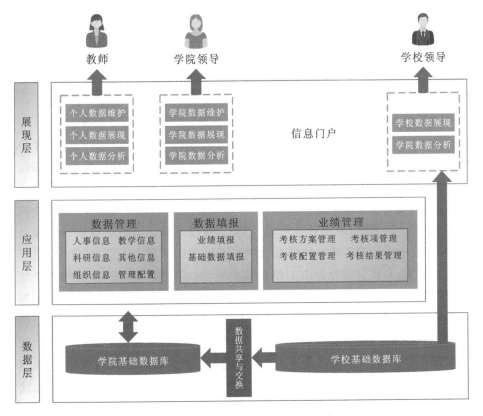

图 4.2.3 "一张表"平台技术架构示意图

2. 系统功能

数据管理系统遵循统一的数据标准,对教师和院系提供数据维护服务。教师可在系统查看个人各项数据,并对其进行维护,如课堂教学信息、科研项目、科研论文等。它也是学院基础数据库的管理界面,学院可在其中查看本学院教师的各项数据及数据统计情况,同时根据业务部门表格需要,导出相应数据。数据管理遵循"谁录入谁修改,谁产生谁负责"的原则,因此,如果数据来自于学校基础数据库或其他业务信息系统,教师在查看时,可通过报错机制,向基础数据库或相关业务信息系统进行报错,相关管理人员核实信息后,在业务数据库源头对数据进行修正,修正后的数据经由基础数据库再回到学院基础数据库,形成闭环。

数据填报系统为教师和学院提供数据填报及审核服务。基于一次填报业务,教师在平台填报个人数据,已有数据自动填充,教师无需重复填报,仅需补充缺漏数据即可。教师核对个人数据并提交,提交后学院各级管理人员在线审核,审核通过的数据作为已核定数据归档入库,供后期使用。整个填报业务流程在线上完成,各方人员可在线查看填报数据详情、业务流程及状态,避免手工填报、人工核对所带来的各种问题。

业绩管理系统用于支撑教师年度考核业务,主要涉及四个步骤。第一,学院设置考核方案。根据学院需求,平台管理员在系统中为每个学院设置好相关数据源,并基于数据源设置若干考核项,包括考核参数、考核指标等内容。学院则仅需指定参与考核的教师,设置本学院考核方案。考核方案由若干考核项组成,可在线灵活配置考核参数、考核指标及计算方式等具体内容,考核方案作为业绩计算引擎的计算依据。第二,业绩计算。系统实现业绩计算引擎,根据在上述数据管理系统和数据填报系统中的教师个人数据和学院设置的考核方案,系统实时计算出工作量或业绩,展现给教师。第三,教师确认业绩并分配。系统将参与考核的教师的数据及业绩展示给教师本人确认。如果学院在考核方案中设置了业绩对应的绩效津贴,系统也会自动计算出相应绩效津贴并展示给教师。由于科研业绩、教学业绩都可能是科研团队或教学团队共同创造的,因此需要教师本人对业绩进行二次分配,将绩效分配给直接创造业绩或对业绩有贡献的教师个人。业绩分配应遵循相应的规则,例如业绩不能分配给团队外人员,业绩一旦完成分配并审核通过后不得再次组织分配等。第四,管理人员审核业绩。业绩经确认及分配完成后,需要将确认结果及分配结果提交给相关管理人员审核,例如教师个人科研业绩数据要经过学院科研秘书审核,教学业绩数据要经过教学秘书审核,相关管理人员审核完成后,完成年度教师业绩考核工作。

4.2.4 华中科技大学"一张表"实践

1. 工作推动

华中科技大学于2016年制定了《华中科技大学"十三五"信息化发展规划》,规划提出了包括"办事一张表"在内的"十个一"工程建设内容。办事一张表的核心就是网上办事大厅和"一张表"平台建设。学校将"推进'一张表'工程"列入2017工作要点。经过2017年和2018年两年的试点,学校又将"扩大'一张表'试点范围"列为2019年十件民生实事之一。

学校于2017年6月成立了"一张表"工程建设领导小组,党委书记和校长任组长,多位相关校领导任副组长,网络与信息化办公室、党委办公室、校长办公室、组织部、网络与计算中心、财务处、人事处、教务处、学工处、科学技术发展院、科技成果转化办公室、人文社科处、实验室与设备管理处、国际交流处、基建管理处、后勤集团、图书馆、档案馆、校医院、国际教育学院、远程与继续教育学院等有关单位的主要负责人任成员。同时成立了工作组,由领导小组成员单位的具体工作人员组成。学校多次召开"一张表"工程建设推进或检查会议,校领导非常重视,亲自出席会议,研究解决推进过程中的实际问题。2017年"一张表"平台在计算机学院和网络与计算中心两个单位试点,2018年扩展到6个学院和网络与计算中心继续试点。"一张表"工程稳步推进,取得初步成效。

2. 建设情况

2017年,"一张表"工程项目之一"业绩管理系统"启动建设,并于年底在计算机学院初步试用,为计算机学院整理和建设涵盖教学、科研在内的26项数据内容,根据需求配置32项考核内容。

2018年,"一张表"工程加快建设步伐,为进一步推进"一张表"工程建设,学校征集试点院系,进一步扩大试点范围。多家单位申请试点,经过综合遴选最终确定7家试点单位,包括计算机学院、机械学院、生命学院、基础医学院、环境学院、社会学院和网络与计算中心。在新一轮的建设及试用工作中,需求进一步扩充,共61项数据内容纳入建设范围,同时根据数据情况及院系实际需求,学校定制了151项考核内容。某学院建设数据详表如表4.2.1所示。

表 4.2.1 某学院建设数据详表

类别	内容
人事类	基本信息、人才奖励、先进个人、先进集体、院内兼职、学术团体及社会兼职
教学类	本科生课堂教学、研究生课堂教学、二学位课堂教学、高职高专课堂教学、留学生课堂教学、其他课堂教学、本科生实践教学、研究生实践教学、特殊课程教学、教学研究项目、教学研究论文、教材立项、教材出版、精品课程、实验技术项目、教学成果奖、教学质量奖、教学竞赛奖、优良课堂及实验实践、教材获奖、实验技术成果奖、优秀教学个人、优秀教学集体、指导毕业设计、指导研究生、指导本科生创新创业项目、指导研究生创新创业项目、指导本科生毕业论文获奖、指导研究生论文获奖、指导本科生竞赛获奖、指导研究生竞赛获奖、学业导师、教学质量跟踪、教学培训、举办教学研讨活动、学术培训进修交流、教学评价
科研类	科研项目、期刊论文、会议论文、授权专利、科研著作、科研获奖、编制标准、成果转让、咨询建议、软件著作权、其他成果
公益服务类	本科教学公益、研究生工作公益、科研工作公益、人事公益、社会公益、其他公益
校企合作类	企业合作

上述数据有三个来源：学校基础数据库（包含相关业务数据库）、学院和教师个人。学校基础数据库中的某些数据优先从基础数据库获取，例如科研项目数据，这类数据在学校有权威数据源，并且权威数据源已将数据共享至基础数据库，那么"一张表"平台从基础数据库获取该类数据进行使用。若此类数据有误，则参照"谁产生谁负责"的原则，在权威数据源源头处对数据进行修正，再将数据同步至基础数据库，最后更新到"一张表"平台。学校基础数据库没有的数据则优先由学院在"一张表"平台录入，例如教学成果奖数据，对这类数据学校尚未建设数据库进行管理，无法进行数据共享与交换，而学院对该类数据情况非常清楚，因此由学院在"一张表"平台录入更为合适。若此类数据有误，则参照"谁录入谁修改"的原则，由学院认定后，在"一张表"平台对数据进行修正。最后，对于学院也没有的数据，则由教师个人录入，例如企业合作数据，此类数据如果学院还没有掌握，则只有教师本人最为清楚，因此采取教师录入、学院审核的模式，将此类数据入库。

科研论文数据在教师业绩考核中是一类非常重要的数据，经学校研究确定，科研论文数据的权威源为图书馆，图书馆将国内外重要论文收录数据库进行集中采集，并归入学校学术成果库，学术成果库自动将论文数据推送给教师认领,教师认领并经图书馆审核后的数据成为教师个人论文数据,数据经学校基础数据库共享至"一张表"平台。教师登录"一张表"平台后,可以查询本人已入库的所有论文信息,同时可以补充相关信息,补充信息由学院审核,数据流转图如图4.2.4所示。

图 4.2.4　科研论文数据流转图

在数据完备准确的基础上,可以对数据展开应用,年终业绩考核是本次项目建设中的一个典型数据应用案例。本次考核内容及考核规则全部通过线上配置方式实现。院系管理人员根据实际需求,选择需要的考核项,对其进行配置。例如,理论教学工作量配置内容如表4.2.2所示,配置完成效果如图4.2.5所示。配置完成后,教师填报教学数据,系统计算引擎将根据配置算法,自动计算理论教学工作量,如图4.2.6所示。其他考核项采用相同配置逻辑,不再赘述。

表 4.2.2　理论教学工作量配置内容

考核范围	2017年春季至2017年秋季课程
计算方式	学时×工作量系数
系数指标	教学语种、班级数、开课类型
系数配置	系数具体取值

图 4.2.5　业绩系统考核指标配置图

理论教学（本科、高职、二学位）	课堂名称	课堂人数	质量数值	课程名称	课堂类别	教学语种	学时	（单位：工作量）
	计算机1707-10	124	4	信息技术导论	本科	中文	2	2.6
	计算机1704-06	95	3	信息技术导论	本科	中文	2	2.4
	计算机1701-03	104	3	信息技术导论	本科	中文	2	2.4
	计算机1711-13	128	4	信息技术导论	本科	中文	2	2.6
	计1-10+计卓+acm	238	8	并行编程原理与实践	本科	双语	32	48

图 4.2.6　根据考核规则自动计算理论教学工作量

3. 主要成效

华中科技大学于 2018 年开始开展部门表格清理工作，共收集了 13 个部门 369 张面向师生的表格，分步将 225 张表格在相关业务信息系统中实现，65 张表格在网上办事大厅上实现，31 张表格在"一张表"平台上实现。

2018 年底上线的新版"一张表"平台综合了学校多个职能部门、6 个试点学院和 1 个直属单位的 61 张数据表需求，共计近 2000 个数据项，实现了与人事、教务、研究生、科研、图书馆等权威数据源的同步。教师仅需通过简单核对和填充即可实现"数据一次核对（录入），各处共享使用"，初步实现"数据填报'一张表'"。平台还以教师业绩管理为抓手，为学院提供灵活方便的考核方案可视化配置功能，实现教师业绩考核数据的自动填充和业绩计算，将教师从年底繁琐的业绩填报和统计中解放出来。平台为 1003 位教职工提供了服务，目前共计有各类数据记录 12.5 万条。学院可以通过"一张表"全面准确地掌握本学院教职工的人事、教学、科研情况，并且可进行历史对比和横向对比，这对于提高学院管理水平具有重要意义。

4.2.5　结语

"一张表"建设难度非常大，其建设必将是一个长期的过程，每所高校在信息化发展的不同阶段，对"一张表"的理解和要求各不相同。华中科技大学一直走在探索的路上，希望和兄弟高校一起努力，通过建设"一张表"把信息化建设推上一个新的台阶。

4.3 大数据:智慧校园建设新台阶

智慧校园以大数据、物联网为特征,智慧校园要做到"智慧",必须有大数据平台的支撑。建立大数据平台和开展大数据应用,对提升学校科学化管理水平、个性化服务水平、风险管理水平具有重要意义。因此,大数据成为近几年各高校信息化建设的新热点。

4.3.1 大数据技术

大数据技术是指通过对海量数据进行采集、存储、计算、可视化等一系列有效手段,将海量数据中潜藏的信息和价值挖掘出来,为人类社会各项活动的科学决策提供依据,从而提高各个领域的运行效率的技术。

传统的数据分析和挖掘技术局限于小规模、结构化的数据,大数据技术可以满足对海量的结构化和非结构化的数据进行分析的需求,其涉及的技术主要包括:分布式存储、数据集成、并行计算框架等。

1. 大数据技术简介

大数据平台的建设目前采用主流大数据技术框架 Hadoop。Hadoop 是 Apache 开源分布式系统基础架构,其生态系统包括 Flume、Sqoop、HDFS、HBase、Spark 等组件。大数据平台涉及的主要技术如下。

(1) 分布式存储。

分布式存储包括 HDFS、HBase 等分布式存储系统。

HDFS(Hadoop Distributed File System)系统具有容错性高、吞吐量高、扩展性好的优点,适用于长期保存海量数据,能很好地满足大数据平台对于数据存储的大容量、高效率、安全可靠的要求。

HBase 是一个面向列、可伸缩、可靠性高、性能高的分布式存储系统,采用 Key/Value 存储结构,运行于 HDFS 平台之上。HBase 不同于一般的关系数据库,其适合存储非结构化数据。

(2) 数据集成。

数据集成系统是一个通用的数据提取框架,用于从各种数据源(关系数据库、日志文件等)中提取、转换和加载大量数据到分布式存储系统中。关系数据库(Oracle、MySQL等)可以通过Sqoop导入HDFS,日志数据可以通过日志采集工具Flume导入HDFS。

(3)并行计算框架。

并行计算框架主要有MapReduce、Spark等。

MapReduce是基于文件的并行计算框架,其是Hadoop的核心组件之一,把对大规模数据集的操作分发给一个主节点管理下的各个分节点,然后通过整合各个节点的中间结果,得到最终结果。它借助Map和Reduce两个函数编程实现基本的并行计算任务,提供抽象的操作和并行编程接口,以简单方便地完成大规模数据的计算处理。它允许用普通的商用服务器构成一个包含数十、数百至数千个节点的分布式并行计算集群。

Spark是基于内存计算的并行处理架构,其将执行模型抽象为基于有向无环图的执行计划,将中间输出结果保存在内存中,从而极大减少了IO读写。与MapReduce相比,Spark具备更好的计算性能,其更适用于数据挖掘与机器学习等需要迭代的计算场景。

2. 开源大数据平台

大数据平台的建设需充分考虑技术的先进性和成熟性、平台设计的开放性和标准化、系统运行的可靠性和稳定性、资源的可扩展性和可恢复性、运维管理的灵活性和经济性,确保系统的整体性能优越。开源大数据平台涉及的模块和特性如下。

(1)基础平台。

支持基于Hadoop的分布式系统基础架构;支持HDFS、HBase、Hive、Spark、Sqoop、Flume、Kafka、Zookeeper等高性能组件(或能够替代这些组件的产品)。

(2)平台扩展性。

支持节点在线扩展,不中断当前系统的运行,性能线性提升,可扩展节点数量有上百个。

(3)集群的监控和管理。

支持集群的Web界面管理,能够在Web界面中部署常用平台组件;能够监控集群节点的运行状态,包括节点的CPU、内存、物理存储的使用情况,以及磁盘IO、网络吞吐量等重要指标。

(4)数据采集。

支持对结构化、非结构化数据的采集;支持离线和实时采集两种方式。

（5）数据存储。

具备海量数据的分布式存储能力，支持对数据的多副本高可靠存储。

（6）数据计算。

具备 MapReduce、Spark、Storm 等多种分布式并行计算框架，支持离线计算和实时计算，满足高吞吐、大数据量和低时延实时处理等多方面的数据计算要求。

（7）全文检索。

支持全文检索引擎（如 Elasticsearch 等组件），满足检索响应快、高可用、分布式海量存储等要求。

（8）用户管理。

角色和权限的多元化安全管控可满足不同用户角色的资源隔离。

3. 商业大数据平台

针对开源大数据平台存在的运维管理困难、缺乏用户权限管理、SQL 兼容性差、数据安全性较弱等缺点，商业大数据平台进行了深度优化和增强，成为了可靠性高、稳定性高、维护易的集大数据存储、查询和分析于一体的统一平台。相比开源大数据平台，商业大数据平台新增了很多特性。

（1）机架管理。

支持图形化地展示主机在机架上的位置，并对主机和服务进行可视化监控，方便大型集群的管理，可降低运维难度与成本。

（2）扩展性。

集群节点数量支持在线横向扩展。在 100 以上节点集群规模下，已通过第三方机构的性能测试。

（3）统一 SQL。

采用统一 SQL On Hadoop 方案，兼容标准 SQL 与存储过程，并支持机器学习；高性能 SQL 引擎兼容 HBase、Hive、ES、关系型数据库；统一 SQL 工具简化了数据库应用开发工作，降低了原有分析类应用的迁移工作量。

（4）支持多租户。

支持 HDFS、HBase、Hive、Yarn 等组件的多租户功能，满足不同应用开发的数据安全隔离与权限管控。通过多租户管控，提升系统资源利用率和平台安全性。

（5）角色管理。

支持安全员、管理员、审计员等多种用户角色，支持对用户行为进行审计等精细化的运维管理。安全员主要负责用户管理和权限控制，并可以修改所有用户的密码;管理员主要负责管理集群,包含查看和操作集群等;审计员主要负责查看审计日志和集群状态。通过角色管理,保障平台安全运维,降低运维难度与成本。

(6) 数据安全。

支持对分布式存储的数据进行加密,通过细粒度的列与行级权限管控、列的数据加密,提高数据的安全性。

4.3.2 大数据应用场景

1. 校园无线网络

当前在许多校园内部署的大量无线 AP 设备,为全校学生和教职工提供了无线网络服务,同时产生了海量日志数据。但是这些海量数据通常没有得到有效的全量存储,缺乏价值提炼途径,传统管理软件仅支持既有数据的展示,缺乏基本业务分析能力。由于学生轨迹描述、公共区域人流量预警等需求突显,将位置信息作为多业务信息系统关联分析的重要依据已成为信息化的发展趋势。

通过校园无线网获取终端用户的 MAC 地址,与计费认证系统结合,通过用户账号与终端用户的 MAC 地址之间的关联关系,获取终端用户账号,然后结合校园地图,经过大数据分析获得校内人员的 AP 轨迹,实时监控校内人员的分布和流向,可预测未来 24 小时内的人流密集程度,以便于及时发现潜在的风险与问题。因此,借助校园无线大数据,可以实现基于位置信息的学生管理以及人群异常状况的预警。

校园无线大数据可以展现当前的在线人数、最近一段时间内在线人数的变化趋势、终端品牌分布情况、区域热度、AP 点位的当前连接终端数量排行、校内人群的最近流动趋势以及个人轨迹等。

如图 4.3.1 所示,以热词形式显示所有区域的终端在线数量情况,区域内终端数量越多,则区域名字越大、越靠近中心。

2. 学生失联预警

随着学生群体的活动空间及社交范围不断扩大,社会危险因素越来越多,学生的安全管理给学校带来了新的挑战。但是在传统的学生管理方式中,学生失联事件为突发情况,存在事前无征兆、事发中确定滞后、事后收集信息困难等问题。因此,利用校园大数据平台及早地对失联学生进行预警显得格外

4 数据治理与大数据

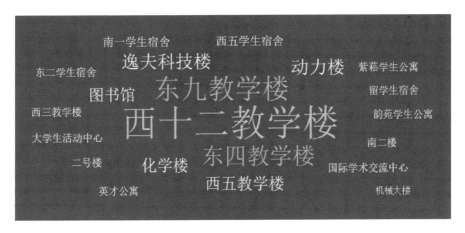

图 4.3.1　区域热度图

重要。

可根据对学生考勤记录、上网记录、校园卡消费记录、门禁使用记录、进出图书馆记录等数据进行综合分析,通过建立相关的大数据分析模型,对学生不在校的情况进行预警,展示学生的预警级别、失联累计时长以及历史失联信息。从而可以让学工部门或辅导员第一时间获悉疑似不在校的学生的名单,及时采取应对措施,最大程度地消除潜在的安全隐患。

以查询学生失联预警名单为例,在如图 4.3.2 所示的页面中,可以按照学院、年级、专业、班级、预警级别、姓名和学号等条件查询学生失联预警名单;可以查看预警学生的基本信息、疑似不在校时长、预警级别、历史处理次数,以及学生最近的校园卡使用等行为轨迹。

图 4.3.2　查询学生失联预警名单

3. 精准资助

经济困难学生的资助工作是我国高等教育改革和发展的焦点问题,贫困生认定是做好资助工作的先决条件。在学校,全面采集学生信息及保障信息的真实性难度较大,贫困认定的科学性、合理性以及有效性受到极大限制。在资助工作的实际开展中,将资助资源真正用在最需要的贫困学生身上,成为一个迫切需要解决的难题。

将大数据分析与学校资助工作相融合,借助大数据技术跟踪、记录、分析每个学生的信息。通过分析校园卡消费数据、家庭经济状况、助学贷款和资助情况等相关数据,深度整合学生相关信息,用科学化的手段辅助困难生认定,可发现真实家庭困难的学生和虚假困难的学生,动态维护学校的贫困生库,推荐需要资助的学生,合理分配资助资源,真正帮到有需要的学生。

以查询贫困生名单为例,在如图4.3.3所示的页面中,可以按照学院、年级、专业、班级、性别、贫困级别、姓名和学号等条件查询上一期贫困生源表、伪贫困生名单、新增贫困生名单和最新贫困生名单;可以查看贫困生的基本信息、贫困级别、资助金额、已获资助等详细信息。

图4.3.3　查询贫困生名单

4. 学业预警

传统的学业预警机制存在评估数据片面、评估方法单一、预警滞后等弊端,学业问题一般是在比较严重的时候才被发现的。因此,充分利用学校在教学与管理过程中积累的大量数据,挖掘学生成绩的发展变化规律,尽可能早地发现学生可能被预警的苗头,基于大数据技术构建学业预警机制显得尤为重要。

学业预警借助深度的数学建模和机器学习等大数据算法,基于学生的历史课程成绩、学习努力程度和生活规律等数据进行综合分析挖掘,提前预测本学期可能会挂科的学生,并结合学校的留级、退学等机制,提供针对每个学生的分级预警功能,从而尽早识别出学业存在风险的学生。学校通过对预警学生及时干预,让学生回到学业的正常轨道上来。

以查询学业预警名单为例,在如图 4.3.4 所示的页面中,可以按照学院、年级、专业、班级、预警级别、姓名和学号等条件查询学业预警名单;可以查看预警学生的基本信息、已挂科学分、预测挂科学分、预警级别以及历史处理次数等详细信息。

图 4.3.4　查询学业预警名单

4.3.3　大数据案例

传统的大数据服务主要是为管理者服务的,对于站在管理者的角度设计的系统,作为最大用户群体的学生的感受并不深刻。自 2014 年起,华中科技大学为学生开展了一系列个性化大数据服务,陆续推出了同年同月同日生、四六级成绩和光阴的故事(毕业生个人大数据)等个性化大数据活动,给学生更加直观的感受,深受学生欢迎。

1. 同年同月同日生

2015 年 6 月,华中科技大学注册中心对全年学生基本数据进行了分析,推出了"HUST 那么大,就是这么巧,我们同年同月同日生"的大数据活动,系统首先对全校学生的年龄、星座、出生月份、出生月日和出生年月日等数据进行了整体分析,得出了一些有趣的结论。学生登录系统后,可以查看与自己同年同月同日生的同学的性别分布、来源省份分布、所在学院分布等,引起学子点赞,如图 4.3.5 至图 4.3.17 所示。

图 4.3.5　同年同月同日生首页

图 4.3.6　在校总人数(全日制)

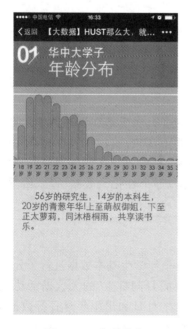

图 4.3.7　年龄分布

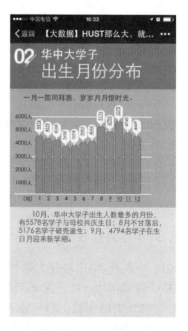

图 4.3.8　月份分布

4 数据治理与大数据

图 4.3.9　星座分布

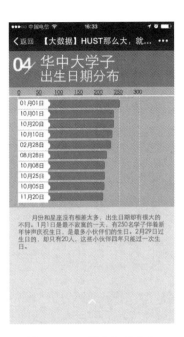

图 4.3.10　出生年月分布

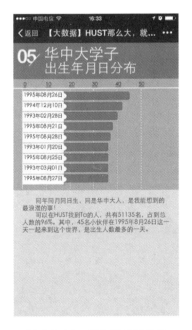

图 4.3.11　出生年月日分布

图 4.3.12　登录查看个人数据

图 4.3.13　同日生人数

图 4.3.14　同日生同学的身份分布

图 4.3.15　同日生同学的学院分布

图 4.3.16　同日生同学的来源分布

图 4.3.17 同日生同学的性别分布

2. 四六级成绩

2015年7月,正值2014年秋季四、六级英语考试成绩查询之际,注册中心推出了四六级成绩大数据,对2006年至2014年的所有四、六级考试成绩以及学生平时英语成绩等共计60余万条数据进行了分析,分别从年龄、性别、学院等多角度统计信息。在2014年秋季四六级考试中,生命科学与技术学院英语四级成绩以508分的平均分,位列全校院系第一;六级则是哲学系以473分的平均分拔得头筹。另外,从总体上看,无论是平均成绩还是优秀成绩(排名前30%),女生的都要高于男生的。从学生的来源分析,四级和六级成绩排在前三名的省市均是上海、江苏和广东。将22万条四六级考试成绩与平时的大学英语、综合英语等课程成绩进行相关性分析,得到显著相关的结论,说明只要平时学好英语课程,通过四六级考试或者在四六级考试中获得高分的可能性就很大。

除了对全校英语四六级考试成绩数据进行总体分析外,系统还为同学们提供了好玩的历次考试成绩查询方法,告知学生其个人成绩在全校及院系的位置,让他们明确努力的方向。全篇使用了江湖风格语言和插图,风趣幽默,公布后引起同学们的大量转发,如图4.3.18至图4.3.32所示。

图 4.3.18 四六级成绩大数据首页

图 4.3.19 四级成绩按性别对比

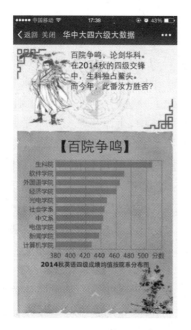

图 4.3.20 四级成绩按院系排序

图 4.3.21 四六级成绩按地域排序

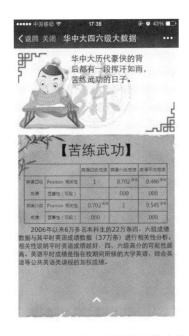

图 4.3.22　与平时成绩相关性分析

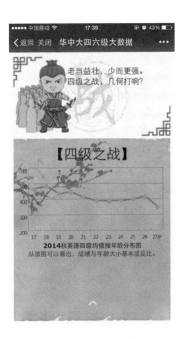

图 4.3.23　四级成绩与年龄关系

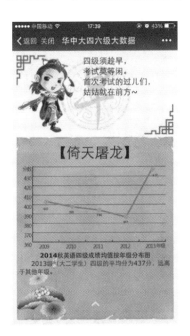

图 4.3.24　四级成绩与年级关系

图 4.3.25　六级成绩按性别对比

图 4.3.26 六级成绩按学院排序

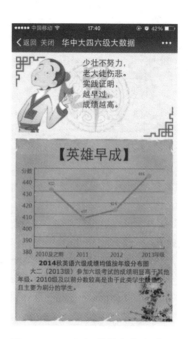

图 4.3.27 六级成绩与年级关系

图 4.3.28 六级成绩与年龄关系

图 4.3.29 个人成绩查询

4 数据治理与大数据

图 4.3.30 个人成绩学院内排名

图 4.3.31 个人成绩全校排名

图 4.3.32 个人历次成绩

3. 光阴的故事

自 2015 年 6 月开始，学校每年为毕业生推出个人大数据，成为毕业生的私人订制礼物，"光阴的故事"用数据描述毕业生在校期间的经历，包括生源地、在校班级、转专业情况、学期注册情况、所修课程、授课教师、加权平均成绩、四六级英语成绩、奖助学金获得情况、科研成果、荣誉称号、访问 HUB 系统情况、计算机等级考试成绩、校园卡消费情况、图书馆借阅情况、党员发展历程等在内的信息均逐页展示出来。该系统还根据学生注册的积极程度，对部分学生授予了注册神人、注册牛人和注册达人的称号；根据学生成绩在本专业的排名，授予学生学圣、学神和学霸的称号；根据在图书馆的借书数量排名，授予学生读书达人称号。一些同学将自己的荣誉称号晒到朋友圈，引得大家纷纷点赞、膜拜。

当前，高校大数据研究主要是利用数据进行学业预警、贫困生甄别、失联预警等，主要是面向管理者，为管理服务，学生们很少有直观的感受。而华中科技大学通过数据理出学生在校期间生活和学习的主线，并将其放在一个故事化的场景里来叙述，很容易引起毕业生的共鸣。2016 届的"光阴的故事"如图 4.3.33 至图 4.3.45 所示。

图 4.3.33　光阴的故事首页

图 4.3.34　入校数据

4 数据治理与大数据

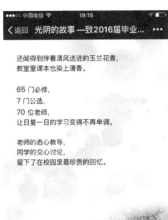

图 4.3.35　注册数据　　　　　图 4.3.36　课程与老师数据

图 4.3.37　成绩数据　　　　　图 4.3.38　四六级及计算机等级考试成绩

图 4.3.39　图书馆借书数据

图 4.3.40　勤工助学及科研数据

图 4.3.41　食堂消费数据

图 4.3.42　超市及乘坐校车数据

4 数据治理与大数据

图 4.3.43 党员发展数据

图 4.3.44 接收短信数据

图 4.3.45 离校数据

4.3.4 结语

在当前大数据时代,没有大数据的信息化不是成功的信息化,但可能各院校基础不同,例如有的院校的数据治理工作还未真正开始,数据质量不高,盲目开展大数据项目建设未必能获得理想的结果。大数据平台建设需要精心谋划,稳步推进,才能取得预期成效。

5

网络安全

5.1 安全的基石：网络安全技术体系建设

面对越来越严峻的网络安全形势，加强网络安全技术建设和管理迫在眉睫，完备的网络安全管控体系包含很多部分，毋庸置疑，网络安全技术体系是网络安全的基石。

5.1.1 网络安全技术体系组成

谈到任何一个网络安全系统，防护功能是必备的，但是具有了防护能力，系统就一定能实现安全了吗？如果防护率达到100%，就可以说是安全了，然而没有系统能做到，能防护住90%的攻击就已经是优秀的了，那么如果剩下的10%的攻击进来了，怎么办？这就需要做最坏的打算并找到应急方法。

最坏的打算就是，即使攻击者得逞了，也要让他留下无法磨灭的痕迹，痕迹越清晰越完整就越能早日循迹发现攻击者进入的途径及方法，并找出攻击者是谁。

应急的最好方法莫过于及时切断网络连接，可以一了百了。然而一有风吹草动就切断系统所有对外连接，似乎有杯弓蛇影之嫌，而且不利于系统的正常运作。如果能做到比较精准地关闭被攻击影响的系统的通信，而保持确定不会被影响的系统的正常工作，就会好很多。

目前，一般认为网络安全技术体系仅包括攻击防护，而我们认为网络安全技术体系至少应由防护、探测、监控和审计四个部分组成，它们之间互为依赖、印证和支持，形成一个相对完整的网络安全技术体系。

5.1.2 第一要素——防护体系

在网络安全攻防战中，我们最早也最常问到的一个问题就是：怎样才能做到不被攻击和入侵呢？第一，不被攻击是做不到的，只要能在网上找到你，你就可能会受到攻击；第二，不被入侵需要你没有任何漏洞，又或者有漏洞但是能拦截所有的攻击。这样，就有如下几种方法可以保证安全：一是在不需要对外提供服务的情况下尽量隐藏自己，但这只有普通用户可以做到；二是联网暴露在公众之前,请高手找出你的所有漏洞并加以修复,但是成本很高,而且这是一个长期持续的过程,可能需要聘请一位年薪几十万元或上百万元的顶级黑客作为系统管理员才行;三是购买专业安全公司的安全防护设备或产品放在系统前面当作盾牌来拦截90%以上的攻击,因为高品质的专业安全公司背后都有安全研发团队,他们能够持续不断地跟踪新漏洞,研究出拦截它们的方法,只要你每年支付一定的维护费用,这些方法就会在你的设备上得到应用,从而一直保持良好的防护能力。

因此,在面对校园网内众多千疮百孔的服务器时,我们能做的最好选择只有第三条:购买各种类型的安全设备,正确部署后,建立起我们自己的防护体系。

防护体系建设的基本思路是"先隔离,再防护",先使网络各部分结构和功能明晰以后,才能准确找到恰当的防护设备加以部署。例如,可以将校园网按服务对象或网络形式划分为办公网、学生网和无线网,对每一部分及共同的出口部署防火墙等网络安全设备(如图5.1.1所示),主要方法如下。

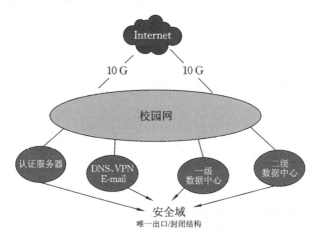

图 5.1.1 安全域划分示例

1. 重新划分安全区域

将重点安全防护对象根据提供应用的类型、服务目的及安全防护需求,分别进行 IP 地址段及 VLAN 划分,并从物理上直接接入不同的独立网络设备,由此在逻辑上和物理上都形成若干独立、封闭的区域,即安全域。安全域之间的交互接口要求尽量少,以防止入侵者从非预期的网络入口对安全域进行访问,这还有助于对区域内的服务器进行统一安全策略管理。

2. 配置访问控制策略

在每个安全域出口处通过配置网络设备的访问控制列表（Access Control List，ACL）和安全设备的防火墙规则来实施严格的网络访问控制策略。网络访问控制的主要目的在于限制每个安全域只能向外提供已知和必需的应用服务访问点，而拦截其他一切非必需的网络联系，从而避免引入安全漏洞。最简单的方法有时却是最有效的办法。

3. 设计防护规则

根据应用类型、服务目的及安全防护等级的不同，在安全域出口部署相应的安全设备，并在不影响正常网络通信和服务的前提下，设计实施合适的防护规则。必须做到进出安全域的所有网络数据都要经过安全设备的检测，从而对各类已知的网络攻击和入侵行为进行拦截。

4. 将普通用户与服务器用户分离

对于普通用户，必须将其与服务器区域完全分离，形成一个普通安全防护区域，在所有出口上设置策略禁止任何由外向内的访问行为，在区域主干网络上还要拦截一些蠕虫传播端口。由于普通安全区域应用复杂，流量大，使用安全设备做应用级安全防护效果不佳，且可能出现较多误拦截，影响用户的用网效果，因此不建议做应用防护。

5. 安全防护分类

安全域划分好了，该购买什么样的安全设备来对它们进行正确的保护呢？

安全防护目前其实只分为两个级别：网络层防护和应用层防护。网络层防护主要根据源目的 IP 地址、端口、传输协议类型等一些网络及传输层元素进行数据包检测和拦截；应用层防护则根据应用层协议的具体内容进行数据包或应用流（将数据包重组成完整的应用通信过程）分析检测和拦截，因而应用层防护需要的处理时间和难度远大于网络层的，出错率也较高。

我们经常听到的"某某防火墙"其实有可能是网络层的，如传统的硬件防火墙；也可能是应用层的，如 Web 应用防火墙；还可能是两者兼有的，如某某下一代防火墙。

（1）网络层防护。如今一提到网络层防护，就会有人建议在校园网出口放置一台大容量的硬件防火墙。其实这样做有很大问题，因为硬件防火墙是基于连接的特性的，在出口出现异常流量或者 DoS 攻击时，一旦超过防火墙的连接表大小限制，就会造成整个网络瘫痪。而交换和路由设备没有连接表，它们的 ACL 一样可以起到拦截网络层流量的作用，为何不用它们来完成呢？另一方面，一个硬件防火墙只能固定放置在一处，而校园网上的交换和路由设备则像毛细血管一样遍布各处，可以灵活地利用它们。所以说防护体系应该是一个广泛的整体概念，凡是在网络中可以起到安全防护作用的设备都要纳入体系。

在安全域访问控制的实现上，可以优先考虑在底层最接近被防护目标的交换机上进行 ACL 设置，这会比在整个区域之前放置安全设备效果更好。如图 5.1.2 所示，访问控制在底层交换机（接入交换机和汇聚交换机）上实现，可以完成安全域内部各网站或系统之间的控制，而不仅仅是安全域内外的控制。

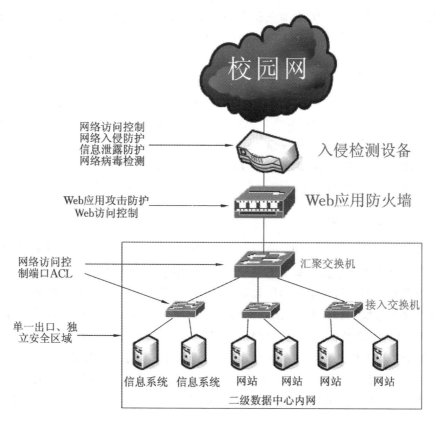

图 5.1.2　在底层交换机上实现 ACL

（2）应用层防护。目前，应用层防护一般分为 Web 应用防护和其他应用防护，可能还有一些针对性更强但不太普遍的，比如垃圾邮件过滤和数据库防护等。Web 应用可以说是最为普及而且面临安全威胁最大的一类服务，因此安全域中防护级别最高的区域一定是 Web 应用域。对于该区域，建议购买专门的 Web 应用防火墙进行防护，而那些所谓集成了所有防护功能的设备，出于种种原因不可能在 Web 应用防护功能上做得足够精细和深入。

那是不是只部署 Web 应用防火墙就足够了呢？不是。任何一种服务应用都是建立在某个操作系统上的，也还可能安装了其他软件，如数据库管理系统、FTP 等，这些软件都会出现漏洞，它们的防护需要部署具有防护除 Web 应用之外的其他应用攻击能力的设备完成，一般称作入侵防御系统（Intrusion Prevention System，IPS）。

因此，Web 应用区前应先部署性能较强、防护功能多样的 IPS 设备，由它先过滤一遍网络流量，再把其余流量交给专业的 Web 应用防护设备处理，降低其负担。而其他非 Web 应用区前一般只需部署 IPS 设备或者根据具体类型部署相应的防护设备就可以了，放置 Web 应用防护设备反而会造成很多误报。对于应用防护，一定要做到精准防护，不是各种各样的应用防护设备上得越多越好。

图 5.1.3 所示的为某高校的校园网安全域部署图，可供参考。

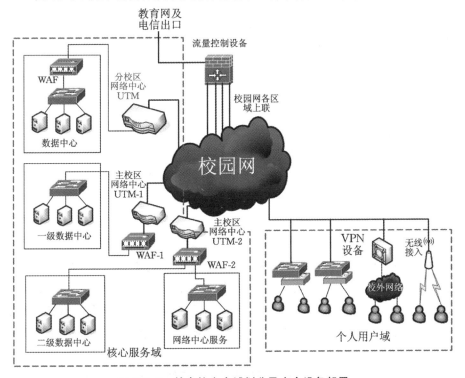

图 5.1.3　某高校安全域划分及安全设备部署

5.1.3 未雨绸缪——探测体系

安全工作中实在有太多意外的状况了：网络拓扑变化导致安全域敞开；系统更新导致又出现了一堆新的漏洞；系统管理员偷偷打开一个不允许的应用；变种攻击层出不穷，0day 漏洞天天有，导致安全设备拦截不了等。所以，摸清管理范围内所有网络拓扑的变化、各系统网站的技术细节，随时掌握最新漏洞信息都是探测体系要完成的工作内容。

要借助各种网络测试方式来判断网络拓扑的变化，写出相关脚本让其自动执行，如果哪天一个不应该被访问的端口或者 IP 被访问了，就说明新的安全隐患出现了。

要掌握各系统或网站的技术细节，比如开放的端口，及端口对应的具体应用和操作系统类型。如果有 Web 应用，还需要知道使用了哪种编程语言、Web 服务平台软件、框架及中间件，甚至是数据库系统。这样的细节掌握得越多，就越能在新漏洞出现时及时判断出它们是否会受影响，从而做出及时处理来消除或降低风险。

这些细节不要指望通过向系统管理员索取来获得，因为系统随时都会变化，管理员们做不到持续不断地进行汇报。我们必须要依靠技术手段来主动探测、获取细节。借助普通的扫描设备、软件可以找出一部分信息，但是信息分散，需要手工收集，很繁琐。也有一些免费的网站或系统可以使用指纹分析软件，但同样需要自己收集存储结果，识别得也不全面、不精细。通过购买专业安全公司的资产管理设备或服务来实现是个比较好的选择，优秀厂商的产品指纹库更细更多，还会不断更新，收集的信息管理起来也很方便。另外，最新漏洞信息提醒也是可以向安全服务公司购买的服务之一。目前也有一些公开的漏洞信息平台可供使用，如国家信息安全漏洞共享平台（http：//www.cnvd.org.cn）和教育行业漏洞报告平台（https：//src.edu-info.edu.cn）等（如图 5.1.4、图 5.1.5 所示）。

安全设备可以防护 90% 以上的攻击，对于剩下的不到 10%，系统或网站漏洞越少，被攻破的概率越低，越安全。因此，周期性扫描所有系统和网站，及时发现已知漏洞也是探测工作的一部分。漏洞扫描软件或设备非常多，免费的或者破解的也可以获得，但是购买知名且能一直更新的产品才能起到实际作用。

对于自动化扫描扫不出来的逻辑漏洞，如各种弱密码、未授权访问以及越

5　网络安全

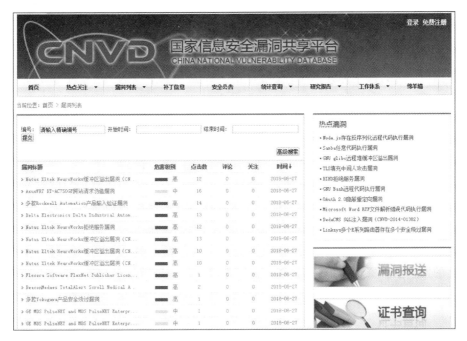

图 5.1.4　国家信息安全漏洞共享平台

图 5.1.5　教育行业漏洞报告平台

权操作等，我们该如何掌握？逻辑漏洞一定是需要借助人工渗透工作才可以发现的，需要较高级的安全技术水平。面对众多的校园信息系统，高校要培养自己的技术人员做一些初步的渗透工作，尽可能发现更多逻辑漏洞。如果我们自身不具备人工渗透的能力，就只能靠购买专业的安全服务来完成，但价格不菲。

具体实现可根据自己的实际情况来定,基本的装备应该是专业漏洞扫描设备或者软件,定期对所有网络资产进行扫描检测,发现问题及时处理。漏洞扫描一般分为两个部分:Web 应用和非 Web 应用。所以购买时一定要了解清楚功能,因为国外漏洞扫描设备/软件分得很细,一般 Web 应用漏扫都是独立的,和非 Web 部分是分开的,购买时一定注意买全。漏扫设备和软件已经很普及了,品牌也非常多,到靠谱的搜索引擎上输入"漏洞扫描"和"Web 漏洞扫描"关键字(还可以是英文),可以检索出市面上的主流产品。

资产管理设备现在也开始普及,很多公司都有产品,至于好坏只能自己通过实际测试来判断。但是判断标准至少应该包含到底能将网络资产的多少细节探测出来？对于只能泛泛地提供 IP 地址、操作系统等一些简单信息的设备就不要考虑购买了,在实际使用中不会有多大帮助。图 5.1.6 所示的为某厂商的网络空间资产情报系统,这个资产管理设备可进行自动扫描,并分类提供网站的端口、应用类型、操作系统、编程语言、Web 应用容器/框架、第三方插件等细节,其提供的技术细节类型可供参考。

图 5.1.6　网络空间资产情报系统示意图

5.1.4　重中之重——监控体系

各行各业中,监控都是运维管理中最重要的一环,事前及时预警发现故障,事后提供翔实的数据用于追查定位问题。

我国公安机关的天网监控系统利用了设置在大街小巷的大量摄像头组成的监控网络,监控平台对城市各街道辖区的主要道路、重点单位、热点部位进行 24 小时监控,其是公安机关打击街面犯罪的一项法宝,是城市治安的坚强后盾,可有效消除治安隐患,使发现、抓捕街面现行犯罪的水平得到提高。很多疑案、难案也是通过摄像头中的一道身影得到了破获的,正所谓"天网恢恢,疏而不漏"。

学校的网络安全监控体系要在校园网中布下自己的"天网",为了达到这一目的,需要做哪些工作呢?

第一步是采集网络流量日志,如基本的时间、源目的 IP 地址/端口、协议类型、通信数据字节数/数据包数,如果还能进一步提供具体应用类型或者相关域名信息就更好了;第二步,对于特别重要的区域还应该尽可能地将网络数据重组复原得到完整的通信内容后保存;第三步,要求所有系统和网络设备开启各类日志记录功能,并设置将日志不仅在本地进行保存,还应实时传送到统一的日志服务器进行保存。Linux 平台的系统还应能将历史记录也实现实时上传。这一步需要各设备及系统管理员的配合,应该制定相关制度,明确关于日志设置和保存的义务,对于拒不执行的单位或个人予以惩罚。

日志服务器应由专人管理,在发生日志缺失或未上传的情况时应及时进行预警和处理,确保日志采集工作的正常进行。

监控体系的工作可能不是技术性最强的,但却是安全工作质量不断提高的基础,是重中之重。

加上了网络流量日志采集系统的拓扑图如图 5.1.7 所示。其中,网络流量审计是指将所有常见且未加密的网络数据包进行重组,并按相应网络及应用协议解析出其中所有具体内容的操作。

归根结底,监控体系就是要尽量获取各种可获取的信息。所以,最基本的就是对所有网络设备、安全设备和服务器均开启各类型日志,然后将其实时传送到某个日志收集设备上保存。最简单的实现方法就是搭建 syslog 服务器来接受保存的这些日志,syslog 的处理能力不够时可安装 syslog-ng 来代替,当数据量较大时可以考虑采用 splunk 等大数据处理平台。

目前还有很多网络审计设备可以把经大流量数据分析后的结果保存下来,这些结果有网络通信流记录、URL 访问、DNS 查询记录等。

5.1.5 定睛之笔——审计体系

计算机网络安全审计是指按照一定的安全策略,利用记录的系统活动和用户活动等信息,检查、审查和检验操作事件的环境及活动,从而发现系统漏洞与入侵行为或改善系统性能的过程。

监控体系只是获取和保存了各种审计信息,但是真正检查、审查和检验这

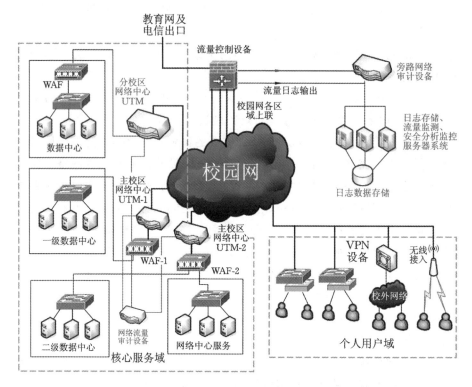

图 5.1.7　安全域＋监控体系

些信息,从而发现问题的是审计体系。监控体系只是大网系统中的摄像头,而在监控中心时刻盯住屏幕的警察才是审计人员,所以收集起来的监控信息能不能起到作用还要靠审计体系发挥作用。

而在目前安全管理领域还没有形成审计体系,审计行为主要靠事件推动,依靠人工分析,一些自动化安全审计设备只能完成对已知非法或违规操作的简单识别。

而目前的安全趋势是未知攻击越来越多,安全设备的防护规则往往会滞后于攻击的出现,那么就算是部署了全套防护设备也有可能被攻击和入侵。如果有一个持续不间断的审计体系在运作,那么即使识别不出攻击,但是攻击者随后要做的其他异常行为,仍然有可能被及时发现,从而被阻止；随后,可以逆向回溯攻击者的进入途径从而发现未知漏洞。

但是现在最大的问题在于没有这样一个不间断或智能化的审计体系在运作,基本都是问题暴露得很明显了,才会派人去翻查日志。其根本原因在于依靠人工无法实时完成这么大量的分析检查工作,而自动化审计设备由于缺乏逻辑,要么给出的结果大多无关紧要,造成"狼来了"的假象,要么错过关键信息,很难做到像人工那样精确。如何实现一个计算处理和逻辑分析能力都很强大,并且具备安全技术知识库的自动化审计功能的产品,是一个复杂的科研课题,还需要安全专家和技术人员的进一步努力。

目前,对于我们可实现的审计体系,应该将每个系统管理员都变成自己系统的审计员,将审计工作变成每天必做的工作,一旦发现异常行为,立即向信息技术部门的安全人员发出整体网络审计分析要求,由他们将异常行为的主体、来源等都分析出来以后,再综合判断这是否为一起非法入侵事件,最后根据结果做出处理。

目前还没有看到针对这部分的任何理论、产品或者服务出现,以上仅为笔者个人的想法。

5.1.6 结语

网络安全设备和普通的网络设备不同,它依靠最新和最完整的各种攻击特征库、漏洞特征库、网站指纹库等来达到最终的目的,而不是仅仅依靠高处理能力,因此,任何网络安全设备或软件必须要能及时、定期更新自身的特征库和功能。选择具备自主挖掘各类漏洞能力的专业安全公司的优秀产品能够帮助我们提高安全防范水平。但是,网络安全技术体系不是网络安全设备的简单堆砌,最终还需要网络安全技术人员具备扎实的网络安全知识,理解各类网络安全设备的工作原理,并能够熟练配置和操作,这样才能让它们发挥更大的作用。

5.2 最后的防线:信息系统上线与安全

信息系统安全是高校网络安全的弱点,也是保护的重点,根据网络与信息安全同步规划设计、同步实施、同步投入运行"三同步"原则,信息系统上线运行是最后一道防线,只有把握好最后这道防线,避免信息系统"带病上线",才能为信息系统运行阶段安全防护以及校园整体网络安全打好基础。

5.2.1 信息系统安全分析

高校的信息系统蓬勃发展为解决高校业务管理或服务提供了良好的信息化支撑,在提高部门工作效率,提升师生办事服务体验方面发挥了十分重要的作用,但在这片繁荣的背后,其实存在很多安全隐患。

1. 信息系统的安全漏洞

据有关报告,网络安全的风险约 70% 来自于网站和信息系统。网站和信息系统漏洞是黑客攻击的重点,但是,随着高校网站群平台的建设,大部分网站被纳入了网站群平台运行,安全主要由网站群平台负责,和原来单个随意建设而安全漏洞百出的普通网站相比,网站群平台作为成熟的软件,总体安全性不断得到增强,其内的网站的安全性也就得到了保障。而非网站类的信息系统建设运行尚无统一标准,且其独立部署,往往成为黑客关注的重点。

高校中很多信息系统都是为了实现业务管理信息化而设立的,高校业务的周期性非常强,为了配合业务,信息系统必须在规定时间内上线,否则,错过了就只能再等一年才能上线。因此,信息系统上线前往往还没有经过充分的测试,只是重在功能实现,而忽视安全检测,导致存在很多安全漏洞。系统一旦上线,就面临着极高的风险,极易被黑客攻破,造成信息泄露、数据篡改、爆库等安全事件。

2. 测试环境及数据安全

信息系统上线,测试环境和生产环境之间应该有严格清晰的界限。但是,为了省事,很多单位将测试环境和生产环境混为一谈,在生产环境中做测试,测试完成后,将数据清空就算是正式上线了。这种简单、随意的模式导致信息系统的测试无法充分进行,也为后期系统升级带来了很大的安全风险。有的单位虽然对测试环境和生产环境做了划分,但存在测试时使用的是生产环境中真实的生产数据,在测试阶段,信息系统的漏洞还没有全部修补,极易造成生产数据的泄露。而且,有些测试数据是由开发信息系统的公司技术人员负责的,技术人员的流动等都可能对测试数据(实际为生产数据)的安全性造成隐患,有些信息系统的数据泄露就是在这个环节造成的。

3. 生产环境安全

信息系统一旦在生产环境上正式上线,其为用户提供便捷的互联网服务的同时,也将直接面对互联网上存在的各种风险。因此,在信息系统上线前尽可能排除运维隐患和安全风险,这是开展上线检查工作的基本目标。运维隐患包括由于部署不规范导致的业务自动启动失效、日志过量积累、配置无法变更、账号管理混乱等问题。安全风险主要来自由代码问题导致的系统崩溃、逻辑漏洞、数据保护失效、访问权限失控,以及软件框架和运行环境因未及时更新补丁自带的安全漏洞等。这些问题如不及早发现,一旦系统上线形成用户依赖,处理起来将非常棘手。生产环境安全还包括运行信息系统的中间件、操作系统,以及数据库管理系统等基础软件的安全。

因此,信息系统上线应主要抓好以下几个环节:一是建立测试环境,实现生产环境与测试环境严格分隔;二是加强漏洞检查,把好信息系统源代码审计、漏洞扫描和人工渗透测试等关口;三是规范应用部署;四是严格生产环境管理,防止系统运行过程因环境问题出现漏洞。

5.2.2 建立测试环境

1. 基本原则

为了提高信息系统的开发效率,方便信息系统建设单位和开发单位测试系统功能,应提供一套与生产环境相近的测试环境。为每个信息系统分别建立测试环境和生产环境,要求数据中心具备充足的计算资源、存储资源和网络资源。测试环境应有明显的标识以避免和生产环境混淆(如在系统首页或标题栏上标注测试字样)。

原则上,只有信息系统通过了在测试环境中的部署运行,才可为其分配生产环境。测试环境对于高可用和容灾恢复方面可不做特殊要求,允许开发单位随时访问后台更新,采用相对宽松的安全策略,但严格限制访问范围。业务功能有任何变更(包括修复性更新),应先在测试环境中充分测试,再更新到生产环境。

2. 权限设置

设立测试环境是为了测试信息系统功能、分析软件缺陷等。由于测试环境的数据为测试数据而非真实数据,并且,为了方便开发单位在测试过程中发现问题后能够及时调整环境、重新发布应用,通常可以赋给建设单位和开发单位更多测试环境的管理权限,开发单位可自行重新部署应用、管理测试数据等。为了方便配置,测试环境在 IP 段分配、虚拟机命名和分组上应提前规划,规范命名空间。但是,由于测试环境中的信息系统在安全性、稳定性和功能性方面仍然可能存在缺陷,因此不应将在测试环境中部署的信息系统完全对外开放,而应将测试系统的访问限定在指定区域内,比如通过白名单机制仅限建设单位所在的 IP 段或其指定的测试用户 IP 段访问。此外,应限制测试环境中信息系统直接连接生产环境的数据库,不得使用、处理真实或正式数据,可以在数据中心云平台中,通过虚拟防火墙隔离测试环境和生产环境。

3. 数据共享与对接

测试环境的信息系统除了要测试自身功能、连接自己的数据库之外,还要实现与其他信息系统数据库的数据共享,以及与一些公共信息系统的对接。为了保证信息系统的正常测试,需要分别建立相应的测试用基础数据库和测试用公共信息系统。测试用基础数据库按照生产用基础数据库的结构进行建立,对生产的数据进行脱敏处理,或者人工编制专门用于测试的伪数据,模拟信息系统数据库与基础数据库之间的数据同步与交换,测试其数据共享与交换的可行性和稳定性。同时,要建立专门用于测试的统一身份认证系统、统一通讯平台、统一信息门户、移动信息门户(微信企业号)、网上办事大厅等公共信息系统,与测试的信息系统进行对接,测试其对接功能,不得将测试环境的信息系统与生产环境的公共信息系统进行直接对接。

5.2.3 加强漏洞检查

信息系统本身的安全性比其所运行的中间件、操作系统等环境的安全性更为重要,因此,在信息系统上线前必须对其进行漏洞检查,主要有三个环节:一是源代码审计,从软件内部尽可能减少因程序逻辑问题造成的漏洞;二是漏洞扫描,使用漏洞扫描软件,通过外部扫描,发现可能存在的漏洞;三是人工渗透测试,模拟黑客攻击方法,发现上述两种方法未发现的漏洞。

1. 源代码审计

源代码审计是主要面向代码开发层面的安全性审计,检查信息系统有无代码级的安全隐患,审计代码编写中不规范的地方;可利用源代码自动化审计工具并结合人工审查的方式,检查程序有无跨站点脚本攻击(XSS)、SQL注入、跨站点请求伪造(CSRF)、操作系统命令注入、LDAP注入、路径遍历、Session固定、Session劫持等问题,并提供代码修订措施和建议。对源代码进行审计的根本目的在于把系统大部分安全隐患根除在系统正式上线之前。

常见的源代码扫描工具有 Veracode、Fortify SCA、Checkmarx 等。Veracode静态源代码分析服务平台帮助企业用户通过代码发现软件安全漏洞、质量缺陷。Fortify SCA是一个静态的、白盒的软件源代码安全测试工具,它通过内置的分析引擎对应用软件的源代码进行静态分析,在分析的过程中与它特有的软件安全漏洞规则进行全面匹配、查找,从而将源代码中存在的安全漏洞扫描出来,并给出整理报告。Checkmarx是由世界上著名的代码安全扫描软件的生产商以色列高科技软件公司Checkmarx研发的,Checkmarx提供了一个全面的白盒代码安全审计解决方案,帮助企业在软件开发过程中查找、识别、追踪绝大部分主流编码中的技术漏洞和逻辑漏洞,帮助企业以低成本控制应用程序安全风险。

图5.2.1所示的为基于Checkmarx源代码扫描引擎的代码审计系统,源代码扫描完成后,系统会自动根据扫描结果生成如图5.2.2所示的扫描报告,系统管理员可以直接通过扫描结果定位到有安全风险的代码,通过人工审计进一步确认安全风险等级。代码审计完成后,管理员可以直接从系统中一键导出源代码审计报告(如图5.2.3所示),审计报告中附有安全漏洞的缺陷描述及相关漏洞修复建议,审计报告可直接提供给开发人员,为其修复漏洞提供参考(如图5.2.4所示)。

通过统计结果,我们发现SQL注入和跨站脚本攻击为出现频率最高的两大高危安全漏洞。SQL注入就是通过把SQL命令插入Web表单提交或输入域名或页面请求的查询字符串,最终达到欺骗服务器执行恶意的SQL命令的目的。具体来说,它就是利用现有的应用程序,将(恶意的)SQL命令注入后台

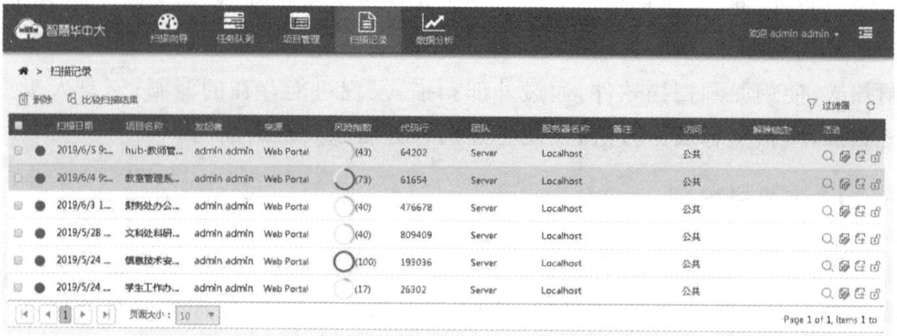

图 5.2.1 基于 Checkmarx 源代码扫描引擎的代码审计系统

图 5.2.2 源代码扫描结果

图 5.2.3 一键生成系统扫描报告

修复建议：

在将未经验证的数据传送给Web页面处理前，对数据进行清洁处理，可以使用输入验证的白名单或者黑名单的方法去验证，也可以使用一些成熟的输出encoding的方法把一些Web浏览器易解析成命令的特殊字符的SCAII码转换成HTML的编码。比如：

Character	HTML value
<	&lt;
>	&gt;
&	&amp;
"	&quot;

```
public String encodeHtml(String input)
{
    StringBuffer out = new StringBuffer();

    for (int i = 0; i < input.length(); i++)
    {
        char c = input.charAt(i);
        if (c == '<')
        {
            out.append("&lt;");
        }
        else if (c == '>')
        {
            out.append("&gt;");
        }
    }
}
```

图 5.2.4　代码审计报告中的修复建议

数据库引擎进行执行，它可以通过在 Web 表单中输入（恶意）SQL 语句得到一个存在安全漏洞的网站上的数据库，而不是按照设计者意图去执行 SQL 语句。处理 SQL 注入类型问题，编写代码时要严格做到以下几点：①对用户的输入进行校验，可以通过正则表达式限制输入字符的长度或者对特殊字符进行转换；②代码中不要使用动态拼装 SQL，可以使用参数化的 SQL 或者直接使用存储过程进行数据的查询与存取；③不要使用管理员权限的数据库连接，为每个应用使用单独的、权限有限的数据库连接；④重要信息不能明文存放；⑤应用的异常信息应该给出尽可能少的提示，最好使用自定义的错误信息对原始错误信息进行包装。

跨站脚本攻击允许恶意 Web 用户将代码植入到提供给其他用户使用的页面中，危害极大。编写代码时要做到以下几点：①对提交内容进行可靠的输入验证,包括 URL、查询关键字、HTTP 头、POST 数据等,仅接受指定长度范围内、采用了适当格式的、采用了所预期的字符的内容的提交,对其他的信息一律过滤;②实现 Session 标记、CAPTCHA 系统或者 HTTP 引用头检查,以防功能被第三方网站所执行;③确认接收的内容被妥善地规范化,仅包含最小的、安全的 Tag,去掉任何对远程内容的引用,使用 HTTP only 的 cookie。

　　此环节要求安全技术人员具备一定的编程基础,了解一般的软件体系结构和软件编程方法,能够读懂由源代码审计工具生成的报告,掌握常见漏洞的处理方法,能判断代码问题是否属于工具误报,指导开发单位修改代码,堵塞漏洞。一般来说,源代码审计过程中发现高危和中危漏洞必须尽快解决,对于低危漏洞可根据情况确定是否立即解决。

　　进行源代码审计的前提条件是开发信息系统的公司必须向学校提交源代码,因此,学校在进行信息系统采购前必须将"向学校提交源代码"作为重要条件之一。对于明确信息系统(尤其是定制开发的信息系统)知识产权属于学校的项目,应明确开发单位无条件向学校提交源代码;对于双方共有知识产权的,也应要求开发单位向学校提供源代码,为消除开发单位疑虑,可签订知识产权补充协议,约定学校不将源代码用于商用或提供给第三方;对于没有明确知识产权归属或没有明确知识产权属于开发单位的,双方可签订保密协议,在保证源代码安全的前提下,由开发单位向学校提供源代码;对于个别以保护商业机密和知识产权为由拒绝提供源代码的开发单位,可要求其向学校提供由权威第三方出具的源代码审计报告,确保源代码不存在安全漏洞。

2. 安全漏洞扫描

　　信息系统通过源代码审计,并解决完所有安全漏洞后,可开始部署到测试环境上。在测试环境中开放服务后(限定访问范围),可进行安全漏洞扫描环节。安全漏洞扫描是指用安全扫描工具对服务器和业务网站进行全面检查,可发现常见的系统补丁缺失、跨站脚本攻击、SQL 注入、框架漏洞、越权等问题。

　　漏洞扫描是指对目标系统、网络组件或应用程序进行漏洞检测。漏洞扫描器是用来执行漏洞扫描的自动化工具。它以漏洞数据库为基础,对远程目标进行检查。该漏洞数据库应包含所有需要的信息(服务、端口、数据包类型、漏洞利用程序等)。扫描就是根据漏洞数据库中的已知知识测试验证目标系统是否存在漏洞的过程,同时提供风险问题清单及描述,并给出修复建议。

　　漏洞扫描的漏洞目前主要分为主机漏洞和 Web 应用漏洞两大类。漏洞扫描器一般也会分为这两类,在使用的时候一定要注意。因为网站除了 Web 应用漏洞一定也会有主机漏洞,所以如果是对网站或信息系统进行漏洞扫描,

5 网络安全

这两类扫描都必须要进行。其他非 Web 应用的目标因为有可能在某些情况下也开启了（比如系统缺省安装等）Web 应用程序，所以建议两类漏洞扫描都进行比较好。

国际公认的主机漏洞扫描软件有 nessus 和 nexpose；Web 应用漏洞扫描软件有 Acuncetix、AppSpider 和 AppScan。以上都是国外知名的漏洞扫描软件，国内的漏洞扫描软件和设备也很多，但是使用效果见仁见智。图 5.2.5 和图 5.2.6 分别是 nexpose 和 AppSpider 的使用界面截图，这两款软件都是国外著名安全公司 Rapid7 的产品。

图 5.2.5　nexpose 软件界面

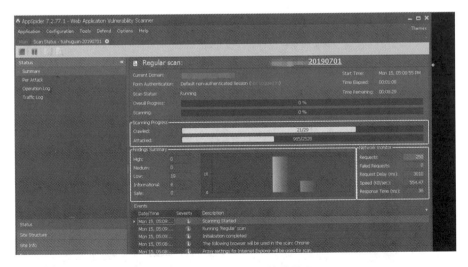

图 5.2.6　AppSpider 软件界面

3. 人工渗透测试

其实还有很多自动化手段扫不出来的漏洞,如各种形式的弱密码、未授权访问、越权操作及应用逻辑错误导致的漏洞等。这样的漏洞一定需要借助人工渗透工作(Penetration Test)才可以发现,需要很高级的安全技术水平。它需要安全渗透测试者尽可能完整地模拟出黑客使用的漏洞发现技术和攻击手段,对目标网络、系统、主机、应用的安全性作深入的探测,发现系统的最脆弱环节,这是一种兼具经验性和创造性的过程。

实践表明,人工渗透检测出的漏洞以逻辑漏洞为主。下面是一个具体的例子,这个网站提供的"忘记密码"功能由于存在越权漏洞可导致暴力枚举系统有效账号并任意修改该账号密码(如图5.2.7所示)。逻辑漏洞的危害是很大的,但它只能通过人工使用测试系统的各项功能才可能被发现,而自动化的漏洞扫描和安全防护设备都对此无能为力。这就是为什么在安全设备都配齐,也没有扫出漏洞的情况下,网站还是被黑掉了。

图 5.2.7 人工渗透检测出的逻辑漏洞

5.2.4 规范应用部署

经过三道安全检测并堵塞所有的安全漏洞后,信息系统进入部署阶段,部署阶段也需要关注安全问题。

1. 测试环境部署

首先由开发单位在测试环境中进行部署,信息系统建设单位组织相关用户在测试环境中对业务进行充分测试,确认系统功能及性能达到合同规定的要求,并提供正式的初验报告。初验报告由建设单位和开发单位相关负责人签字确认。开发单位应提供完备的开发文档(如需求说明书、设计文档等)。

2. 生产环境部署

由于生产环境涉及信息系统的正式运行和生产数据的安全,因此,其必须由学校信息中心人员直接掌握,开发单位技术人员不得获得生产环境的任何权限。为确保生产环境上应用的正常部署,开发单位除了提供应用程序包之外,还需要提供详细的部署和维护文档。

3. 部署文档

部署文档中应详细说明系统的技术方案、服务器配置、安装部署步骤、账号管理方式、数据维护方法、配置变更说明等。信息中心技术人员负责检查部署维护文档的规范性和完整性,在部署完成后检查服务器的健康状态和安全状态,检查的主要内容如下。

1) 文档是否规范完整

部署维护文档应格式规范,内容完整。信息中心可按实际需要设计统一的文档模板,要求开发单位提供完整规范的部署维护文档。

2) 安全功能配置是否齐全

检查各个服务器防火墙和防病毒功能是否开启,检查访问策略是否符合最小够用原则。

3) 应用系统是否可访问

检查应用系统首页是否可访问,测试用户可否登录,测试系统的处理速度和响应时间是否正常。

4) 业务是否可正常关闭/开启

验证文档中描述的关闭/开启业务操作步骤,服务器重启后,要求业务系统能自动启动。

5）数据同步功能是否正常

如果学校建设了基础数据库,应验证业务信息系统与基础库的数据同步功能是否正常,包括初始化、实时同步和定时同步。

6）配置修改检查

验证当服务器 IP、账号等发生变更后,应进行哪些配置的修改以适应变更。

通过部署检查,可以使信息中心对信息系统及其运行环境做到心中有数,特别是当开发单位无法继续提供运维服务时,可以根据文档处理一般的运维问题。

5.2.5 严格生产环境管理

信息系统正式上线后,要严格生产环境管理,杜绝开发单位随意更新应用或操作后台,确保生产环境的绝对安全,主要做好以下几个环节。

1. 增加强审计设备

强审计设备可记录运维人员对生产环境的所有操作。堡垒机即是最常用的强审计设备。通过部署堡垒机设备,可以使运维人员只能通过堡垒机登录服务器后台。堡垒机可以支持 SSH、RDP、SQL 等常用运维协议和工具,通过管理员配置,运维人员只需登录堡垒机,无需输入运维目标账号口令即可进入运维目标后台。运维期间,堡垒机可以记录所有的运维命令和返回结果,甚至对桌面操作进行屏幕录像,方便追溯可疑操作,分析因运维操作不当产生的问题,也促使运维人员更加细致、谨慎地访问服务器后台。

2. 规范应用更新程序

在运行一段时间后,若需修复 Bug、完善功能,则需要对信息系统进行更新。实践证明,信息系统在进行功能性更新后,极易产生新的安全漏洞,因此在每次进行功能性更新前必须重新按照上线的流程进行源代码审核、漏洞扫描检查等工作。

3. 建立运维申请流程

加强生产环境管理,让运维人员只能在必要时通过申请访问业务后台,也可以使运维人员在操作时更加慎重,降低误操作影响业务的可能性。软件系统的生命周期特性,决定了系统在运行过程中,难免需要多次进行功能升级、Bug 修复,以及日常维护。这些都需要开发方进入服务器后台进行操作,对于生产环境的更新和维护,应有严格的处理流程。当需要开发人员进行生产环境的更新和维护时,可由用户发起信息系统更新/维护申请,说明更新的类型、事由,以及更新操作的基本流程和需要的时间,再由数据中心管理员临时开放正式服务器访问权限。当出现业务信息系统无法访问的故障时,可以采用先授权处置,事后再补充申请的方式,兼顾日常运维操作的灵活性和规范性。

5.2.6 数据中心建设

1. 设备部署

在数据中心建设初期要充分了解学校的信息化管理制度的顶层要求,建设方案应与学校信息系统管理要求一致,实施过程充分考虑平台的安全性、可扩展性和可管理性。由于计算机设备具有一定的使用生命期,数据中心建设不可能一劳永逸,因此必然会经历设备更新、降级、淘汰的过程。性能突出、运行稳定、故障率低的新设备通常用于对平台要求较高的生产环境,若干年后,随着设备老化和更新设备的投入,这批设备要考虑降级,在测试环境或备份环境中使用,对已经无法正常使用的设备要做报废处置。因此,数据中心建设在机房布局、机柜布置、设备上架等阶段需要充分考虑方案是否便于设备使用周期管理,是否方便新设备的加入和旧设备的退出,避免出现牵一发而动全身的情况。可以考虑使用分布式集群和资源池化技术,利用其高可用特性动态增减节点,而不影响整体业务。

2. 测试环境与生产环境隔离

测试环境和生产环境通常要求严格隔离,但物理隔离需要独立部署两套网络,且管理维护不便,建议采用逻辑隔离的方式。逻辑隔离的方法有两种,一种是通过核心交换机进行 ACL 访问策略配置,隔离测试区和生产区网络,要求测试区和生产区有清晰的子网界限,可实现基于 IP 地址的逻辑隔离。此方法简单可靠,但不适应较复杂的隔离需求。另一种方法是使用虚拟防火墙。虚拟防火墙是专门针对云计算环境研制的产品,可以基于数据中心集群和虚拟机名进行策略定义,相比传统防火墙产品更加灵活(配置如图 5.2.8 所示)。

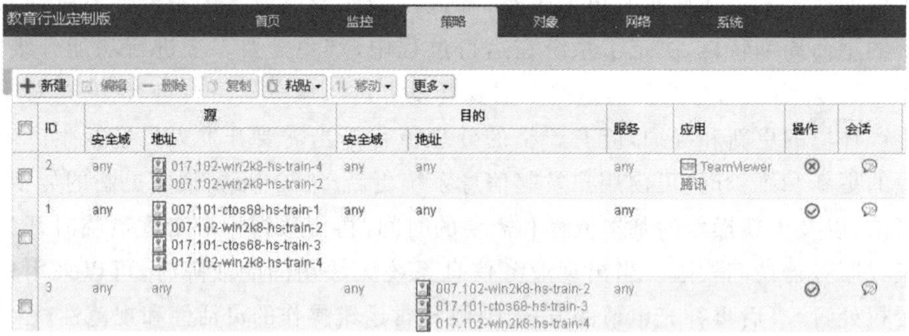

图 5.2.8　虚拟防火墙隔离配置示意图

5.2.7　华中科技大学实践

1. 环境建设

华中科技大学数据中心采用云计算技术对服务器资源进行了虚拟化,为适应信息化管理要求,划分了测试服务器区(测试区)和正式服务器区(生产区),通过部署虚拟防火墙对测试区和正式区进行了逻辑隔离,以兼顾管理的便利和系统安全性。数据中心目前有服务器 115 台,存储 16 台,CPU 核 3020 个,内存总数为 39TB,存储总量为 1.3PB。数据中心已入驻的业务信息系统有近 100 个,资源使用率已超过 60%。核心部分部署结构如图 5.2.9 所示。

2. 源代码审计

华中科技大学所有系统在生产环境上线或者系统功能更新前都必须经过源代码审计,在源代码审计过程中所发现的高危漏洞都必须得到完全的修复,之后才可开放系统的外网访问;如果在源代码审计过程中发现的漏洞被误报,则必须由系统开发方提交漏洞误报说明,并由网络安全管理员进行二次人工审计和检查确认。

截至 2019 年 12 月,共计完成代码审计项目 690 个,审计代码 3.03 亿行,发现高危漏洞 219308 项、中危漏洞 255380 项、低危漏洞 799340 项。所有系统均严格按照《华中科技大学信息系统建设与运行维护管理暂行办法》的相关要求执行代码审计,确保在系统上线前将代码中存在的安全隐患降到最低。

3. 漏洞扫描

漏洞扫描只是安全管理工作的辅助手段。漏洞扫描软件是自动进行处理

5 网络安全

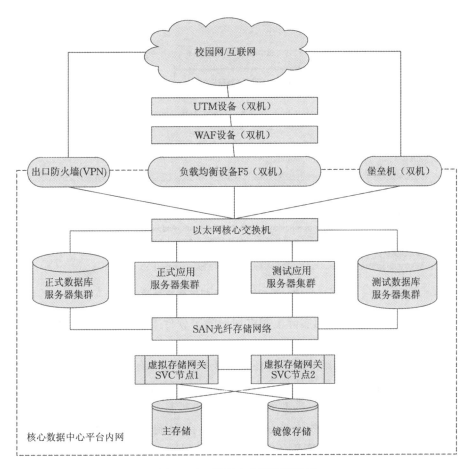

图 5.2.9 数据中心环境部署图

和判断的,程序代码执行的不可靠性和设计思想的不周全会导致很多扫描结果不准确,所以我们一般使用至少两种以上的漏洞扫描软件或设备进行扫描结果对比,最后加上人工判断,得出比较可信的结果。以下是我们对同一个系统使用两款不同的扫描器进行扫描得出的结果。第一款扫描器的扫描结果中含有"紧急"等级漏洞(如图 5.2.10 所示)。而第二款扫描器没有扫出该结果。于是,我们在已知漏洞攻击代码库(Metasploit)里面进行搜索,找到 MS15-034 这个漏洞的验证代码,验证后发现确实存在该漏洞。但在多数情况下无法找到验证代码,这时需要进一步分析该漏洞的判断依据,如果确实是版本较低或者是使用了在该漏洞影响范围内的软件,就一定要进行升级或者打补丁修复。

很多漏洞并没有被披露攻击代码,或者扫描器的开发公司不掌握攻击代码,因此是没有验证手段的。扫描器这时往往仅通过软件的版本号来罗列可

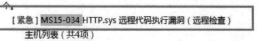

图 5.2.10　漏扫软件提示扫描到紧急漏洞

能会出现的所有漏洞。而实际上很多漏洞除了软件本身还需要很多其他附加条件才能完成攻击,也就是说并不是所有装了这个低版本软件的系统都存在漏洞。当然,这种时候最好的选择还是升级软件,但是有的系统因为兼容性可能无法升级,这时就得靠系统技术人员针对每个可能的漏洞进行验证和修复,工作量很大。下面是一个典型的根据版本判断漏洞的扫描结果的例子(如图 5.2.11 所示)。这些系统确实是使用了在漏洞影响范围内的 Apache Tomcat,但是这个漏洞的实现还需要很多辅助配置才能完成,经验证以上系统不存在该漏洞。

4. 渗透测试

人工渗透的过程是具有创造性的过程,绝不是反复进行同样的操作,每渗透一个系统都要经过一个探索、熟悉、尝试入侵的过程,同样的入侵方法还会因实际情况不同而变化,因此周期比较长。对于一个普通系统(只具备常规功能的中小系统)来说,若想渗透得比较全面,至少需要一周左右的时间。按照这个周期,要把学校所有的网站或信息系统都做一遍渗透测试,在时间上不可行,因此只能仅对新上线的信息系统进行渗透测试,且降低渗透的精度,主要针对最容易出问题的功能模块(如用户登录)和越权漏洞进行检测。对于更新的信息系统,尤其是更新后的模块,需要重新进行渗透,努力确保信息系统上线后的安全。

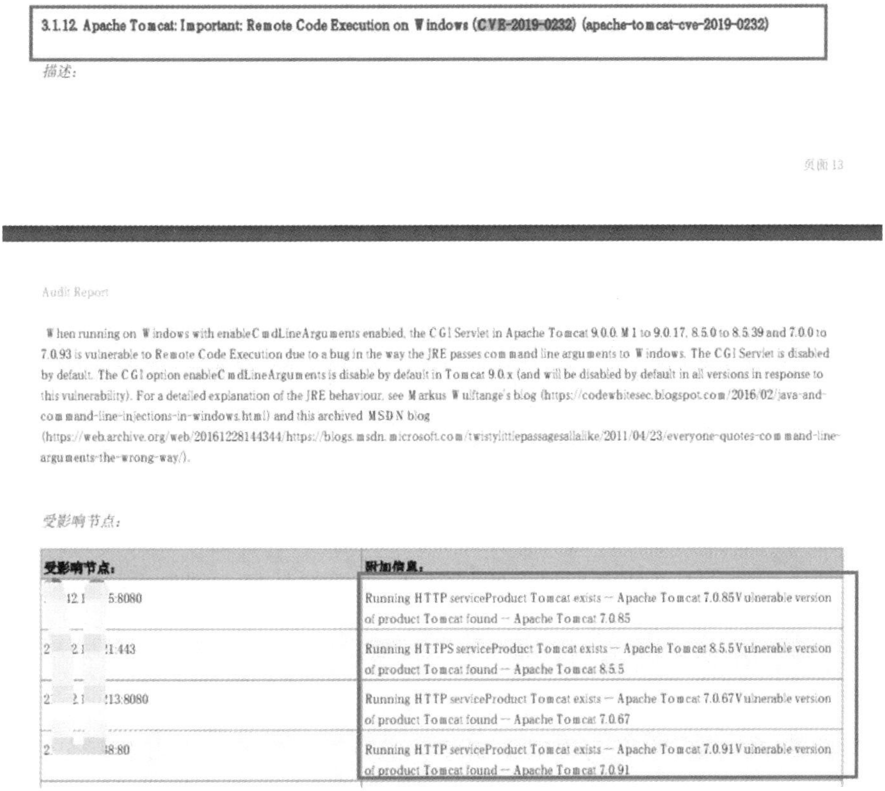

3.1.12 Apache Tomcat: Important: Remote Code Execution on Windows (CVE-2019-0232) (apache-tomcat-cve-2019-0232)

描述：

页面 13

Audit Report

When running on Windows with enableCmdLineArguments enabled, the CGI Servlet in Apache Tomcat 9.0.0.M1 to 9.0.17, 8.5.0 to 8.5.39 and 7.0.0 to 7.0.93 is vulnerable to Remote Code Execution due to a bug in the way the JRE passes command line arguments to Windows. The CGI Servlet is disabled by default. The CGI option enableCmdLineArguments is disable by default in Tomcat 9.0.x (and will be disabled by default in all versions in response to this vulnerability). For a detailed explanation of the JRE behaviour, see Markus Wulftange's blog (https://codewhitesec.blogspot.com/2016/02/java-and-command-line-injections-in-windows.html) and this archived MSDN blog (https://web.archive.org/web/20161228144344/https://blogs.msdn.microsoft.com/twistylittlepassagesallalike/2011/04/23/everyone-quotes-command-line-arguments-the-wrong-way/).

受影响节点：

受影响节点：	附加信息：
12.1 5:8080	Running HTTP serviceProduct Tomcat exists -- Apache Tomcat 7.0.85 Vulnerable version of product Tomcat found -- Apache Tomcat 7.0.85
2 2.1 21:443	Running HTTPS serviceProduct Tomcat exists -- Apache Tomcat 8.5.5 Vulnerable version of product Tomcat found -- Apache Tomcat 8.5.5
2 2.1 213:8080	Running HTTP serviceProduct Tomcat exists -- Apache Tomcat 7.0.67 Vulnerable version of product Tomcat found -- Apache Tomcat 7.0.67
2 8:80	Running HTTP serviceProduct Tomcat exists -- Apache Tomcat 7.0.91 Vulnerable version of product Tomcat found -- Apache Tomcat 7.0.91

图 5.2.11 根据版本判断漏洞扫描结果

5.2.8 结语

严格的上线管理过程，必然拉长信息系统上线的时间，给建设单位和开发单位带来一定的负担，但这是确保信息系统上线安全的最后防线。如果这道防线失效或者不进行严格的安全管控，则信息系统在上线后必然隐藏着巨大的风险，而这种风险及风险程度等还不被我们掌握，网络安全就会处于十分被动的地位。为了完成上线前的安全检查，并确保信息系统按期上线，就必须预先明确和规范上线流程，要求建设单位尽早启动上线流程，为安全检查留出足够的时间。在安全面前，我们没有妥协的空间。

后　　记

　　数十位同仁，历经两年的努力，"高校信息化建设与管理丛书"即将付梓，我们不禁感慨万千。"高校信息化建设与管理丛书"凝聚着华中科技大学信息化同仁们的汗水，这是他们对几年来信息化工作的感悟与总结，同时他们也想通过本丛书建立一个与其他高校同仁讨论交流信息化工作的平台。

　　但信息技术发展太快，很多在当时看起来还算新的技术、理念或模式，可能过几年就落后了，甚至国际形势的快速变化都会对高校信息化产生重大影响，我们必须学会以更快的速度去学习和应对。因此，在本丛书即将出版之际，既有喜悦，但更多的是忐忑和压力。《未来简史》的作者尤瓦尔·赫拉利认为："拥有大数据积累的外部环境将比我们自己更了解自己。"我们对我们自己及我们工作的认识必然存在很大的局限性，我们的任何工作都无法做到尽善尽美，因而本丛书可能会存在这样或那样的不足。

　　高校信息化同仁们平时面临着太大的压力，一方面要面对领导和师生们对信息化的高要求和高期盼，另一方面还要承受资金和人员的捉襟见肘之痛。面对困难，我们除了加倍努力工作，还应该通过不断总结、反思和相互交流，不断改进工作方法，提升工作效率。但高校信息化同仁们过于忙碌，很难有时间静下心来进行总结，因而有关高校信息化建设与管理方面的系统性书籍并不多。我们撰写这套丛书，希望做一块可以引出美玉的"砖头"，为同仁们提供碰撞火花的引子甚或靶子，恳请各位同仁不吝批评指正。

　　感谢清华大学吴建平院士对本书的悉心指导并为本书撰写序言。感谢华中科技大学副校长梁茜对本书编撰工作的悉心指导。感谢华中科技大学出版社对本书的大力支持。

　　本丛书制度篇编入了华中科技大学原信息化管理办公室时期制定的一些规章制度，在此向原信息化管理办公室主任熊蕊教授、副主任李昕博士以及蔡仕衡老师等表示感谢！

编者

2021 年 2 月